GZC 高校主题出版
GAOXIAO ZHUTI CHUBAN

本书获得2015年度厦门大学校长基金专项项目“‘四个全面’战略与中国话语体系建构研究”和2017年度厦门大学校长基金项目“全面深化改革背景下的农村改革研究”的资助。

“四个全面”背景下的当代中国农村调查系列

全面深化改革背景下的中国农村发展道路研究

张艳涛 傅丽芬　主编

厦门大学出版社 XIAMEN UNIVERSITY PRESS | 国家一级出版社 全国百佳图书出版单位

图书在版编目(CIP)数据

全面深化改革背景下的中国农村发展道路研究/张艳涛，傅丽芬主编.—厦门：厦门大学出版社，2019.5

(“四个全面”背景下的当代中国农村调查系列)

ISBN 978-7-5615-7208-5

Ⅰ.①全… Ⅱ.①张… ②傅… Ⅲ.①农村－社会主义建设－研究－中国 Ⅳ.①F320.3

中国版本图书馆 CIP 数据核字(2018)第 268520 号

出 版 人 郑文礼
责任编辑 高 健

出版发行 厦门大学出版社
社 址 厦门市软件园二期望海路 39 号
邮政编码 361008
总 编 办 0592-2182177 0592-2181406(传真)
营销中心 0592-2184458 0592-2181365
网 址 http://www.xmupress.com
邮 箱 xmup@xmupress.com
印 刷 厦门集大印刷厂

开本 787 mm×1 092 mm 1/16
印张 11.25
字数 256 千字
版次 2019 年 5 月第 1 版
印次 2019 年 5 月第 1 次印刷
定价 49.00 元

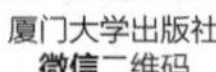
厦门大学出版社
微信二维码

厦门大学出版社
微博二维码

序　言

十八大以来提出的“四个全面”（即全面建成小康社会、全面深化改革、全面依法治国、全面从严治党）战略布局展现出以习近平为核心的新一届中央领导集体治国理政的总体框架，是当前和今后一个时期，党和国家各项工作的关键环节、重点领域和主攻方向，是实现社会主义现代化的强力保障，是马克思主义与中国实际相结合的最新成果，饱含着马克思主义的真理性光辉。“四个全面”发展战略布局的内涵深刻，逻辑严密，是推动实现中华民族伟大复兴梦的当代阐释。

2020年全面建成小康社会作为社会主义新时代“四个全面”工作的重要组成部分之一，是我国新时代发展首先要实现的第一个百年奋斗目标。实际上，早在20世纪80年代，邓小平在规划我国社会主义现代化建设“三步走”发展战略时就已经提出这一目标。2002年，党的十六大提出：“要在本世纪头二十年，集中力量，全面建设惠及十几亿人口的更高水平的小康社会。”2007年，党的十七大要求：“为夺取全面建设小康社会新胜利而奋斗。”2012年，党的十八大进一步明确到2020年“全面建成小康社会”的目标任务。从“人民生活达到小康”到“全面建设小康社会”，再到“全面建成小康社会”，“小康”这一历史概念不断被赋予新的时代内涵，体现了我们党对小康社会认识的不断深化。

党的十九大指出，当前社会的主要矛盾已经转化为人民群众日益增长的对美好生活的需要和不平衡不充分发展之间的矛盾。从整体上看，我国全面建成小康社会发展中面临的发展不平衡不充分主要体现在城乡发展差距越拉越大，因此农业农民农村问题一直都是我国社会经济发展中存在的一个突出的短板。城乡之间长期存在的各种制度性的排斥因素导致我国城乡现代化发展中始终存在不少体制机制性的障碍，城乡之间的社会、经济、政治、文化、生态等方面都存在不小的差距。因此，如何缩小城乡发展差距，不仅事关全面建成小康社会发展目标能否实现，更关系乡村振兴发展目标乃至社会主义现代化强国建设目标能否实现。

在这个背景下，厦门大学马克思主义学院各位同仁历时多年，通过深度的农村田野实地调查，撰写出版了“‘四个全面’背景下的当代中国农村调查系列”丛书。丛书由《农村精准扶贫政策实践研究》（朱冬亮等著）、《多维贫困治理视域下的精准扶贫实践调查》（叶兴建编著）、《德治与法治相结合的社会治理情况调查》（吕微平主编)、《全面从严治党背景下农村基层党建理论与实践探索——基于闽赣地区实证调研》(佳宏伟主编)、《全面深化改革背景下的中国农村发展道路研究》(张艳涛、傅丽芬主编)等五本书组成。丛书围绕农村发展道路、农村精准扶贫政策实践、农村治理和农村党建等四个主要专题展开研究,集中展现了厦门大学马克思主义学院在农村改革和发展研究方面所取得的阶段性研究成果。同时,本丛书也从另一个侧面反映了厦门大学马克思主义在理论教学与实践教学相融合领域所取得的阶段性成效。本丛书同时也是厦门大学"校长基金"研究项目"全面深化改革背景下的农村改革研究"的最终研究成果。另外,本丛书也体现了厦门大学马克思主义学院为我国农村社会全面振兴开展政策研究和提供智力支持的努力,也体现出广大农民、基层群体和社会大众竭力服务的初心和使命。

本丛书中的《农村精准扶贫政策实践研究》《多维贫困治理视域下的精准扶贫实践调查》两本专题研究农村精准扶贫政策实践问题。消除贫困是全人类共同关注的问题,也是我国全面建成小康社会的必由之路。党的十九大把消除绝对贫困列为三大攻坚战之一。习近平总书记曾经指出,"全面建成小康社会,一个都不能少;共同富裕的路上,一个都不能掉队",全面建成小康社会最艰巨最繁重的任务在贫困地区,特别是在深度贫困地区,打赢扶贫攻坚战对如期全面建成小康社会、实现我们党第一个百年奋斗目标具有十分重要的意义。"精准扶贫"是全面建成小康社会的最后一道障碍,本丛书两支研究农村精准扶贫的团队成员在深入全国10多个省50多个县中的贫困地区开展广泛调研的基础上,探讨和分析国家精准扶贫政策顶层设计是如何精准落实到村到户的。从中我们可以看出,自上而下的精准扶贫政策施行和自下而上的精准扶贫实践两者回应互动,展现出作为人类最伟大的减贫工程的价值和意义。

自党的十五大提出依法治国以来,我国在法治建设的道路上已经有了巨大的进步。党的十八届三中全会提出推进国家治理体系和治理能力现代化,但是农村法治建设依然相对薄弱,如何提升农村的治理能力也是治理能力现代化建设中面临的紧迫问题。十九大报告提出了要健全自治、法治、德治相结合的乡村治理体系,给未来的农村社会治理能力提升指明了方向。本丛书的《德治与法治相结合的社会治理情况调查》结合实地调查,对当前农村发展中的乡村治理问题进行了专题调查研究,从中展现农村自治过程中德治和法治是如何有机融合在一起的。

和中国所有的事业一样,党的建设是一切事业取得成功的根本保障,也是所有问题的核心。农村党的建设是基层党建一个非常重要的组成部分。党的绝大多数支部都在基层在农村,农村党的建设搞得如何,是农村能否全面实现小康,能否全面深化改革,能否实现全面依法治国、依法治农的根本保障。因此农村党的建设任务更重要,也更艰巨,需要展开多学科、多层面的调查研究,找准问题所在,"对症下药"扫除农村发展道路上的阻滞因素。本丛书《全面从严治党背景下农村党建理论与实践探索》立足农村党建的实践经验，探讨新形势下全面从严治党精神如何在基层农村得到贯彻和落实。

如果说前面四本书主要是聚焦某个农村发展的实践性专题的研究的话，《全面深化改革背景下的中国农村发展道路研究》则试图站在国家全面深化改革的宏观层面，探讨中国特色社会主义发展道路的理论与实践问题，这是本丛书的一个理论上的提升，强调对农村整体改革和发展前景的分析和把握。

本丛书立足于当下"四个全面"的时代背景和国家建设，聚焦全面建成小康社会过程中农村社会的改革、扶贫、治理和党建等问题，利用马克思主义的立场、观点和方法，尝试在国家政策指导下结合农村社会现实的基层回应，寻找破解这些难题的有效途径。每个区域、每个村庄甚至每个人都是普遍性和特殊性的统一，政策实行过程中应该因地制宜、因势施策，全面建成小康社会作为国家宏观层面的发展方向，最终都要落实到具体的场域和社会个体，丛书采用从一般到特殊，从整体到部分，从抽象到具体，从理论到实践，从国家的宏观政策到基层的微观实践的方法，注重实证主义的研究方法并强调基层经验探索的总结和提升，力求做到理论与实践的统一。追求马克思所预言的"每个人的自由发展是一切人的自由发展的条件"的共产主义社会，为实现社会整体和谐全面的发展奉献微薄之力是本丛书的终极价值关怀。

"知大势，行致远"，或许只有踏遍广袤中华大地上的每一寸土地，才有可能寻得国家富强、人民幸福的那一把钥匙，实践是检验真理的唯一标准。"'四个全面'背景下的当代中国农村调查系列"丛书的出版希望为致力于中国农村发展和改革，从事农村研究和农村工作的广大读者能提供些许启发。丛书虽以各地农村基层调研为基础，但由于作者水平有限，难免有所疏忽和遗漏，虽集合厦门大学马克思主义学院农村发展研究团队之全力而终成，却不免因风格差异和关注点不同导致整体性和延续性有所欠缺，存在的诸多不足，望读者给予批评指正！

厦门大学马克思主义学院
朱冬亮
2019 年 5 月

目　录

绪论……1

一、全面建成小康，重心在农村……1

二、全面深化改革是我国农村发展的动力源泉……3

三、全面深化改革在福建的实践……5

第一章　全面深化改革背景下的农村经济改革……10

第一节　农业结构调整……10

一、农业结构调整的现状与问题——以福建省F市为例……11

二、农业结构调整的原因……16

三、解决对策……19

第二节　家庭农场发展问题研究……21

一、我国发展家庭农场的历史、现状及问题……21

二、发展家庭农场的可能风险及其防控……24

三、发展中国特色社会主义家庭农场的可行路径——以F市为例……28

第三节　精准扶贫问题研究……33

一、精准扶贫取得的成果……34

二、精准扶贫存在的问题……35

三、抓好精准扶贫攻坚的重点任务……37

第二章　全面深化改革背景下的农村民主政治建设研究……45

第一节　村民自治……45

一、村民自治在农村的现状及存在的问题……46

二、原因分析……48

三、对策建议……50

第二节　基层党建……51
一、基层党建在农村的现状及存在的问题……52
二、原因分析……54
三、对策建议……55

第三节　女性参政……57
一、农村女性参政现状及存在的问题……57
二、原因分析……59
三、对策建议……60

第三章　全面深化改革背景下的农村文化建设……63

第一节　社会主义核心价值观在农村的认同与践行……63
一、社会主义核心价值观在农村的认同与践行现状及存在的问题……64
二、原因分析……66
三、对策建议……69

第二节　城镇化进程中的农村社会公德建设……73
一、农村社会公德建设现状……73
二、当前农村社会公德建设存在的问题……80
三、原因分析和对策建议……82

第三节　乡土文化资源的传承与利用……84
一、乡土文化资源传承与利用的现状及存在的问题……85
二、原因分析……89
三、对策建议……94

第四章　全面深化改革背景下的农村社会发展……98

第一节　新型农村养老保险……98
一、新型农村养老保险制度概述……98
二、农村养老保险现状及存在的问题……99
三、原因分析……104
四、对策建议……106

第二节　新型农村医疗保险……109
一、新型农村医疗保险现状及存在的问题……110
二、原因分析……115

三、对策建议……118

第三节 农村留守儿童和空巢老人问题……122

一、农村留守儿童和空巢老人现状及存在的问题……124

二、原因分析……125

三、对策建议……127

第五章 全面深化改革背景下农村生态文明建设……130

第一节 生态农庄与新村建设……130

一、村庄生态的基本状况……130

二、新村建设的生态问题……135

三、村庄生态建设……139

第二节 农村人居环境与日常卫生……142

一、农村人居环境的基本情况……143

二、农村生态环境的卫生问题……146

三、对策建议……151

第三节 农村生态产业与绿色生产……154

一、农村生态产业的基本情况……154

二、促进农村产业生态化协同发展……159

三、产业生态化与绿色生产的有效保障……163

参考文献……167

后记……169

绪 论

党的十八大以来，以习近平为核心的党中央提出了以“两个一百年”为核心的实现中华民族伟大复兴中国梦的奋斗目标，提出了2020年（第一个百年）全面建成小康社会的战略部署。在此指引下，广大农村锐意改革，勇于创新，扎实苦干，走上“全面建成小康社会”的发展之路。

“小康社会”是一种关于社会目标的“中国式表达”。“民亦劳止，汔可小康”，“小康”源出西周《诗经·民劳》，指百姓生活摆脱温饱进入殷实、祥和的状态，这是几千年来历代中国百姓对安定、幸福生活的恒久渴望。邓小平同志在20世纪80年代中后期，把从欠发达国家向中等发达国家过渡的阶段，称之为“小康”社会。所以，“小康社会”是一种社会定位和社会目标，是社会主义初级阶段的历史进程中从欠发达国家迈向发达国家的历史阶段，它也是中国人穿越千年无数苦难与辉煌岁月对美好社会、幸福生活的执着梦想。人民对美好生活的向往，就是我们共产党人的奋斗目标。早在20世纪80年代，邓小平同志就提出到20世纪末达到小康水平的奋斗目标；2002年，党的十六大则提出在本世纪头20年全面建设小康社会的奋斗目标；2012年，党的十八大将“建设”改成“建成”，进一步提出了到2020年“全面建成小康社会”、实现第一个百年的奋斗目标，这是我们党向人民、向历史作出的庄严承诺，是全体中国人民的共同期盼。党的十九大报告指出：“从现在到二〇二〇年，是全面建成小康社会决胜期。”①

一、全面建成小康，重心在农村

十八大以来，习近平同志对全面建成小康社会提出了许多新思想、新要求、新部署。他指出，全面建成小康社会重在全面。习近平在党的十八届五中全会第二次全体会议上指出：“全面建成小康社会，强调的不仅是‘小康’，而且更重要的也是更难做到的是‘全面’。‘小康’讲的是发展水平，‘全面’讲的是发展的平衡性、协调性、可持续性。”②我们要牢牢抓住“全面”这个核心要求，全国一盘棋，协调发展，不让一个任何领域滞后，不让任何一个区域落下，不让任何一个人掉队，努力缩小差距，实现共同富裕和全面小康。可见，全面小康的“全面”指的是经济、政治、社会、文化、生态各个领域，东部中西部、城市和乡村不

① 习近平. 决胜全面建成小康社会 夺取新时代中国特色社会主义伟大胜利 [M]. 北京：人民出版社，2017: 27.

② 习近平. 在党的十八届五中全会第二次全体会议上的讲话（节选）[J]. 求是，2016（1）.

同区域平衡、协调、可持续发展，是全体人民共享发展成果。

我国现今社会经济发展水平东西差距、城乡差距依然很大。西部经济发展尽管有追赶之势，但据国家统计局的数据，2017 年，东部、中部、西部人均地区生产总值分别为 84 595 元、48 747 元和 45 522 元，绝对数据还在扩大。而人均收入，2017 年，以西部地区居民收入为 1，东部地区与西部地区居民人均收入之比为 1.66。而城乡差距是全面建成小康的最大问题，2016 年，我国城乡居民人均可支配收入之比为 2.72，而且越是中西部，城乡发展越不平衡，2016 年城乡居民收入比大于 2.72 的全国平均水平的省份全部位于西部，尤其是贵州、云南、青海、陕西的城乡收入比都超过了 3 倍，贵州更是高达 3.31，成为全国城乡差距最大的省份，而城乡差距最小的是东部浙江省，城乡比仅为 2.07。到 2017 年年底，我国近 3 000 万贫困人口主要集中在农村，东部地区农村贫困发生率已下降到 0.8%，已率先基本实现脱贫，但依然存在 300 万人农村贫困人口，而中部地区农村贫困人口有 1 112 万人，农村贫困发生率下降到 3.4%，西部地区农村贫困人口依然具有 1 634 万人，农村贫困发生率为 5.6%。

我国贫困人口主要集中在农村，尤其是中西部农村，这些地区，一般处于偏僻山区，交通不便，一些地方缺少水，一些地方缺少耕地，很多地方生态脆弱，生存环境恶劣。这些地区大多属于老少边地区，文化、教育、医疗相对落后，基层政权战斗力不强。贫困乡村的差距不只在经济收入层面，其政治、文化、教育、医疗、社会保障等各方面都相对落后。

全面建成小康社会，关键在农村，特别是中西部贫困乡村和贫困人口摆脱贫困。全面建成小康社会，是全民共享的小康，不仅要从总体上、总量上实现小康，还要让农村和贫困地区尽快赶上来，让所有人民都进入小康，一个不少。习近平在不同场合多次指出：“共享发展是人人享有、各得其所，不是少数人共享、一部分人共享。”他多次强调，“小康不小康，关键看老乡”，“全面建成小康社会，最艰巨最繁重的任务在农村特别是在贫困地区”，“绝不能让一个少数民族、一个地区掉队，要让 13 亿中国人民共享全面小康的成果”。①习近平同志还具体提出，必须通过产业扶持、转移就业、易地搬迁、低保覆盖，使全体贫困人口脱贫。中西部地区农村贫困人口脱贫是全面建成小康社会的基本标志，2011 年，发布的《中国农村扶贫开发纲要（2011—2020 年）》，把巩固温饱成果、加快脱贫致富、改善生态环境、提高发展能力、缩小发展差距作为新的政策目标。目标到 2020 年，稳定实现扶贫对象“两不愁”、“三保障”，即不愁吃、不愁穿，保障其义务教育、基本医疗和住房。要实现贫困地区农民人均纯收入增长幅度高于全国平均水平，基本公共服务主要领域指标接近全国平均水平，扭转发展差距扩大趋势。因此，必须实施精准扶贫、精准脱贫，以更大决心、更精准思路、更有力措施，采取超常举措，实施脱贫攻坚工程，确保我国现行标准下农村贫困人口实现脱贫、贫困县全部摘帽、解决区域性整体贫困。

全面建成小康社会，要缩小地区差异和城乡差异。近年来国家通过西部大开发、长江经济带建设、中部崛起、东北复兴等战略，推进区域经济协调发展，缩小中西部与东部沿海的地区差异，不仅要缩小东部和中西部地区国内生产总值总量和增长速度的差距，而且要缩小居民收入水平、基础设施通达水平、基本公共服务均等化水平、人民生活水平等方面

① 奏响“四个全面”的时代强音 [N]. 人民日报，2015-03-1（1）.

的差距。还有是缩小城乡差距，习近平指出："努力缩小城乡区域发展差距，是全面建成小康社会的一项重要任务。"① 逐步缩小这两大差距，必须加快推进城乡发展一体化。习近平指出："城乡联动，就是要打破城乡二元结构，把发展块状经济与推进城市化结合起来，与推进区域经济协调发展结合起来，与加快农业农村现代化结合起来。"② 习近平强调："要把工业和农业、城市和乡村作为一个整体统筹谋划，促进城乡在规划布局、要素配置、产业发展、公共服务、生态保护等方面相互融合和共同发展。着力点是通过建立城乡融合的体制机制，形成以工促农、以城带乡、工农互惠、城乡一体的新型工农城乡关系，目标是逐步实现城乡居民基本权益平等化、城乡公共服务均等化、城乡居民收入均衡化、城乡要素配置合理化，以及城乡产业发展融合化。"③

全面建成小康社会，覆盖经济、政治、社会、文化、生态各个领域。党的十八大提出："全面落实经济建设、政治建设、文化建设、社会建设、生态文明建设五位一体总体布局，促进现代化建设各方面相协调，促进生产关系与生产力、上层建筑与经济基础相协调，不断开拓生产发展、生活富裕、生态良好的文明发展道路。"④ 习近平指出："全面小康社会要求经济更加发展、民主更加健全、科教更加进步、文化更加繁荣、社会更加和谐、人民生活更加殷实。"为此，"要在坚持以经济建设为中心的同时，全面推进经济建设、政治建设、文化建设、社会建设、生态文明建设，促进现代化建设各个环节、各个方面协调发展，不能长的很长、短的很短"⑤。经济建设、政治建设、文化建设、社会建设、生态文明建设是一个相互联系、相互促进的有机整体，既不可分割又各有自己的特定领域和特殊规律，形成了内在的互动关系。"五位一体"总体布局是一个整体性目标要求，任何一个方面发展滞后都会影响全面建成小康社会目标的实现。只有坚持以经济建设为中心，政治建设、文化建设、社会建设、生态文明建设各方面全面推进、协调发展，才能形成经济富裕、政治民主、文化繁荣、社会公平、生态良好的发展格局。

可见，全面建成小康社会，缩小东西、城乡区域发展差距，让4000多万农村贫困人口脱贫，工作重心在农村，特别是农村贫困地区。而且，小康社会，不只是经济目标，更是经济、政治、文化、社会、生态"五位一体"的整体目标。因此，全面建成小康社会，重点是中国农村经济、政治、文化、社会、生态的全面进步。全面建成小康社会是我国农村发展的目标，也是实现中国农村现代化历史进程中的一个环节。

二、全面深化改革是我国农村发展的动力源泉

党的十八大以来，以习近平同志为核心的党中央围绕坚持和发展中国特色社会主义、实现中华民族伟大复兴这个主题主线，提出"四个全面"（即全面建成小康社会、全面深化

① 习近平关于全面建成小康社会论述摘编 [M]. 北京：中央文献出版社，2016：14.

② 中共中央关于制定国民经济和社会发展第十三个五年规划的建议 [EB/OL]. [1017-12-10].http://www.gov.cn/xinwen/2015-11/03/content_5004093.htm，2015-11-3.

③ 习近平. 健全城乡发展一体化体制机制 让广大农民共享改革发展成果 [N]. 光明日报，2015-05-02（1）.

④ 胡锦涛. 坚定不移沿着中国特色社会主义道路前进，为全面建成小康社会而奋斗：在中国共产党第十八次全国代表大会上的报告 [M]. 北京：人民出版社，2012：9.

⑤ 习近平. 在党的十八届五中全会第二次全体会议上的讲话（节选）[J]. 求是，2016（1）.

改革、全面依法治国、全面从严治党）战略布局，其中全面建成小康社会是"实现中华民族伟大复兴中国梦的关键一步"，是战略目标；而全面深化改革，其总目标确定为"完善和发展中国特色社会主义制度、推进国家治理体系和治理能力现代化"，是全面建成小康社会的动力。党在十九大报告中再次强调全面深化改革的重要地位，全面深化改革关乎国家的稳定和发展，"只有社会主义才能救中国，只有改革开放才能发展中国、发展社会主义、发展马克思主义。"[①] 全面建成小康社会的重点在于农村发展问题，其发展的动力源泉在于全面深化改革。就此而论，全面深化改革将引领中国农村发展之路。

全面深化改革，全面建成小康社会，就是必须牢固树立并确实贯彻创新、协调、绿色、开放、共享的发展理念，按照党中央"五位一体"总体布局，推动农村经济、政治、文化、社会、生态文明建设。

第一，经济建设是建设中国特色社会主义政治、文化、社会、生态文明建设的前提和基础。农村经济建设，其核心是打破城乡二元结构，推进区域经济协调发展，加快城镇化进程。全面深化土地制度改革，完善和发展土地联产承包责任制，进一步破除阻碍农村经济发展的体制机制弊端，激发农民的积极性和创造性，发展生产力，加快形成引领农村经济发展的新业态。要以提高农民收入为中心，将农村生态保护与经济发展结合起来，提高农产品的质量，提高农村生产效率。深入实施创新驱动发展战略，推动农业科技、网络科技、自动化科技等与农业经济深度融合，延伸产业链，构筑现代农业，为农村现代化建设奠定坚实的物质生活基础。

第二，农村政治建设方面，要加快推进全面依法治国和全面从严治党，加强基层组织建设和党员队伍建设，创新基层党建工作方式方法，推进基层政权建设，实现党对农村的治理能力和治理体系现代化。着力推进农村基层民主的制度化、规范化、程序化，扩大农民有序参与，保障农民的合法权利和利益，激发农村社会活力。

第三，农村文化建设方面，要创新宣传方法和手段，利用贴近村民生活的语言、故事，向农民宣传社会主义核心价值体系。"社会主义核心价值观是当代中国精神的集中体现，凝结着全体人民共同的价值追求。"[②] 以社会主义核心价值观为引领，加强农村居民特别是留守青少年的思想道德建设和社会公德建设，培育良好村风、民风。培育农民公德和现代社会规则意识，使农民的观念、生活方式与城乡一体化相适应。深化乡镇文化体制改革，发掘、保存和弘扬民间艺术和民间传统技艺，丰富文化产品和服务，满足农民文化需求。完善乡镇文化管理体制和文化生产经营体制，打击不良文艺演出向乡村蔓延的行为，推动文化下乡，用先进文化引领风尚，教育人民，服务社会，推动农民精神文化水平提升和农村整体发展。

第四，农村社会建设方面，要加快城镇化进程，构建现代城镇体系，在城乡协调发展上实现新突破。特别要构建农村民生保障体系，增进农民福祉。实现城乡社会公平正义，是

① 习近平. 决胜全面建成小康社会　夺取新时代中国特色社会主义伟大胜利 [M]. 北京：人民出版社，2017: 21.

② 习近平. 决胜全面建成小康社会 夺取新时代中国特色社会主义伟大胜利 [M]. 北京：人民出版社，2017: 42.

全面建成小康社会的重要标志。习近平指出："全面深化改革必须着眼创造更加公平正义的社会环境，不断克服各种有违公平正义的现象，使改革发展成果更多更公平惠及全体人民。如果不能给老百姓带来实实在在的利益，如果不能创造更加公平的社会环境，甚至导致更多不公平，改革就失去意义，也不可能持续。"[①] 应落实习近平总书记的共享发展理念，坚持发展为了人民、发展依靠人民、发展成果由人民共享，改革收入分配制度和公共设施、公共服务的投入机制，构建城乡一体化的社会保障体制，不断完善农村基础设施，提高农村公共服务水平，缩小城乡收入差距和城乡区域公共服务差距。我们要按照我国经济发展状况把促进社会公平正义的事情做好，既尽力而为又量力而行，努力使全体人民在学有所教、劳有所得、病有所医、老有所养、住有所居等方面取得持续新进展，使城乡全体人民朝着共同富裕方向稳步前进，绝不能出现"富者累巨万，而贫者食糟糠"的社会非正义现象。

第五，农村生态文明建设方面，建设生态文明要求我们尽力补上生态文明建设这块短板，切实把生态文明的理念、原则、目标融入经济社会发展各方面。要让农村基层干部和广大农民群众真切领会习近平同志"绿水青山就是金山银山"的科学论断，要加快绿色发展，推进生态农业，即按照生态经济学原理和现代农业科技组织管理，建设有利于资源能源节约和环境保护的现代高效农业。推进美丽乡村建设，整治农村生活环境，积极推动村庄生活垃圾收运处置体系，建立农村污水集中处理达标排放系统，加快构建资源节约型、环境友好型社会，形成人与自然和谐发展的现代化建设新格局。农村生态文明建设，应跳出农村，着眼全局，贯彻落实主体功能区的国土空间开发保护制度，从源头上保护生态环境。要坚持保护优先、自然恢复为主，实施山水林田湖生态保护和修复工程，加大环境治理力度，改革环境治理基础制度，全面提升自然生态系统稳定性，加强生态服务功能，筑牢生态安全屏障。

总之，必须沿着全面深化改革的路径，推动农村经济、政治、文化、社会、生态文明建设协同发展。通过农村的现代化，推进中国的现代化；通过建设美丽乡村，建设美丽中国。

三、全面深化改革在福建的实践

党的十八大以后，根据"五位一体"总体布局，全国各地因地制宜，结合本地经济社会发展状况，全面深化改革，创新观念、思路和办法，走出了各具特色的农村发展之路。福建省各地党委和政府，根据"五位一体"的总体布局，着力推进全面建成小康社会工作。

第一，将农村经济发展放在首位。一是按照推进城镇化的思路，鼓励农民回乡创业，加大招商引资力度，鼓励创办企业，特别是农产品加工和销售等涉农企业，促进农民就近就业，增加农民的非农收入。二是改变农业经营主体和经营模式，也就是完善土地承包制，促进土地流转，建立自主经营、具有规模效应的家庭农场。20 世纪 80 年代实施的家庭联产承包责任制充分调动农民的积极性，在实现农业增产、农民增收方面起到历史性重大作用，但家庭联产承包责任制适应于耕地分散、耕地面积小、一家一户自主经营的小农经济模式，无法形成规模效应。这些年来，农民增收遭遇瓶颈，收入增加乏力。随着城镇化进程的加快，越来越多的农民离开农村，转向非农产业，农村逐渐出现劳动力特别是青壮年

① 习近平同志谈共享 [N]. 人民日报，2016-03-03（14）.

劳动力缺乏的局面，许多耕地处于半耕半荒状态，家庭农场应运而生。家庭农场以土地流转为基础，将面积相对较小的耕地集中起来，形成一定的经营规模，从而为更高程度的机械化生产奠定基础，提高生产效率，实现农业增长方式战略性转变，即“由传统农业向现代农业转变，由粗放经营向集约经营转变”。2016 年 6 月，福建省农业厅认定省、市、县三级家庭农场示范场 1 019 家（其中省级 170 家，市级 283 家，县级 566 家），2016 年 11 月又确立 153 家省级家庭农场示范场。省级财政将在 2015—2020 年期间每年下拨 1 500 万元资金重点用于这些家庭农场示范场的建设。此外，福建省还从引进人才、培养人才、地电支持、减免税费、贷款优先、降低利率等方面出台相关政策，保证家庭农场工作的顺利开展。三是调整农村产业结构。福建各地根据本地的地形、地势、气候等自然条件，及种植传统和技术条件等，在地方政府、农技人员和农民带头人的组织和带领下，“一地一产业、一村一品种”，打造、打响品牌，充分发挥本地优势，使得经济作物的种植面积扩大，种植业内部结构进一步优化，优势农产品趋于专业化生产，区域化分布，产业化经营，由此农产品从产量到质量都得到了极大保障。此外，政府部门积极转变工作职能，变管理为服务。首先搭建连接供需双方信息的对接平台，提供主要农产品种植面积和价格分析预测等信息，增进农户对市场信息的掌握。其次搭建以农业行业协会组织为依托的农产品销售平台，积极推进农超对接，减少中间环节，实现“菜园子”和“菜篮子”的无缝对接。最后通过发展本地特色的体验农业、观光农业、生态农业等新业态，并借助旅游节和新品上市发布会让国内外消费者更全面、更准确地了解各地区农业和农产品，强化各地特色农业的品牌认同。农户则改变思路，开设实体店、体验馆，利用各类网络平台和微信公众号推广宣传，“线上线下、联通互动”促进销售，做到既增产又增收。

第二，创新精准扶贫手段。在福建北部、西部，至今依然存在一些贫困县、贫困乡村和大量贫困人口。精准扶贫，让所有地区、所有人脱贫是福建省地方基层政府的重大任务。各地党委和政府创新精准扶贫手段，走出一条具有福建特色的创新精准扶贫之路。曾是全国 18 个集中连片贫困地区之一的福建省宁德市在精准扶贫工作中成就斐然，其扶贫经验被国家层面概括为“宁德模式”。宁德地区干部群众以习近平同志在宁德工作时提出的“滴水穿石”和“弱鸟先飞”理念与精神为指导，主动作为，因地制宜，在农业上念好“山海田经”，在工业上提质增效，大力培育高质高效新产业。一方面坚持“输血”和“造血”、扶贫与扶智相结合，另一方面注重精准扶贫、精准脱贫，不断创新科学扶贫开发方式。在搬迁扶贫方面，涌现出了 F 市溪邳村“连家船民”上岸定居、霞浦县东山村茅草房改造下山发展的典型；在产业扶贫方面，涌现出了福鼎天湖茶叶公司、屏南县岭下乡现代农业示范基地等，以“公司 + 基地 + 农户”形式，吸纳带动贫困群众就近就业增加收入的典型；在加强村级组织建设方面，涌现出了福鼎市柏洋村、三佛塔村等通过创建“五好”农村基层组织、下派干部驻村扶贫，组织群众大搞扶贫开发的典型；在发展旅游和特色产业扶贫方面，涌现出了周宁县吴山底村和 F 市溪塔村等通过旅游开发拓宽群众增收渠道等典型。其他地区也形成独具特色的精准扶贫模式，如南平市生态扶贫、屏南县小额信贷扶贫到户等。

第三，注重经济、政治、文化、社会、生态文明各方面建设整体推进，协调发展。福建各地以新型城镇化、新农村建设和美丽乡村建设为契机，紧紧围绕更好保障和改善民生、促进社会公平正义、推进公共设施建设、强化社会保障等目标，使基本公共服务均等化，确保社会和谐有序，人民安居乐业。全面改善村庄环境景观面貌，提高农村人居环境水平。加强精神文明建设，要求在环境外在美的基础上，建立善美的民风，推动经济、政治、文化、社会、生态文明建设整体推进，全面建成小康社会。福建省政府启动农村社区建设，打造“千村整治、百村示范”工程，整治1 000个以上村庄，打造100个以上美丽乡村示范村。明确农村社区建设的工作目标是：以全面提高农村居民生活质量和文明素养为根本，将公共设施建设与文明素养结合起来。对一般村庄侧重进行“环境综合整治”，主要抓好旧房裸房和生活环境整治，做到村容整洁、环境干净；对1 000个重点整治村，以整治旧房裸房、垃圾处理、污水治理、村道硬化、村庄绿化为重点，全面改善村庄环境景观面貌，提高农村人居环境水平；对100个美丽乡村示范村，按照“三整治、三提升”的建设标准，为其他落后乡村提供治理典范。

“三整治”是指：一是整治旧房裸房。根据村庄传统建筑的特点，清理房前屋后违章搭盖，保护具有传统建筑风貌和历史文化价值的房屋，保护村庄原始风貌，形成整体建筑风貌，打造“一村一韵”“一村一景”，体现乡村风格和地域特色。二是整治生活环境。深化家园清洁行动，积极推动村庄生活垃圾分拣收集、源头减量、资源利用。建立生活垃圾收运处置体系和日常保洁、垃圾清运制度，做好村内道路和公共场所清扫保洁，实现村庄保洁常态化。三是整治农村污水。合理选择雨水排放和生活污水处理方式，提倡“雨污分流”，生活污水和农业生产、养殖业污水应集中处理，达标排放。

“三提升”是指：一是提升基础设施建设水平。重点推进乡村道路硬化，提高乡镇通行政村的道路标准，道路硬化延伸至自然村。改善村庄内部交通，设置排水设施、照明设施和道路标志。完善农村饮水工程，解决饮水安全问题。完善农村卫生室、农村敬老院、农家书屋、农民体育健身、小学幼儿园等卫生医疗、文化体育、教育服务设施，推进新一轮农网改造升级工程，建立健全村级综合服务场所。加强防灾避灾场所和消防设施建设，消除生产安全、地质灾害、道路交通、火灾等安全隐患。二是提升乡村经济社会发展水平。培育发展休闲观光农业和乡村旅游业，大力发展居家旅游，打造“一村一品”“一村一业”特色产业，推进农业规模化、集团化、集约化发展，延伸农业产业链，增加村集体和农民收入。推进乡村社会建设，维护农村社会和谐稳定。以创建文明村镇为载体，逐步树立尊老爱幼、邻里和睦、见义勇为、扶贫济困的文明新风。保护传承传统建筑文化、民间文化、农耕文化、山水文化等乡村文明。三是提升生态保护管理水平。开展生态村和绿色村庄创建活动，加强乡村水土流失区综合治理，推进“四旁四地”绿化。保护古树名木，种植乡土树种，发动村民开展房前屋后绿化花化，建设面积适宜、乡土气息浓郁的村民休闲活动场所和公园绿地，推进田园绿化、庭院美化。整治和疏通河塘沟渠，加固山体边坡，绿化裸露地块，保护山水田林、水乡风韵和山村风貌。乡镇政府建立生态保护和环境维护长效管理制度，村庄制定村规民约，加强日常管理，保障资金投入，确保人居环境整治有成效、不反弹。积极探索乡村参照城市居住小区物业管理模式，试行社会化、公司化经营。

如果说“三整治”是以美丽乡村建设为契机，改善农村卫生状况，给农民提供优良的生活环境为主的，那么“三提升”则注重农村建设与发展。“第一个提升”推进农村公共设施建设，实现基本公共服务均等化，促进社会公平正义，属于社会建设的内容；“第二个提升”加快乡村经济发展，增加村集体和农民收入，属于经济建设的内容，以创建文明村镇为载体，树立文明新风，保护传承乡村文明，属于文化建设的内容；“第三个提升”是生态文明建设。“三整治、三提升”推动农村经济、政治、文化、社会、生态文明各方面建设整体推进。

第四，在经济、政治、文化、社会、生态文明各方面建设中充分利用传统文化资源。在农村经济、政治、文化、社会、生态文明建设中，福建各地勇于探索创新，充分利用传统文化的乡村治理、乡村道德教育资源，使乡村社会管理和文化建设贴近农民生活并取得实效。在传统社会中，社会治理中“乡贤”的角色地位重大，Q 市永春县充分吸取乡贤文化资源，形成了网格化服务管理的经验，就是在现有行政区划不变的前提下，根据村落分布特点、常住人口数量、居住集散程度、群众生产生活习惯等情况，将镇划分成数十个网格，每个网格设 1 名网格督导员、1 名网格管理员、1 名网格联络员和若干名网格协管员（统称“网格服务管理工作人员”）。一般来说，网格督导员由驻村工作队成员兼任；网格管理员由村“两委”成员兼任；网格联络员从网格内具有较高威望、热心公益事业的农村能人，即“乡贤”中聘任，并加聘为社会管理服务点联络员，网格协管员从网格内党员、村民小组长、退伍军人、致富带头人和社会上法律、心理等专业人士中聘任，并根据农村实际需要，安排为计生协管员、卫生协管员、治安协管员、法律协管员、心理协管员等。网格服务管理工作人员之间分工明确，各司其职，进行网格内的督促巡查、工作指导、组织协调；除了日常管理，还定期入户走访，宣传党的方针政策，了解村民有无心理问题、有无建议意见、有无生活纠纷。一旦网格内出现待办事务，一般性工作由网格联络员和协管员现场受理，登记备案，审批性工作和突发性工作由网格管理员掌握信息，跟踪办理，协调性工作由网格督导员现场受理、带回商榷。在处置流程上，先由网格联络员和协管员受理，首先发挥网络联络员自身优势和社会威望，积极参与民事调解工作，及时化解群众之间的矛盾纠纷，并自觉学习农村常见法律知识，积极开展普法宣传，提高群众法治意识，必要时提供及时、免费的法律咨询。如无法解决，再报网格管理员处置，然后由网格督导员协调。该举措巧妙利用农村人力资源，充分发挥乡贤文化，争取把矛盾化解在最基层，不仅便民利民，也将管理成本降到最低。这超越了行政区划，探索出了一种农村社会治理的新模式。

福建传统文化积淀深厚。福建是宋明理学（闽学）的发祥地，许多农村地区仍然保留宗族势力，传统习俗、乡规、祖规、家训依然盛行；福建还是闽西革命根据地的所在地，具有浓重的红色文化资源。在文化建设中，福建各地充分保护传承传统文化和红色文化资源，使之成为先进文化的源头活水。

在社会主义核心价值观宣传和践行过程中，福建各地结合具有福建特色的朱子文化，让传统儒家仁义、民本、大同、和合、诚信等思想与社会主义核心价值观相结合，将 24 字高度抽象化的理念，转化为农民耳熟能详的传统说法，用传统的故事和村民生活的事迹，推进农民对社会主义核心价值观的理解与认同，使社会主义核心价值观在农民群众心中生根，也促使传统道德向社会主义新道德创造性转化和创新性发展。

在文化建设中，福建各地注重历史文化古迹、中国革命史迹等文化资源的发掘和保护，使之成为革命英雄主义、爱国主义、传统文化、民俗文化、乡贤文化的展示中心和教育基地，发扬红色文化、优秀传统文化和乡风民俗，改善思想道德教育形式，促进文化旅游发展。

在乡村文化建设中，福建各地发掘传统乡规、祖规、家训资源，使之与现代生活如计生、经商、公共秩序等结合，对此进行现代转化，培育新的村规民约、家训家风，构建和谐文明乡村风尚。

在繁荣文化产品和文化市场方面，福建各地充分发掘传统戏曲和传统节日，吸引村民参与，弘扬传统文化，繁荣文化市场。十九大报告指出："要深化文化体制改革，完善文化管理体制，加快构建把社会效益放在首位、社会效益和经济效益相统一的体制机制。"①注重传统非物质文化遗产的保护与传承，使之与现代生活结合，激发传统技艺的活力，提供丰富多彩的文化产品，开拓文化产业市场。

福建各地根据中央"五位一体"的总体布局，全面推动农村经济、政治、文化、社会、生态文明建设。但在实际工作中，各地根据各自经济社会发展差异，在经济、政治、文化、社会、生态文明建设上各有侧重。福建地处东部发达地区，各地发展水平差异很大：既有交通便利、人口稠密的东部沿海，也有面积巨大、人口稀少的闭塞西北部山区；既有厦门、泉州、漳州较发达地区，也有南平、宁德等部分欠发达地区，更有以农业、林业、渔业为产业主体的广大农村。

在厦门、泉州、漳州东部沿海经济发达地区，地方党委和政府的工作重点是：以美丽乡村建设和新型城市化建设为契机，推进乡村公共设施建设，强化社会养老、医疗保障，使基本公共服务均等化，促进社会公平正义；全面改善村庄环境景观面貌，提高农村人居环境水平，加强精神文明建设，在环境外在美的基础上，建立善美的民风。

而在福建中西部广大乡村，地方政府将发展农村经济放在首位。完善土地承包制，促进土地流转，推进农业经营主体和经营模式的改善；调整农村产业结构，延长农业产业链，力求使农民增产增收。在传统文化资源丰富的乡村，当地政府着重美丽乡村建设，优化人居环境，发展乡村旅游和文化旅游。而在相对贫困的地区，地方政府创新精准扶贫，加强生态保护，建设生态文明。总之，各地均因地制宜，走出一条各具福建特色的农村发展之路，以促进全面建成小康，实现中国农村现代化。

福建地处我国东南，既有沿海发达地区也有内陆落后山区，既有沿海渔业也有农业和林业，各地发展水平差异很大，在全国具有标本意义。因此，福建农村的发展之路，可以看成我国农村发展的一个缩影。

① 习近平.决胜全面建成小康社会 夺取新时代中国特色社会主义伟大胜利[M].北京：人民出版社，2017: 44.

第一章　全面深化改革背景下的农村经济改革

当前，中国经济发展进入新常态，农村农业发展也进入新阶段。我们必须“按照产业兴旺、生态宜居、乡风文明、治理有效、生活富裕的总要求，建立健全城乡融合发展体制机制和政策体系，加快推进农业农村现代化”[①]。农业的主要矛盾已由总量不足转变为结构性矛盾，主要表现为阶段性、结构性的供过于求与供给不足并存。然而，我国农业质量效益竞争力不高，大宗农产品价格普遍倒挂；农业传统发展动力略显不足，通过增长实现增收出现瓶颈，农民增收支撑能力下降；农业农村发展以往主要满足“量”的需求，过度依赖资源消耗的粗放型增长方式尚未根本转变等。这些问题迫切要求我们加大农村改革力度，通过系统性、整体性、根本性改革化解农业供给侧存在的深层次体制机制矛盾，激活农业农村内生发展动力，形成产出高效、产品安全、资源节约、环境友好的农业供给体系和农民收入持续增长的长效机制。

第一节　农业结构调整

党的十八届三中全会提出了农业增长方式转变的战略任务，即“由传统农业向现代农业转变，由粗放经营向集约经营转变”，而结构调整则是增长方式转变的核心内容和基础。狭义的农业结构调整包括农业生产结构转变、产业链延长、农产品的优质化和安全化。广义的农业结构调整则包括生产方式的转变。农业结构调整的核心内涵就是把长期以来不符合市场消费需求和不具有比较优势的农产品撤出市场，适应农业市场多样化、优质化和专业化需求，促进农业经营由粗放型向集约型、由数量型向质量效益型转变。农业结构调整的重点随着形势环境的不断变化而变化。自改革开放以来，农业结构调整大致经过两大阶段：1985—1997 年，需求导向下的农业结构调整阶段；1998—2012 年，农业结构的战略性调整阶段。

党的十九大报告指出：“农业农村农民问题是关系国计民生的根本性问题，必须始终把解决好‘三农’问题作为全党工作重中之重。”[②]2013 年之后，我国农业结构调整进入新

① 习近平. 决胜全面建成小康社会 夺取新时代中国特色社会主义伟大胜利 [M]. 北京：人民出版社，2017: 32.

② 习近平. 决胜全面建成小康社会 夺取新时代中国特色社会主义伟大胜利 [M]. 北京：人民出版社，2017: 32.

阶段，在调整优化过程中存在哪些问题？如何应对？这些是政府和农业管理部门亟待研究和解决的。笔者结合在福建省F市走访村镇的所见所闻和所收集的资料，谈几点粗浅的看法。

一、农业结构调整的现状与问题——以福建省F市为例

F市位于福建省东北部，宋淳祐五年（1245年）建制，理宗御批“敷锡五福，以安一县”，得名“F市”；1989年撤县设市，1993年被国务院列为沿海开放城市。辖2个省级经济开发区、18个乡镇、4个街道，总人口67万人，其中农业人口45.8万人，畲族人口6.2万多人，是全国畲族人口最多的县（市）。F市山海资源丰富，土地总面积1 880.1平方千米，其中山地面积226.63万亩，耕地面积32.44万亩，水域滩涂22.73万亩，素有“八山一水一分田”之称。F市现代农业优势凸显，享有“中国茶叶之乡”“南国葡萄之乡”“中国绿竹之乡”“中国油茶之乡”等美誉，2014年获批国家级现代农业示范区。因此，我们选择F市作为调研样本。当前，F市农业结构调整的现状可分为四点：一是种植业内部结构调整进一步优化；二是各产业稳定发展、多头并进；三是优势农产品产销链转型升级；四是产销衔接受到重视和发展。

（一）种植业内部结构调整进一步优化

《国土资源“十三五”规划纲要》明确全国适宜稳定利用的耕地保有量在18.65亿亩以上，总量虽多，但是人均耕地面积少，而且耕地质量较差，农业基础设施建设不够完善。除此之外，我国的水资源严重短缺。长期以来，这些因素都限制了我国农业尤其是种植业的发展。

改革开放之前，我国的农业结构极其稳定，就是“以粮为纲”：农业以种植业为主，种植业以粮食为主，粮食生产又以高产作物为主。改革开放之后，我国渐渐地突破“以粮为纲”的方针政策，种植业在农业结构中的比重呈现下降趋势，且种植业内部结构中粮食作物种植面积的比重总体也呈现下降趋势，粮食作物、经济作物和其他作物如饲料作物发展渐渐协调，农、林、牧、渔各业得到全面发展。这种趋势一直延续至今，并不断深化发展。

在结构调整政策的影响下，在保证区域粮食生产总量的前提下，农业也开始调整农产品的品种种类和品质结构，经济作物的种植面积扩大，品种多样化、优质化，农产品品质提高，农民的收入得到提高，并且呈现多元化的特点。

根据《2015年F市国民经济和社会发展统计公报》，2015年F市的农业生产形势较好。全年农林牧渔业完成总产值72.75亿元，比上年增长4.5%。粮食种植面积31.76万亩，比上年减少0.20万亩，其中稻谷面积16.86万亩，减少0.67万亩；油料种植面积0.91万亩，增加0.07万亩；蔬菜种植面积25.03万亩，增加0.31万亩。全年粮食产量9.81万吨，比上年下降1.5%。其中，稻谷产量6.54万吨，减产0.27万吨，下降4.0%（如表1.1所示）。

从图1.1及表1.1可以看出，当下的农业生产不再是“以粮为纲”，粮食的种植面积在减少，产量也是农产品中为数不多出现负增长的，尤其是稻谷。

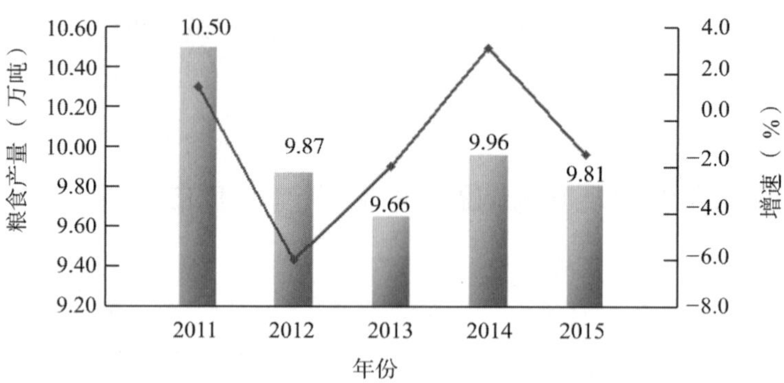

图 1.1　2011—2015 年 F 市粮食产量及增速

表 1.1　2015 年 F 市主要农产品产量及增速

农产品	产量（吨）	增长率（%）	农产品	产量（吨）	增长率（%）
粮　食	98 070	−1.5	甘　蔗	26 615	3.2
稻　谷	65 367	−4.0	茶　叶	24 409	6.1
甘　薯	14 482	0.8	水　果	208 492	7.9
马铃薯	12 666	6.0	蔬　菜	299 160	6.1
杂　粮	376	60.7	食用菌	8 326	−4.9
大　豆	4 524	3.4	香　菇	182	−5.7
油　料	1 593	13.4	蘑　菇	7 182	−7.1
花　生	1 538	14.6			

此外，F 市的经济作物在农村经济发展、农业增效、农民增收中发挥着重要作用。《F 市经济作物站 2015 工作总结》中写道：“我市经作生产认真贯彻省、市精神，按照构建新型农业经营体系，创新三农投入稳定增长机制，持续推进农村工作机制创新的要求，围绕‘抓特、创优、增效、增收’这一核心，突出资源优势，在全市广大产业工作者的共同努力下，克服了台风、寡照、秋雨、冬暖等不利因素，全面推进经济作物技术推广工作的健康快速发展，为实现经作稳定发展，农民持续增收，产品竞争力不断增强作出应有贡献，取得了应有的成效，据统计全市 23 万亩经济作物实现 13 亿元产值。”

（二）各产业稳定发展、多头并进

1. 水果、坚果

水果、坚果生产以稳定面积、优化结构为基础，总面积稳定保持在 18 万亩左右，年总产量预计 9.60 万吨，增加 0.05 万吨，增幅 0.52%。产值约 7 亿元，比去年增加产值 0.22 亿元，比增 3.24%。其中：

（1）葡萄：面积 5.0 万亩，因推广控产提质技术，单位产量略有下降，总产量约 4.80 万吨，因此价位较高，产值 4 亿元。

（2）枇杷：面积 1.0 万亩，产量 0.30 万吨，比去年略增，产值 1 500 万元。

（3）李：包括芙蓉李、黑李、大华李等品种，面积 2.0 万亩，产量 1.50 万吨，产值 1 980 万元。

（4）桃：各品种桃面积 2.0 万亩，产量 0.97 万吨，产值约 9 380 万元。

（5）晚熟龙眼：面积 2.5 万亩，由于加强管理和品种结构调整，产量 0.50 万吨，产值 3 000 万元。

（6）杨梅：面积 0.7 万亩，产量 0.50 万吨，产值 5 600 万元。

（7）柑橘、橄榄、柿子、番石榴、板（锥）栗、草莓、西瓜、芭蕉等面积约 2.1 万亩，产量 1.00 万吨，产值 3 000 万元。

2. 蔬菜

全市蔬菜完成生产种植面积约 20.3 万亩，产量约 18.80 万吨。与往年相比，播种面积增加 0.5 万亩，产量增加 0.40 万吨，产值约 4.3 亿元，增加产值 5 600 万元，增幅 15.0%。

3. 生姜

全市种植面积约 1.0 万亩，总产量约 1.10 万吨，产值 5 400 万元。

4. 太子参、中药材

今年面积 2.0 万亩，总产量达 0.20 万吨，产值近 1.5 亿元，但是太子参价格明显疲软，每千克 50～60 元。

5. 甘蔗

全市甘蔗面积 4 000 亩，估计产量 1.75 万吨，产值 1 800 万元。其中果蔗面积 2 500 亩，产量约 1.20 万吨，糖蔗 1 500 亩，产量 0.55 万吨。

由此可见，在 F 市农村经济中，经济作物占据了极其重要的地位，是 F 市农业结构调整的一个大方向，是种植业内部结构进一步优化的表现和结果。其中果树又是经济作物中的重点。以果树生产为主的经济作物生产正成为很多村庄的主要经济来源，总体占村民收入的 55.9%；近 200 个果树生产重点村，果树生产收入占村民收入的 90% 以上。外出打工的村民纷纷返乡投入经济作物生产，收入高了，村民消费也随之增加，如自发组织外出旅游、增盖和装修新房、增购大件用品等，全市农村消费达到 28.5 亿元。农民从种植经济作物中获得收益，发展经济作物势头更猛。

总的来说，种植业由“以粮为纲”转变到“压粮扩经”，农民收入提高，生活也富裕起来。

（三）优势农产品产销链转型升级

近年来，经济作物的种植面积扩大，我国农业由传统农业向现代农业转换的趋势不断加强。也就是与种植业内部结构进一步优化的同时，优势农产品趋于专业化生产、区域化分布、产业化经营，通过产销链的转型升级，农产品从产量到质量都得到了极大的提高。

从全国来说，各个区域各有特色，需要更具特色的发展模式。总体而言，这些发展模式都着眼于农产品品质结构、品种结构、农业产业结构和区域结构的不同特点进行调整。具体来说，主要的农产品都逐步向优势产区集中。比如东北地区和冀、鲁、豫三省的玉米面积约占全国的55%，黄淮海平原的小麦面积接近全国的60%，油料集中于东北和新疆，优质油菜主要分布于长江中下游，还有陕西和渤海湾的苹果、海南的反季节蔬菜等等。

在我们调研的F市同样也呈现出这种趋势。我们走访的大多数村庄都不再以粮食作物为主，而是转向果树种植，并且优新品种果树面积不断扩大，刺葡萄、穆阳水蜜桃、苏阳杨梅、太子参、新品种蔬菜的新植面积达到5万多亩。鉴于平原发展局限，种植园主要分布在山区和山地，呈现出一定规模的连片发展和多点种植，且实体化、基地化、集约化种植的趋势不断增强。如太子参主要在高山乡镇，面积2.0万亩；东魁杨梅主要在赛湾公路沿线和沿海及半山区，新种面积1 000多亩；刺葡萄主要在西部穆云、康厝、穆阳及城阳等乡镇，利用山涧空间和山垄田种植，年增面积1 000多亩；水蜜桃主要在西部和中、北部有关乡镇，新植面积1 000多亩；晚熟龙眼主要在下白石等沿海乡镇，嫁接改造面积达400多亩；新品种蔬菜主要分布在溪柄、城阳、坂中等环城蔬菜供应基地，新增面积1 000亩。

各个村庄都从本村的条件出发，如地形地势、天气气候和技术条件，在村委的组织和带领下，先是个户试种植，技术产量过关之后再在全村进行推广，从而全村形成一个产业。一村一品种，充分结合本地条件，发挥本地优势，打造、打响品牌。

以F市的葡萄种植为例：

（1）刺葡萄生产扩大：发展刺葡萄生产，新增面积400多亩，繁育种苗3 000多株，开展刺葡萄种质资源研究和开发利用，基地布局主要分布在康厝、穆云、城阳等乡镇，种植在农田和溪涧、沟谷两旁。随着对刺葡萄认识的加深和溪塔旅游人数的增加，消费量越来越大，市场价格看好，发展态势好。

（2）山区和山地新植葡萄的发展加强：2015年以来加强了山区和山地葡萄的发展，预计新植面积1 500多亩，分布在松罗、晓阳、城阳、赛岐、坂中、潭头、康厝、甘棠等高海拔山区和传统产区的山地。其中康厝梧溪、松罗尤沃、潭头渔溪洋等地生长和管护良好，带动了农民增收。

（四）产销衔接受到重视和发展

随着我国农产品产量的不断增加，农产品滞销问题频繁出现，严重影响了我国农民的经济利益。马克思称由商品到货币是“商品的惊险的跳跃，这个跳跃如果不成功，摔坏的不是商品，但一定是商品占有者”[①]。不管是政府部门还是农户都积极推进产销衔接，积极探索产销新模式。

1. 政府部门

一是搭建连接供需双方信息的对接平台，提供主要农产品种植面积和价格分析预测等信息，增进农户对市场信息的掌握，避免盲目生产而导致的“谷贱伤农”。二是针对农业的小生产与大市场的矛盾，搭建以农业行业协会组织为依托的农产品销售平台，积极推进农超对接，减少中间环节，实现“菜园子”和“菜篮子”的无缝对接。三是通过发展本地特色的体验农业、观光农业、生态农业等新业态和借助旅游节和新品上市发布会让国内外消费者更全面、更准确地了解F市农业和农产品，强化特色农业的品牌认同。同时鼓励企业积

① 马克思.资本论：第1卷[M].北京：人民出版社，2004: 127.

极参加“三品”认证和驰名商标、名牌农产品等评选活动，培育具有较强影响力的地域品牌。如F市芙蓉李和穆阳水蜜桃获得“中国名特优新农产品”称号。“F市巨峰”品牌荣获2012年最具影响力中国农产品区域公用品牌，央视发布F市巨峰葡萄品牌价值为70.82亿元。

2. 农户

农户主要是利用各类网络平台和微信公众号推广宣传，开设实体店、体验馆等，线上线下，联通互动，促进销售。

近几年，F市不断加快农业和农村经济结构调整步伐，积极转变生产方式，大力推进农业产业化经营，农业和农村经济保持稳步发展的良好势头，但也存在一些问题。

一是农业合作组织数量少，规模小，农民参与意识不强。截至2014年12月，F市共有439个村委会，农业合作组织1 042个，成员11 524户，仅占总农户数的15.8%，且合作组织多是初级农产品的简单生产和销售。而在发达国家，农业合作组织规模可观，涵盖领域多，除了农业的生产、销售，还包括农民生活、公共物品供应等各个领域。荷兰大部分农民至少同时参加3个合作社，农民收入的60%以上是通过合作社实现的；美国每6个农场主中就有5个参加购销合作社，每个参加合作社的农场主平均参加2～3个购销合作社；日本几乎所有农户都加入了农协组织。

二是农业产业化经营组织数量少，龙头企业规模不大，与农户利益联结松散。农业企业（尤其是龙头企业）是联系农户和国内外市场的纽带，具有开拓市场、深化加工和技术创新的综合功能。F市农业龙头企业129家，但省级龙头企业只有23家，且主要集中在茶叶加工业。产前、产中、产后各环节相互联结，产、供、销一条龙，种、养、加一体化是农业产业化的典型特征。农业产业化的本质是由有关各方组成风险共担、利益同享的经济共同体。然而，从F市的实际情况来看，目前还没有建立起有效的利益共享机制和风险共担、合作发展的联动机制。

三是农业基础设施薄弱，财政支农力度偏低，机械化程度不够。近年来，F市政府虽集聚财力资源支农，支农资金有显著增长，但力度和额度还很不够，与财政总支出的增速也是不相匹配的。农业机械化是农业生产方式从传统农业向现代农业转变的主导力量。美国和日本等发达国家已基本实现农业机械化，仅用低于全国5%的劳动力人口就支撑起了本国发达的农业体系。虽然F市农业机械化作业水平逐年提高，但农作物耕种收综合机械化水平只有28%，远低于福建省41%的平均水平。

四是农业科技基础薄弱，农业科研创新人才匮乏。2014年宁德地区农业技术人员为1 357人，占全地区各类专业技术人员的2.5%，远低于全省4.7%的水平①。这导致农业发展内源动力不足，农业发展急需的新技术、新品种供给不足，绿色无公害生产技术及农产品精深加工技术的研究应用薄弱。且大多数农民的文化知识和技术水平不高，技能单一，一般只能胜任传统的种植养殖技术，无法适应科学技术含量较高的规模化、现代化农业生产。

① 宁德统计局：宁德统计年鉴2006年［M/OL］.［2018-09-10］. http://www.stats-fjnd.gov.cn/cms/www2/www.ningdetjj.gov.cn/1ECF7B635B82A4BD639F471A53593B8E/2016-10-17/F61663AEC58B97A42E1630F36D0AE430.html.

二、农业结构调整的原因

作为传统农业大国，农业在我国国民经济中具有举足轻重的地位，1949年以来农业结构已调整数次，改革开放以来更是经历了几轮大规模调整。不同的经济发展阶段对农业结构的调整都有其相应的要求，促进农业结构调整的主要因素也各异。

论及我国当前进行农业结构调整的原因，一方面是社会和市场发展变化和经济增长等的要求，另一方面是在市场发展要求下出台的国家政策方针的推动。此外，农民对利润的追求、对种植等新技术的掌握和运用也是原因之一。

（一）社会和市场发展变化的要求

1. 国内农产品供求关系的变化

20世纪80年代中期至90年代初期，农产品难买、难卖的情况时常发生，农产品价格不稳定，出现大幅度波动，供需矛盾突出。在粮食供给方面，80年代全国粮食自给率约为98%，而在90年代，粮食生产连续几年的大丰收使其上升到99.6%，粮食供给相对过剩，"难卖"问题凸显。进入21世纪，我国粮食供给则呈现出"脆弱平衡、强制平衡、紧张平衡"的基本特征，粮食自给率呈下降趋势，而"谷物总量供需平衡，油料供给缺口扩大，个别产品明显短缺"已是农业新常态。保证国家粮食安全和重要农产品的供给则成了需要重点关注和解决的问题。

2. 城镇化下居民消费结构的变化

2016年，我国城镇化率达到56.1%，并以每年增加1个百分点的速度进入快速发展期。伴随城镇化的加速推进，人们的消费结构与消费观念也相应变化。当前城乡居民的生活水平早已越过温饱线，恩格尔系数逐年下降，农产品的需求收入弹性值不断降低，食物消费结构也发生重大变化——城乡居民人均粮食消费量不断下降。一般而言，随着收入的增长，增长的收入首先用于满足在低收入水平时尚未满足的食物需要，在中等收入水平时，则开始讲究农产品的优质化、多样化，讲究不同食品的合理搭配和营养水平，增加动物性食品的消费量，一些低脂肪、高蛋白、营养丰富的牛羊肉、瘦肉、水产品，水果和无污染的绿色食品等消费量大增。

3. 促进农民收入增长的要求

当前主要农产品供需矛盾日益突出，在价格增长乏力甚至下降的同时，国内农产品生产成本因土地资源成本、人工成本、物质与服务费用等大幅上涨而迅速上升，比较利益下降，导致农民来自农业的经营净收入增长减缓甚至停滞。从发达国家增加农民收入的经验来看，只有着力推进农业产业结构的调整与优化，真正提高农产品的需求收入弹性，组织农民把生产粮食和蔬菜等农产品的加工、运输、销售、储藏、保鲜等环节联成一体，才可以使农民既获得生产环节的收益，又获得农产品的增值和流通环节上的收益。

4. 农业进一步开放的新挑战

2001年，我国正式加入世界贸易组织，农业对外开放进入新的发展阶段，同时也扩大了经济全球化下国际市场对我国农业发展的影响。这种影响是一把双刃剑。一方面，在经济全球化的带动下，我国农产品国际化贸易发展迅速，水产品和蔬菜水果等劳动密集型农产品顺差增长，有利于农业充分发挥比较优势，改善农业资源配置效率。与此同时，中国积极鼓励农业引进和利用外资，开展农业综合开发、农产品加工和流通、农业科技研发等，对推动现代农业发展、促进农产品加工业结构升级发挥了积极作用。另一方面，中国农业已经从加入世界贸易组织之初的过渡期管理阶段，进入全面参与农业国际化竞争阶段。中国农产品进口规模逐年扩大，农业贸易依存度日益提高，农业产业安全存在一定隐患。且国际农产品市场剧烈波动的国内传导效应加大了农业生产经营的市场风险和国家有效调控农产品市场的难度。

（二）国家农业产业结构政策的推动

农业结构调整需适应农业发展不同阶段的客观要求。在不同的时期特别是经济发展的不同阶段都有不同的结构调整任务。我们根据国家农业结构政策的目标，可以把农业结构政策的沿革大致分成四个阶段。

第一阶段（1979—1984 年），农业结构政策的主要目标是解决农产品尤其是粮食及其制品的供给短缺困境，同时开始强调林、牧、渔业和经济作物的协同发展。1983 年中共中央一号文件强调“粮食生产一定要抓得很紧很紧，适宜种粮食的耕地要保证种粮”；1984 年中央一号文件明确提出“林、牧、渔业发展不足，商品供应紧张，这种状况必须扭转”。

第二阶段（1985—1991 年），农业结构政策的目标是优化农村产业结构。1985 年是中国整个农业结构演变的一个转折点，在当年中央一号文件中首次提出“鼓励和支持农村产业结构的调整”。为了优化农业结构，国家采取了相应的农业结构政策手段。首先利用财政支持手段对适宜粮食生产的地区进行生产性投资，从 1984 年开始国家拨出专款启动商品粮基地建设项目，每年投资 1 亿多元；1985 年又设立了“发展粮食生产专项基金”，每年 10 亿元，随后又投入大量资金建设了棉花基地和优质农产品基地；1988 年国家又投资 33.34 亿元设立农业综合开发资金，重点用于改造中的产田，提高农业综合生产能力，特别是粮棉油大宗农作物的生产能力。其次，拿出一批粮食，按原统购价销售给农村养殖户、国营养殖场、饲料加工厂、食品加工厂等单位，支持发展畜牧业、水产养殖业、林业等产业，并特别注意扶持养殖专业户、专业村，并在一定区域范围内逐步建立和健全养殖业的良种繁育、饲料供应、疫病防治、产品加工、贮运销售等配套的商品生产服务环节。最后，促进农业劳动力转移，提出“只有使众多的劳动力从种植业转移出来，形成农工商综合发展的产业结构，才能提高种植业的劳动生产率，实行以工补农，提高农村收入，增强农业的自我发展的能力”。

第三个阶段（1992—1997 年），农业结构政策的目标是提高农业生产经济效益和增加农业生产者的收入。1992 年 9 月 25 日，国务院发出《关于发展高产优质高效农业的决定》。这是农业结构演变的一个重大转折。《关于发展高产优质高效农业的决定》指出，90 年代我国农业应当在继续重视产品数量的基础上，转入高产优质并重、提高效益的新阶段。为此，《关于发展高产优质高效农业的决定》提出“以市场为导向继续调整和不断优化农业产业结构”，要求“对目前的种植业结构进行必要调整。在确保粮食稳步增长、积极发展多种经营的前提下，将传统的‘粮食——经济作物’二元结构，逐步转向‘粮食——经济作物——饲料作物'三元结构……不论种植业还是林业、畜牧业和水产业，都要把扩大优质产品的生产放在突出地位，并作为结构调整的重点抓紧抓好"。同时强调要以流通为重点建立贸工农一体化的经营体制以及依靠科技进步发展高产优质高效农业。1997年1月10—13日，中央农村工作会议召开。这次会议提出1997年的农业和农村工作的总体要求，其中就有"调整优化农村产业结构，切实减轻农民负担，确保农业增产、农民增收、农村稳定，实现农村经济全面发展和社会全面进步"。

第四个阶段（1998年至今），农业结构政策的目标主要是围绕"高产、优质、高效、生态、安全"的要求，增强农业竞争力。2006年《中共中央、国务院关于推进社会主义新农村建设的若干意见》表示粮食连续两年较大幅度增产，农业结构调整向纵深推进，农民收入较快增长；同时提出"积极推进农业结构调整。按照高产、优质、高效、生态、安全的要求，调整优化农业结构。加快建设优势农产品产业带，积极发展特色农业、绿色食品和生态农业，保护农产品知名品牌，培育壮大主导产业。大力发展畜牧业，扩大畜禽良种补贴规模，推广健康养殖方式……积极发展水产业，扩大优质水产品养殖，发展远洋渔业……提高农产品国际竞争力，扩大园艺、畜牧、水产等优势农产品出口"。

中国农业结构自1979年农村改革以来，按照农业各阶段的发展目标，已先后进行了四轮调整，每一时期的农业结构调整都是为了实现预期的目标，在达到目标的同时，又必然会引出一系列新的问题——农业进一步发展面临的瓶颈。在这种持续循环过程中，我们可以看到农业政策参与并促使农业结构不断优化的过程。

（三）农户主体地位的提升

农户经济是农村经济发展的基本组织形式，是农村和农业结构调整的主体。在计划经济体制下，农户没有独立的经济利益，在生产经营中缺乏必要的动力机制。家庭承包制的实行，有效培育了农业发展的激励机制，确立了农户在生产经营决策和财产分配使用等方面的自主权，拓展了农户行为选择的空间。农产品统购统销制度的改革及市场经济的价格调节机制的引入，进一步把农村商品生产和经营的权力转移到农户，使农户作为经营主体具备了更完整的经济活动内容。农户可以依资源禀赋、市场需求和经济技术条件以及人力资本的状况，在追求风险最小化和收益最大化的双重目标的驱动下，根据结构转换成本、风险和预期收益，确定资源的流向和组合方式，从而为结构调整提供可能。

在收益最大化目标的驱使下，农户作为农业经济活动的行为主体，会根据市场价格的信号来调整投入产出关系。从动态过程来看，如果投入品的价格上涨幅度小于产品价格的上涨幅度，农户会增加投入品的使用和增加产出；反之，农户则会减少该投入品的使用量，从而降低产出。对于不同部门来说，产品与投入品的价格对比关系不同，将导致生产规模的变化。如果一个部门投入产出比例高于其他部门，生产要素将向该部门转移；如果投入产出比例较低，则生产要素将从该部门向其他部门转移。正是这种生产要素与产品相对价格的变化，即报酬率的变化，引起了部门之间投入结构的调整。生产要素投入结构的变动通过生产函数最终导致产出结构的调整。

农户作为农业生产者，其劳动力供给数量和劳动生产率的大小直接影响农作物产出与农业生产结构。农村经济政策的放开使原来被严格束缚在土地上的农户，获得了改变社会身份和进行跨行业、跨地区流动的自由，并扩大了农户的就业选择机会和空间。根据刘易斯的“二元结构论”，由于农业部门存在着大量剩余劳动力，农业的工资收入显著低于工业部门。在工资差异的驱使下，农业生产中过剩的劳动力从农业部门转移出去。2015 年我国农业机械化水平已超过 62%，较 1979 年 20% 提高了 42 个百分点。我国农业机械化水平的大幅提高在很大程度上得益于农村劳动力的流动。农村剩余劳动力从农业部门的转移，推动了农业机械化水平的提高及农业新技术的应用，促进了土地制度和农业生产方式的变革，也提升了农业人力资本。务工收入的增加使务农的机会成本上升，农民为节省时间增加务工收入，采用机械化操作迅速完成农业生产便成为必然，同时务工收入的增加也使农户有经济条件支付机械化操作的成本，以及自主选择购买一定的农业机械化生产工具。

三、解决对策

新时期中国农业结构调整是着眼于农业中长期发展目标的一次领域更广、内涵更丰富的层次性、战略性和系统性工程。当前，我国经济发展进入新常态，农业发展面临农产品价格“天花板”封顶、生产成本“地板”抬升、资源环境“硬约束”加剧等新挑战。农业作为我国的基础产业，已经到了调整结构、转变发展方式的重要关口。推进新一轮农业结构调整，必须在坚持和完善农村基本经营制度的前提下，加快创新农业经营体制，推进农业国际化进程，构建现代农业产业体系、生产体系、经营体系，完善农业支持保护制度，发展多种形式适度规模经营，培育新型农业经营主体，健全农业社会化服务体系，实现小农户和现代农业发展有机衔接。①

（一）增强农民的组织化程度，发挥组织合力

家庭经营是农村基本经营制度的基础，农户是基本经营的主体。超小规模的家庭经营生产投入多，耗时长，耗力多，成本高，整体素质不高，应对市场变化的能力弱，难以适应现代农业发展的需求。所以只有将分散的农民组织起来，发展农户联合与合作，提高农业组织化程度，才能有效地提高农户抵御市场风险的能力。统一经营可以克服家庭承包的一些缺点，如经营规模小、组织化程度低以及抗风险能力弱等。

第一，建立农民协会。在全国自下而上建立像工人组织工会那样的能够从整体上代表和维护农户利益的农民组织，如农民协会。

第二，建立新型合作组织。建立社区型、综合性合作经济组织，如供销合作社、信用合作社、消费合作社等，不断提升合作社的管理水平和自我发展能力，使之成为引领农民参与国内外市场竞争的现代经营组织。

第三，建立农村专业技术协会。通过葡萄协会、养猪协会等，进行人才培养，提高农民的技术水平，降低人力物力成本，推动我国农业向现代农业转变。

（二）推进农业产业化经营，完善利益联结机制

农业产业化经营是与市场经济相适应的现代农业经营方式，以市场为导向，将农产品

① 习近平. 决胜全面建成小康社会 夺取新时代中国特色社会主义伟大胜利 [M]. 北京：人民出版社，2017：32.

生产、加工、销售各个环节结合起来，其本质和核心在于农工商、产加销、经科教一体化，利益共享，风险共担。龙头企业拥有雄厚的资本、技术、人才等生产要素，管理水平也比单个农户高得多，获得信息更为全面丰富，能带动农户发展专业化、规模化、集约化生产。培育壮大农业产业化龙头企业，首先要选择一些关系国计民生的重点行业和关键领域，还要重视技术创新和发展，加大对科技的财政支持和专利保护。还要完善利益联结机制，大力发展订单农业，基地农户与龙头企业在生产之前签订产销合同，农户按合同要求进行生产，然后将农产品销售给龙头企业，农户和龙头企业相互依存，形成较为稳定的供销关系，从而能够化解市场风险，较为有效地解决"难卖"问题；且龙头企业技术实力强，可以对农户进行技术培训和指导，提高农户素质，降低技术风险。

（三）完善农业支持保护机制，加大"三农"投入力度

农业结构调整是传统农业向现代化农业转变的过程，在这个过程中存在着很大的风险。所以需要政府发挥职能，完善农业的支持保护机制，以财政资金为基础，以政策调节为手段，对农业进行扶持、援助和保护。面对现代农业发展的要求和国际市场的竞争压力，需要构筑农业支持保护新机制。一要建立完善的农业保险机构，开展专门的农业保险工作。同时政府还要在法律上、行政上、经济上扶持农业保险工作，投入专项资金用以发展农业保险工作。二要进一步完善农业补贴政策，优化补贴结构，完善农业利益补偿机制。三要增加对不同类型区农业结构调整的资金投入，设立专项资金对不同类型进行针对性的投入。四要优化农村金融生态环境，强化金融支持农业。

（四）扩大农业的对外开放，促进农业国际化

随着经济全球化和我国加入世界贸易组织，我国的农业和农业经济面临着更加激烈的国际市场竞争，农业发展面临压力和冲击。风险与机遇并存，我国有自己的资源优势和相应的产品优势，我们要抓住机遇，扩大农业的对外开放，引进国外的资金、先进的技术和管理经验，促进我国农业进步。我们要充分发挥我国农业的比较优势，如劳动力丰富，加强对优势农产品的开发支持力度，大力发展外向型农业，合理协调农产品的进出口，依据国内农产品的需求结构、特点和优势，优化进口农产品布局。同时要推动企业"走出去"，主动参与国际合作，与国际市场接轨，提高农业影响力。

（五）加大科技兴农力度，提高农民素质

抗御风险能力与承担风险主体素质成正比。当前我国农业机械化水平不高，从业人员的文化素质普遍不高，农户在市场经济知识、管理知识、农业科学技术的学习、掌握和运用等方面有所欠缺。所以政府应当大力促进农业科技的发展，提高自主创新能力，提高技术水平，同时也要大力推进农村的文化知识教育，包括普及九年义务教育，发展农村的职业技术教育和职业技术培训，发展高素质人才到农村从事管理服务工作，组织农民学习市场经济知识、经济管理知识和法律知识，提高农民在市场经济中生产、经营、管理和竞争的能力。政府要积极开展技术培训、指导、宣传、普及、推广工作。本着实际、实用、实效的原则，灵活采取各种方式贯彻各项技术，以示范为重点，辐射和影响生产者，提高科技贡献

率，提高农民的素质，从而实现农业增长方式从粗放型到集约型的转变，提高农产品的产量和质量，优化产业结构。

第二节　家庭农场发展问题研究

改革开放以来，我国一直不断进行农业经营模式的探索，积极推进农村经济转型。在这样的大环境下，中国的农业经营体系也在探索中积极前进。20 世纪 80 年代初期，改革在农村大力开展，家庭联产承包责任制在我国实行。自实施以来，中国农村经济发生了巨大的变化，农业也有所发展。但随着城镇化进程的加快，大批农民工涌入城市，农村也在新时代下有了翻天覆地的改变。家庭联产承包责任制下小而分散的经营模式在巨变下显得吃力，为适应这种巨变，近年来政府、学者都在不断创新，借鉴国外成功经验，希望能提出并发展新型农业经营模式。其中，“家庭农场”这一新型模式也逐渐成为焦点。

一、我国发展家庭农场的历史、现状及问题

“家庭农场”是指以家庭成员为主要劳动力，从事农业规模化、集约化、商品化生产经营，并以农业收入为家庭主要收入来源的新型农业经营主体。家庭农场的定义与农业部对家庭农场的界定有密切关系。农业部指出凡家庭农场必须具备四大特征，其中农场经营者的农村户籍是家庭农场的认定标准之一，而集中家庭成员为主要劳动力、农业收入上升为家庭主要收入、经营的规模化是家庭农场的经营性特征。

（一）我国发展家庭农场在理论研究上的逻辑脉络

家庭农场这一形式在发达国家农业发展上占据重要的地位。研究表明，早在 20 世纪末期，家庭农场在一些欧美国家的农业生产中就已经占据 75% 以上的比重，东亚地区的日本也早有发展。结合我国农业实践经验，家庭农场具有发展的可能性，故我国学者开始致力于家庭农场相关问题的研究。1983 年 10 月，全国国营农场经济学术研究会在重庆举行，会上各学者就曾对“试办家庭农场”这一想法进行过深入探讨。1984 年，中共中央一号文件出台，文件中做出“国营农场应继续进行改革，实行联产承包责任制，办好家庭农场”的指示，因此家庭农场也逐渐成为学者探讨研究的方向。时隔多年，2008 年党的十七届三中全会报告再次提及“家庭农场”这一理念，报告虽然没有强调家庭农场的发展，但认为家庭农场可以成为农业规模经营主体之一。从 1984 年至 2012 年，每年都有一定数量的文献就家庭农场问题进行探讨，初期探讨话题主要集中于如何试办家庭农场，分析家庭农场的效益，部分甚至提及了为配合家庭农场而进行的农场信贷工作的发展，可以说对家庭农场的研究在这时已经显现雏形并有所发展，其研究已拓宽至各个层面。

2013 年中共中央一号文件出台，对家庭农场相关事宜作出重要指示。文件强调了发展多种形式的适度规模经营的目标，并将家庭农场视为承包土地流转的一个重要主体，同时还就如何发展和壮大家庭农场提出指导性建议。此文件使家庭农场在我国农业历史上真

正活跃起来。仅从文献数量来看，2013 年发表的有关于家庭农场的研究成果数量相较于 2012 年就有十倍的增长。同时，学者的研究也从早期的宏观层面更进一步深入微观层面，通过大量对欧美成功经验的剖析真正落实到具有中国特色的方案上。2013 年后，专门针对各省各县的关于家庭农场的研究成为主要部分。在中央的支持下，学者集中于调查总结各地方就家庭农场的实施情况，其中浙江、上海等地都成了学者的重点关注对象。目前就家庭农场的研究还在不断进行中，如何把握规模化、如何实现各方面效益最优化、如何真正落实到各地从而实现中国特色等问题也将继续成为研究热点。

（二）我国发展家庭农场在实践形态上的演进历程

2013 年中共中央一号文件出台之前，家庭农场已有一定程度的发展。2013 年国家首次对家庭农场发展情况展开调查。调查数据显示，截至 2012 年年底，符合国家标准的家庭农场的规模已达到 87.7 万个，经营耕地面积 1.76 亿亩，2012 年全国各地扶持家庭农场发展资金达到 6.35 亿元。虽然家庭农场的规模并不是家庭农场发展的唯一指标，但从经济效益来看，家庭农场工作的成绩也算可喜可贺。

2013 年中共中央一号文件出台后，地方对于家庭农场的发展也更加重视。尤其是上海、浙江、安徽、江苏、吉林等地都积极探索家庭农场这一出路。农业部农村经济体制与经营司司长张红宇就曾在一次新闻发布会上明确指出：各省已在家庭农场注册认定、财政扶持、土地流转、金融保险等方面明确了扶持措施，以促进家庭农场的发展。2016 年，农业部根据近年来中央一号文件指示精神，基于对 3 000 户家庭农场的监测，首次以年报形式公开了全国范围内家庭农场的发展情况——《中国家庭农场发展报告（2015 年）》，这也足见国家对家庭农场这一新型经营模式的重视程度。

福建省也在家庭农场发展方面做足了准备，尤其是近年来积极开展家庭农场示范场的评定工作。根据福建省农业信息网上公布的数据，截至 2016 年 6 月底，省农业厅认定省、市、县三级家庭农场示范场 1 019 家（其中省级 170 家，市级 283 家，县级 566 家）。其中漳州拥有 34 家省级家庭农场示范场，位于各市之首，三明、南平、龙岩等市的家庭农场示范场工作开展得较为到位。并且福建省也将对这些示范场实行持续动态监测，省级财政将在 2015—2020 年期间每年下拨 1 500 万元重点用于这些家庭农场示范场的建设。新一轮的家庭农场示范场评定工作也将在 2016 年 7 月份启动。此外，福建省还出台了更多具体政策保证家庭农场的发展，从引进人才、培养人才、地电支持、减免税费、贷款优先、降低利率等方面保证了家庭农场工作的顺利进行。

总体来说，20 世纪 80 年代以后，家庭农场已有一定规模的发展。2013 年中央一号文件出台后，各地根据中央的指示，加强了家庭农场建设工作，从多方面开拓、多渠道推进相关工作。

（三）我国发展家庭农场可能存在的问题及其解决方案

20 世纪 80 年代实施的联产承包责任制已充分调动了农民的积极性，并且实现了农业的增产。但家庭联产承包责任制较为适应的是耕地分散、耕地面积小的局面，一家一户自主经营，无法形成规模效应，因而需要较多的劳动力进行弥补。随着城镇化进程的加快，越来越多的农民转向非农业生产，农村逐渐出现青年劳动力缺乏的局面，家庭农场的优势也逐渐显现。家庭农场以土地流转为基础，将一家一户的面积相对较小的耕地集中起来，形成一定的规模经营，从而为更高程度的机械化生产奠定基础，提高生产效率，实现农业增收。同时，家庭农场虽然作为一种新型模式出现在2013年中共中央一号文件中，但这一模式并未改变家庭联产承包责任制的核心地位，并且家庭农场更具现代农业的特色，机械化程度有较大提高空间。所以，家庭农场是一个更具稳定性的过渡形态，适合我国目前农业发展情况，也成为国家农业发展的重心。

但不得不提的是，家庭农场虽然在目前的实践上是大体成功的，但在其发展过程中也存在很多问题，主要体现在三个方面。一是土地流转不到位。中国农村土地流转有相当部分是属于“熟人”“亲人”之间的流转，或是农民本身进城务工后，委托给第三方代为流转，法律保障低，流转价格难以达成共识。再加上农民，尤其是老一辈农民故土意识较为强烈，不愿意将土地进行流转，使得流转面积受到限制。此外，土地流转信息服务平台还未建设到位，交易双方没有有效的中介牵线搭桥，降低了流转速度。土地流转无法高效进行，家庭农场也就无法在此基础上有更大突破。二是金融支持度有待提高。如果说土地流转工作的顺利进行是从小而分散的一家一户经营到种植大户、家庭农场这一转变的奠基石，是这一转变的初始原料，那么足够强大的金融支持就是家庭农场在其发展历程上的催化剂。这里的金融支持主要包括贷款下放力度、风险承担程度、经济保障服务等一系列经济上的措施。家庭农场发生这一“化学反应”只有拥有足够的“催化剂”才能有所突破。但目前农村金融服务还不到位，相关文献也指出目前金融产品的匹配程度较低。农业具有多元化、季节性等特色，同时短期日常经营与长期设备购买所需贷款的种类也有所差别，但金融机构所提供的融资常常不能满足这一需求，使得贷款违约率提高，贷款难度加大。家庭农场与农民缺乏完善的信用评级体系，农民信用建档工作尚未成熟，农民贷款违约率较高，有关银行下放贷款额度又有限，相关补贴无法真正满足家庭农场迅速发展的需要。这是发展家庭农场过程中遇到的一个重大瓶颈。三是人才稀缺问题严峻。家庭农场所具有的专业化的特点需要有专业型人才支撑。但由于大量青年劳动力进城务工，大部分在农村从事农业生产经营的农民已经习惯小而分散的经营方式，且不都具备经营家庭农场的能力，一旦遇到自然灾害就损失惨重。再加上现代农业更需要经营者对市场有敏锐的洞察力，能分析市场需求，建立一套完善的经营管理体系，从选种、种植、维护再到运输、销售，这是家庭农场发展所特别需要的，却是现在很大部分农民所无法具备的。

以上种种问题制约着家庭农场的发展，故而有关部门应积极采取措施。2015年，福建省出台农村土地流转新政策，进一步解决土地流转工作中可能出现的细节问题。下一步工作应注意现阶段的土地流转可以继续尝试集体进行流转的方案，提高议价能力，保障多方利益，同时应保证程序公开透明，给予农民充分的保障；完善土地流转市场的载体也应提上日程。在金融服务方面，应鼓励相关中介机构的发展，为交易双方搭建桥梁；将农民贷款落实到位，继续加大农民信用建档、家庭农场示范场评定、信用评级等工作力度，并形成一个专业化信息服务平台，使农村贷款供需更趋于均衡，家庭农场摆脱融资难的窘境；最重要的是，各机构应始终坚持金融创新，设计出真正符合家庭农场特征的金融产品，使金融市场更加活跃，带动家庭农场健康发展。从福建省来看，近年来，福建省在各类促进家庭农场发展的指示中将促进金融服务的发展视为一个关键点，将家庭农场贷款视为其涉农贷款中的重要目标之一，同时增加贷款利率优惠力度，力求降低农民所承担的家庭农场风险。虽然福建省已取得很大成绩，邮储银行等也针对家庭农场提高了贷款限额（最高至50万元），延长了贷款期限（最长至3年），但整体金融服务体系较浙江省还有一定差距，相关工作还应该紧密进行。在人才稀缺问题上，培养技术型人才，定期开展职业教育，鼓励农业大学生带动家庭农场发展。福建省2015年在促进家庭农场发展的政策中提到，省内保证每年500名家庭农场经营者有资格接受专业院校培训，同时对农业大学生给予扶持，鼓励农业大学生毕业回乡创办家庭农场，改善人才稀缺的状况。

二、发展家庭农场的可能风险及其防控

家庭农场虽然没有改变家庭联产承包责任制的核心，但毕竟是一个农村新型经营模式。虽然其在美国、法国、日本等的实践较为成功，但结合中国特色后仍有待改变。就家庭农场目前在我国的实践来看，其引起了社会各界的争议和担忧，也还存在很多不容忽视的风险。以下主要从土地私有、统分失衡、土地兼并、雇佣剥削、两极分化这五个方面分析发展家庭农场存在的可能风险及其防控措施。

（一）发展家庭农场与土地私有问题

自20世纪80年代家庭联产承包责任制在中国正式施行以来，各类主张“土地私有化”的声音一直未曾停歇。尤其是2013年中共中央一号文件出台，明确指出“鼓励和支持承包土地向专业大户、家庭农场、农民合作社流转”，社会中支持私有化的群体更是仿佛看到了土地私有化进程加紧进行的曙光，认为土地私有化在中国指日可待。1820年，美国“将共有土地以低价出售给农户”，土地私有化初见雏形，此时家庭农场在此基础上作为一个新型经营模式得以发展，“引发了美国开发西部的移民热潮”。特别是1862年，美国《宅地法》通过土地私有化，家庭农场迅速发展。基于此，有学者对比国外家庭农场成功案例，指出以美国为首的一些欧美资本主义国家，其家庭农场的发展建立在土地私有化基础上，并由此使农业得到发展。故而中国想要在家庭农场上有所突破，土地私有化是不可或缺的一个重要步骤。同时，家庭农场在其经营与扩张过程中的多方面都需要资金支持，单就普通农场而言，农场中农作物的种子购买，培育过程中所需要的农药、化肥，以及一系列灌溉、除草、收获、筛选、运输、销售等工作中需要的设备及劳动力，再加上自然因素导致的损失的弥补等都离不开资金，更何况家庭农场相较以往的农场在规模上有所扩大，故而前期所需资金成倍增长。然而农民的收入有限，从而导致投入农业生产经营的自有资金有限，贷款成为大部分家庭农场的必经之路。但由于土地集体所有制，土地无法成为抵押贷款的工具，而农民以土地为本，手里也没有再多的抵押物，故目前家庭农场的融资过程中常常因缺乏贷款抵押物而使家庭农场面临困境，而土地私有化恰恰能解决这一问题。因此支持土地私有化的声音便随着家庭农场规模不断扩大而不绝于耳，他们认为中央支持家庭农场就

是在支持土地私有化。

但土地私有化的观点严重忽略了我国与资本主义国家体制上的重大区别，他们没有清醒意识到我国农村的特色，一味想要照搬欧美成功经验。况且，土地集体所有制一直是中国发展农业、创新农业经营方式的基础，所以必须认清家庭农场在我国的实质。我国的家庭农场并未改变家庭联产承包责任制的核心地位，事实上家庭农场是对家庭联产承包经营的进一步扩大，从而形成规模经营，土地所有权并未改变，规模化、专业化才是其区别于家庭联产承包责任制的特点。当然这个扩大深化的基础就是土地规模的进一步扩大，从而形成一定土地规模。家庭农场在现阶段的出路是充分实现土地流转，故而有人便在此基础上做文章，混淆土地流转的实质，主张土地整体流转，这也是家庭农场在其发展过程中所必须明确的态度。2014 年，《关于引导农村土地经营权有序流转发展农业适度规模经营的意见》正式公布，强调了坚持土地所有权的基本原则，土地流转仅指土地使用权的流转，所有权、承包权仍不变。其中土地流转模式是包括土地互换、土地出租、土地入股、宅基住房、股份合作等，也并未动摇土地集体所有制的地位。在观念上正确认识家庭农场的实质是避免土地私有化问题的基本途径。而前文所提及的家庭农场所面临的融资难问题，土地私有化并不是解决这一问题的必要条件。加大金融创新力度，开展农民信用建档、家庭农场信用评级工作，完善社会保障体系等才是解决经济困难的有效途径。在发展家庭农场过程中，我们应始终坚持土地集体所有制的基本原则，努力加快土地使用权的流转，保障家庭农场发展工作稳步进行。

（二）发展家庭农场与统分失衡问题

邓小平同志曾谈及中国社会主义农业改革和发展的两个飞跃，“第一个飞跃，是废除人民公社，实行家庭联产承包为主的责任制……第二个飞跃，是适应科学种田和生产社会化的需要，发展适度规模经营，发展集体经济”。[①] 邓小平同志的这番话就是在强调统分结合的重要性。“分”是第一个飞跃，“统”保证了第二个飞跃。20 世纪 80 年代以来，我国实行以集体统一经营与家庭联产承包责任制为主的统分结合的双层经营体制，使得农村经济有了快速发展。但 30 多年的实践也应让我们清醒意识到，目前中国的双层经营体系还存在很多问题，仍有待完善。家庭联产承包责任制确立后，大多数劳动力、财力都集中于家庭分散经营，集体经营流于形式，加上集体经营无法做到责、权、利三者统一，因而集体经济实力大大下滑，产生恶性循环。故而我国 30 多年来所体现的双层经营体系大多数时候呈现出“分”大于“统”，甚至有“分”无“统”这样的统分失衡的局面。其后果是集体保障落后，水利设施等硬件配备不齐全，农业技术支持、农业技术型人才等软件服务跟不上，而家庭自有资金又有限，分散经营抵御风险能力低，特别在自然灾害来临时，农业崩溃可能性大，甚至对硬件设施造成破坏，使得后期重建任务重大。因此可以说，统分失衡进一步阻碍农业发展。

近年来，家庭农场以其具有的规模化、专业化、集约化的优势逐渐成为大家青睐的新型农业经营模式。家庭农场在一定程度上克服了家庭联产承包责任制情况下小而分散的经

① 邓小平．邓小平文选：第 3 卷［C］．北京：人民出版社，1993:355.

营所带来的效率低、机械化程度低、规模过小、专业化程度低等缺点，大部分土地通过土地流转集中于个别家庭，统一进行规模管理，使得“分”层面上的经营继续加强，设备等均属于个人，“分”分担了“统”的部分职责。由于家庭农场专业化等特点，容易产生“分”已具备完全取代“统”的能力的误区，家庭农场的发展使得“分”层面较家庭联产承包责任制时期有了更大的加强，而“统”层面不断萎缩，集体经济荒废。因此，这是家庭农场发展过程中所可能带来的“统”“分”进一步失衡的局面，邓小平同志所强调的双层经营体系也在以家庭农场为主的时期进一步弱化。

但集体经济的“统”层面上的经营，有着无论是家庭联产承包责任制还是家庭农场这一新型经营模式引导的“分”层面上的经营都不具有的优势。首先是多种农业经营模式中不可缺少的一部分，是农业经营模式多样化道路上的不可分割的一种模式，同时因为家庭农场强调适度规模经营，其规模受到限制，加之农民个人资金、知识等有限，所以无论是硬件设施还是软件储备都无法达到更高一层的现代农业的标准，而完备的集体经营恰能弥补这一缺点。集体经营在一定程度上对家庭农场起着导向作用，并且具备更专业化的优势，能实现更集中的管理。同时集体经济的发展也降低了家庭农场发展的长期投入，降低了个人从事农业生产经营的成本，再加上集体经济具备议价能力上的优势，故集体经济的“统”能提高农民收入，给予农民保障，是一些人认为的家庭农场具备的“统”所不可替代的。

因此在家庭农场这一新型经营模式发展时期，切不可忽视集体经济这一“统”层面上的经营。在这个层面上，家庭农场仅是家庭联产承包责任制下规模与专业层次的加强，故应始终保障双层经营体系在家庭农场时期的地位，完备的双层经营体系是家庭农场得以发展的理论支持，统分均衡是家庭农场得以发展的基本前提。鉴于双层经营体系建立以来反复存在的“统”弱于“分”的局面，农村应加大集体经济建设力度。在从思想观念上宣传教育集体经济宏观调控能力的同时，加强集体财产管理，以确保集体经济积累；稳固集体经济在灾害过程中的保障作用、在技术支持过程中的服务作用；扩展集体经济经营范围及经营形式，从多方面促进家庭农场发展；提高政府保障力度，使集体经济得以修复和发展。家庭农场之“分”与家庭联产承包责任制之“分”在本质上差别不大，均无法替代集体经济之“统”；当家庭农场的发展在一定程度上破坏双层经营体系造成统分失衡时，应明确家庭农场地位，使其置于双层经营体系的保护之下，实现统分结合。

（三）发展家庭农场与土地兼并问题

2013年中共中央一号文件关于家庭农场发展政策一出台，各界对家庭农场的议论此起彼伏，其中土地兼并成为大家关注的焦点。这不仅仅是农民担心的问题，更是学者议论的方向。有的人认为“家庭农场主”与“地主”没有本质上的区别，认为培养“种植大户”家庭农场就是培养“地主”，甚至有人直接打出“家庭农场就是土地兼并，是中国版圈地运动”的口号，农民也因为担心自己的土地遭遇兼并等而不愿意将土地进行流转。随着城镇化进程的发展，一大批农民工进城，农村劳动力减少，农地“撂荒”现象也就时有发生。关于“家庭农场就是土地兼并”的说法固然有夸张的成分，但这个疑虑也并不是空穴来风。前文提到，家庭农场规模化、专业化发展的一个基础便是土地规模化，在现阶段即实现土地流转。家庭农场一旦与土地流转挂上钩，加之土地流转本身易产生“土地私有化”的思考，更是容易让人将“家庭农场主”与“地主”混为一谈。而在现阶段的中国，农村劳动力向城镇转移，大部分农村开始出现少数人经营大面积土地的现象，即家庭农场不断发展，规模不断扩大，故而维持家庭农场所需要的资金也不断增加。目前统计数据显示，农村家庭的信贷需求（19.57%）与全国平均水平（18.36%）相当，这还不包括民间相互借贷的数额，但城乡之间金融服务设施建设差别较大。故大面积土地流转往往转入有一定资金积累的群体手中，很多农民对于这些高额费用只能望而却步，这更加深了大家对于发展家庭农场过程中可能存在土地兼并问题的想法。

我国土地归集体所有，妥善处理好前文所提及的发展家庭农场过程中可能存在的“土地私有化”的风险，真正意义上的家庭农场的发展所带来的土地兼并是不会发生的。虽然土地所有权保持不变，但土地流转要求“搞活土地使用权”，若不能妥善处理好土地使用权的流转，也可能会出现土地使用权的兼并，这就违背发展家庭农场时适度规模经营的初衷。故而在发展家庭农场过程中，应坚持做好家庭农场评定工作，将适度规模经营的理念进行到底；在土地流转过程中，坚持农民自愿的原则，并且要保障土地流转价格不受到恶意压制，保障土地流转公开、公正、公平进行；同时要完善相关金融服务，确保家庭农场补贴力度，切实保证资金流转到位。

（四）发展家庭农场与雇佣剥削问题

家庭农场在其发展过程中规模不断扩大，但目前农业现代化程度有限，机械化程度无法同步发展，那么较大规模的家庭农场若仅靠农场主进行相关生产活动难免“力不从心”，因此不论是家庭农场的初级阶段、发展阶段还是最后示范农场的成熟阶段，雇佣现象还是非常普遍的。农场主需要一定的劳动力帮助进行初级阶段的基础设施建设工作以及发展过程中的种植和后期日常维护工作，并且支付其一定报酬。事实上，这是不违背家庭农场的宗旨的。农业部对家庭农场的界定中有一个关于家庭农场中劳动力来源的标准，标准强调集中家庭成员为主要劳动力，并不是要求家庭农场的劳动力只能是家庭成员。因此一定程度的雇佣在理论与实践中都是被允许的，是现阶段我国农业特色所需要的，也是为实现雇佣剥削的完全消除所做出的适当让步。但在实际过程中，这样的“一定程度”是很难把握的，故而将雇佣工人作为主要劳动力，反之家庭成员在经营过程中处于劳动力客体地位的现象还是时有发生，这首先违背了家庭农场界定标准，严格意义上不能称为“家庭农场”，但这种在家庭农场发展过程中可能存在的误区也应该引起我们的重视并加以防范。 其次，关于“农场主就是剥削阶级”的言论和疑虑热度也一直不减。有些人始终忘不了想要将其他国家的模式套用于现阶段中国的念头，比如对比美国目前农业发展情况，美国有相当一部分农场雇佣了大量的农业雇工进行生产经营活动，与以家庭成员为劳动力的标准不符，却取得显著成果，因此有人主张套用美国现阶段的家庭农场模式。但必须指出，这种雇佣了大量农业雇工的模式已不再是单纯家庭农场模式，已经转变为企业型农场，这是符合美国的农业特色的，但与中国目前农民工集中在城镇的现状有所不符，因此一味照搬并不能真正符合中国特色，反而弄巧成拙。

2014年,《农业部关于促进家庭农场发展的指导意见》指出:"家庭农场经营者主要是农民或其他长期从事农业生产的人员,主要依靠家庭成员而不是依靠雇工从事生产经营活动。"这明确了现阶段家庭农场主要劳动力的来源,不反对目前存在一定雇佣情况的事实,但并不支持劳动力主客体地位的调换,以防范超限度的雇佣剥削所引起的社会不满以及农业的不健康发展。这是国家的态度,也是家庭农场的发展方向。针对家庭农场发展过程中可能出现的雇佣剥削问题再现的风险,国家应进一步明确家庭农场的性质,在家庭农场确认登记过程中,严格执行"家庭成员为主要劳动力"的标准,明确规定劳动力来源。同时,应确保家庭农场"适度规模经营"的特征,而不是纯粹意义上的尽可能的规模化,以防止家庭农场规模过大而出现雇佣剥削现象严重的情况,并且努力提高机械化程度,保障资金到位。最后,应加强宣传教育,在家庭农场示范场评定工作中,强调劳动力来源的标准,起到模范带头作用。

(五)发展家庭农场与两极分化问题

现阶段,部分农民将土地流转之后进城务工,少数农场主掌握大量土地进行规模化经营,家庭农场日益发展壮大。尤其是2013年中共中央一号文件出台后,国家对家庭农场补贴力度加大,补贴范围扩大,加之目前各省对于家庭农场贷款等问题的处理以及创新正蓬勃发展,家庭农场主的财富在农村中日益占据优势。但家庭农场主毕竟是少数人,多数农民并不因此有所收获。此外,前文所述的土地私有、土地兼并、雇佣剥削等一系列风险也使得家庭农场过程中可能存在的两极分化的风险日益突出。有学者指出,家庭联产承包责任制下"农田撂荒"或"农田挪作他用"现象已有呈现,现在更进一步的家庭农场化更是加剧了两极分化,造成更深层次的不公平与不正义。家庭农场发展不可避免地会带来部分家庭农场主实现了富裕,而一部分农民仍无法摆脱贫困。这一点我们不可否认,但关键的是,如何使得两极分化不向质变拓展,不导致根本性质上的变化,并且控制量上的变化,从而不使两极分化持续发展,才是在发展家庭农场的大洪流之下应该牢牢把握的主心骨。对此,国家更应该始终把握"共同富裕"的目标,保障非家庭农场主农民的收入,坚定家庭农场发展初衷,尽量消除其可能带来的负面效果。

三、发展中国特色社会主义家庭农场的可行路径——以F市为例

(一)继承马克思主义经典作家有关农业合作的思想精华

无产阶级取得政权之后,对于农村的小农经济如何向社会主义过渡这一问题,马克思、恩格斯、列宁等都曾经做过相关论述。虽然在表述上不尽相同,但其核心都是希望通过推行农业合作化来实现对农业的社会主义改造。

1. 马克思、恩格斯的农业合作化理论

马克思认为无产阶级取得执政地位之后,"一开始就应当促进土地私有制向集体所有制的过渡,让农民自己通过经济的道路来实现这种过渡"①,要想顺利完成过渡,就要求政府

① 马克思恩格斯全集:第18卷[M].北京:人民出版社,1964:695.

在这一过程中决不能采取强制措施，损害农民阶级的利益。只有当农民像工人一样成为真正的无产阶级，他们之间存在共同利益的时候，才能够实行这样的过渡。在采取的方式上，恩格斯认为："在向完全的共产主义经济过渡时，我们必须大规模地采用合作生产作为中间环节。"[①] 这里，他将合作化作为向社会主义经济过渡的中间环节，并指出在这一环节中，无产阶级即便是取得了政权，政府也决不能像剥夺大地主那样，使用暴力手段强迫农民实现这一过渡，剥夺小农的生产资料。对待小农，"首先是把他们的私人生产和私人占有变为合作社的生产和占有，不是采用暴力，而是通过示范和为此提供社会帮助。当然，到那时候，我们将有足够的手段，向小农许诺，他们将得到现在就必须让他们明了的好处"[②]。马克思、恩格斯具体分析了小农的经济地位，认为他们既是劳动者，又是小私有者，同样会受到资本的剥削，面临破产的危险，因而需要借助一个中间环节来达到过渡的目的。这一中间环节就是——在无产阶级的支持下走农业合作化道路，这样才能真正实现小农经济向社会主义经济过渡。

总体来说，马克思、恩格斯的农业合作化理论主要包括这样一些基本原则：第一，农业合作化是社会主义改造的正确选择；第二，将小农经济转变为社会主义集体经济，不能靠剥夺农民的办法，必须坚持农民自愿的原则；第三，要通过示范和国家帮助的原则使个体经营转变为社会主义集体生产和占有。

2. 列宁的农业合作化思想

由于苏俄是第一个取得无产阶级政权的国家，完全没有经验可循，列宁为了实现国内小农经济向社会主义过渡，使农民顺利走上社会主义道路，进行了一系列艰难的探索。他在总结过渡过程中所取得的经验教训的基础上，提出了农业合作制的思想，这不仅为苏俄农业的社会主义改造提供了理论基础，更为以后的社会主义国家实现农业的社会主义过渡指明了方向。

（1）农业合作化必须以商品经济为基础

列宁的农业合作制思想主要来源于马克思、恩格斯的农业合作化理论。他主张：要把生产资料的农民个体所有转变为集体占有，在生产上，农民要在相互协作的基础上开展大规模经营。因此，列宁在十月革命胜利后，设想建立这样三种形式的农业合作社——农业公社、农业劳动组合和共耕社，试图通过这些合作社来发展苏俄农业。但是，由于当时苏俄刚刚建立政权，生产力水平还极为低下，这样大规模的农业合作化形式完全不符合农村的实际情况和农民的自身利益，收效甚微。在此过程中，列宁也逐渐认识到建立的国营农场并没有收到预期效果，因此需要改变。他指出："如果原先的道路在当前这个时期证明不合适，走不通，就选择另一条道路来达到我们的目的。"[③] 列宁所说的另一条道路就是实行新经济政策。在实施新经济政策的过程中，列宁逐步认识到，农业一定要建立在商品经济的基础之上，从建立供销合作社与消费合作社入手，通过合作化实现农业的社会主义改造。

① 马克思恩格斯文集：第 10 卷 [M]. 北京：人民出版社，2009: 547.
② 马克思恩格斯文集：第 4 卷 [M]. 北京：人民出版社，2009: 524-525.
③ 列宁选集：第 42 卷 [M]. 北京：人民出版社，1987: 176.

"如果否认商品经济便是抽掉了合作社的精髓，列宁所讲的那种合作社也就不复存在了。"[①]

（2）私人利益要与国家利益和集体利益相结合

要顺利实现农业合作化，使农民得到更多的利益，一方面，必须以发展商品经济为基础，发挥其基础性作用，提高农民的生产积极性，为其发展农业生产提供动力，另一方面，国家要对农民这样的个体利益进行监管，使农民个体利益与国家、集体利益相结合。且在特殊情况下，农民的个人利益要服从国家和集体的共同利益，这样才能更好地保障农民私人利益不受侵犯，更好地享有劳动成果。"而不像资本主义社会那样处于漫无节制的无政府状态，导致两极分化，贫富悬殊。"[②] 无产阶级掌握国家政权后，一切生产资料归国家所有。在这一前提下，集体经济内部的互利合作更加体现了社会主义制度的优越性。

（3）推行农业合作化要寻求国家帮助的原则

寻求国家和社会的帮助，这也是马克思主义农业合作化理论中特别强调的一条原则。因为在任何一种社会条件下，要实现农业合作化，不能单靠资金来维持其发展，而应该寻求国家帮助和政府支持。列宁继承并发展了这一原则，他特别强调，国家一定要在生产技术、资金、政策等方面为农民提供帮助。他认为一种社会制度的产生，必须要有政府强有力的财政支持。因此，列宁希望通过国家帮助，在资金、技术等方面给予农民支持，使农业经济在合作化的过程中，通过借助国家资金的扶持，而被纳入整个国民经济体系之中。他认为这是社会主义国家必须做的。同时，农村合作经济一定要服从国家的宏观调控，以保证其社会主义性质。所以，实行这一原则，不仅有利于为农业合作化发展提供所需的物质基础，同时还确保了其社会主义发展方向，使农民切实感受到合作化的优越性。

（4）发展农业合作化还需要具备一定的文化基础

列宁认为在对农业进行社会主义改造的过程中，不仅需要经济等方面的支持，同时还需要有文化方面的保障，这是一个长期的历史过程。因此，要加强农村文化建设，帮助和教育农民提高其文化水平，使农民群众更加理性、更加完整地认识农业合作化。他提出："没有整个的文化革命，要完全合作化是不可能的。"[③] 要完全实现农业合作化，顺利向社会主义过渡，是需要一定条件的，这一条件就包括农民自身文化水平。具体来说，就是要发挥城市在文化工作方面的带动作用，在广大农民中间积极加强文化宣传和文化教育，引导农民积极学习文化知识，从而提高他们的思想觉悟，使他们更加主动地加入农业合作社，真正从思想上认识到农业合作化的种种好处，以更加积极的姿态推动农业合作化进程。

（二）吸取国外家庭农场发展过程中的经验与教训

现代家庭农场在西方资本主义国家的产生和发展，在某种程度上就是一段农业资本主义化的国别史。对农业的资本主义改造，其实质就是要在封建社会原有基础之上完成一次农业生产方式的变革，新的生产方式将在生产社会化条件下，以生产资料资本家私有为基础，以资本雇佣劳动为核心纽带，以无限度追求剩余价值为动力和目标。家庭农场作为农

① 陆南泉，姜长斌．苏联剧变深层次原因研究 [M]．北京：中国社会科学出版社，1999: 61.

② 彭大成．列宁的社会主义观 [M]．长沙：湖南师范大学出版社，2002: 95.

③ 列宁选集：第 4 卷 [M]．北京：人民出版社，1995: 16.

业经营的一种组织形式，其发展自然也要服从且依附于资本主义生产方式的这种前置安排。在各国对农业的资本主义化改造过程中，由于各国国情，尤其是阶级力量对比的不同，各自的实现路径往往又具有国别差异（例如列宁所区分的“美国式道路”与“普鲁士式道路”）。这样一来，各国家庭农场的产生与演变也必然会随之表现为多样化的发展模式。限于篇幅，笔者暂不对各国家庭农场的发展模式进行详尽阐述，但通过对相关文献的归纳梳理，我们不难发现那些先行者在发展家庭农场过程中留下的宝贵经验和教训，其中不乏一些规律性认识或者“程式化事实”，“他山之石，可以攻玉”，我们对此必须给予充分的重视，并从中吸取经验和教训。

1. 农业合作经济组织与家庭农场相伴相生

在西方各国中，哪里有家庭农场，哪里就会有各种形式的农业合作经济组织，后者具有连接前者与市场、社会之间的桥梁与纽带作用。这些组织有盈利性质的农业合作社，也有公益性的农民协会。在美国，供销、信贷和服务合作社是农村合作经济组织的三种基本形式，为家庭农场提供产前、产中和产后全流程的综合服务体系。在法国，每 10 个农场主就有 9 个是农业合作社的成员，“农业土地组合”与“农业共同经营组合”等以土地合作为基础的农场经济合作组织层出不穷。在日本，农业协会是一个拥有强大经济力量和遍及全国的农民经济团体，有着中央、地方和基层三级组织系统。它既是农民自愿组成的群众性团体，同时又是政府农业政策的推行者。

2. 在妥当的制度安排下，家庭农场可以实现与公有制的有效结合

在西方各国发展家庭农场的众多案例中，我们不能不提到的一个例外——以色列的“莫沙夫”。比起声名赫赫的“基布兹”，“莫沙夫”和“莫沙瓦”只能算作后起之秀。但近些年来，“莫沙夫”逐渐成为以色列最为流行的农业组织经营形式，它贡献了全国近一半的粮食，占据着全国农业出口的半壁江山。就性质而言，它不同于“基布兹”那种完全的集体经济形式，也不同于“莫沙瓦”那种个体经济形式，而是一种介于两者之间且侧重集体所有制性质的过渡形态。它遵循土地国有、家庭经营、合作互助和集体销售这四项基本准则；在坚持集体主义的同时，注重发挥个人和家庭的积极作用，尤其是它的生产不再由集体完成，而是由小型家庭农场各自完成。这是一次在公有制制度层与家庭农场经营层之间实现“成功嫁接”的有益尝试，必将对如何在社会主义条件下发展家庭农场产生出一种非常重要的示范效应。

3. 各国政府对家庭农场的宏观调控表现为鼓励支持与管制规范并重

由于农业本身属于弱质产业，家庭农场自身的资质也是参差不齐，尤其在融资、科技应用和抵御风险等方面存在明显的能力“短板”，各国政府均给予家庭农场诸多方面的政策优惠和倾斜。在美国，政府坚持对家庭农场的高补贴政策，补偿农作物的歉收损失和市场风险损失，给予中小型家庭农场低于一般贷款利率 2.4% 的特别信贷支持。在法国，政府在世界贸易组织允许框架内为家庭农场有计划地设立各种保障基金，并建立高效完善的科研推广体系。与此同时，各国政府也通过相应的规制手段加强对家庭农场间接的调控。例如日本在 1962 年通过的《农业基本法》中严格规定了在超限制农地（大于 3 公顷）上仅能使用本家庭的劳动力，投资农业的工商资本不得购买土地，不得从事非农生产经营活动。

（三）抓住中国特色社会主义家庭农场的“三寸之辖”

福建省F市地处闽东，近年来随着工业和农业的竞相发展，土地矛盾突出。在实践中，F市有关政府通过农业土地合理流转、集约化规模经营土地以保证对土地的需求，这样才能巩固农业的基础地位，并增加农业收入。2015年F市发布“全国基层农技推广体系改革与建设”补助项目，以进一步深化改革，加强基层农技推广体系建设（以激活运行机制为主线，以加强基层农技推广队伍建设为基础）。主要措施包括：完善以“专家定点联系到县、农技人员包村联户、联社”为主要形式的工作机制和“专家＋试验示范基地＋农业技术人员＋科技示范户＋合作社＋辐射带动户”的技术服务模式；选聘100名技术指导员，推选1 000名科技示范户，遴选5个“千亩农业科技试验示范基地”；建设7所农民田间学校，创新培训模式；建设下白石、湾坞、坂中、晓阳、溪尾5个防疫示范乡镇，重点开展畜牧业生产和重大动物疫病防控工作，以保证免疫质量；组织农技推广骨干到农业部及省级现代农业技术培训基地异地研修，提升农技人员整体素养。

从F市的典型案例中，我们不难看出：现阶段发展的中国特色社会主义家庭农场，是指在坚持土地集体所有制的前提下，以家庭成员为主要劳动力，通过土地、资金及技术等全生产要素流动的适度集中和倾斜，实现农业规模化、集约化和商品化的新型农业经营形式。它是对家庭联产承包制的进一步深化和发展，是统分结合双层经营体制下家庭经营层的内部整合与优化。具体来讲，主要包括以下几个方面：

1. 土地集体所有制是发展家庭农场的前提和基础

所有制的实现形式在一定程度上由生产力性质和生产力发展水平决定，家庭农场在我国的出现恰恰折射出我国农村生产经营的特殊国情。家庭农场遵循自主经营、自负盈亏、自当风险，这种经营法则极大调动了农业生产经营者的积极性，对提高农业的土地产出率、资源利用率和劳动生产率均具有促进意义。当前，我国正处于农业转型阶段，作为土地集体所有制的一种新的实现形式，发展家庭农场经营正是适应了我国农业现代化的发展要求。但同时我们也必须看到，我国家庭农场生产经营方式存在着独特的村集体、农民和家庭农场经营者三方土地产权关系，不同主体的利益诉求和主张纠缠其中。只有守住农村土地集体所有制这个“底线”，才有可能使得所有权、承包权和经营使用权在“最大公约”中实现利益均衡。

2. 全生产要素的适度集中和倾斜流动是家庭农场发展的初始动力

现阶段发展家庭农场所需的初始动力并不该简单地理解为对土地的单一需求，在适度调整土地变量的同时，更应侧重科学技术、管理等其他生产要素的充分投入和集中。以F市为例，市政府积极深入乡镇、村、果园，在会场、教室、村委楼、祠堂、田间等各种场所，开展形式多样的培训。培训的形式有专题讲座、挂图展览、多媒体播放、资料发放、实物讲解等，累计培训指导人员达33期2 380多人次，召开大型会议和现场会6场，印发材料3 000多份；市政府通过指派人员参加全国葡萄、杨桃、蔬菜等的学术研讨会探讨这些经济作物产业的发展和技术交流。同时，F市政府还通过举办穆阳桃花节、水蜜桃优质果评比、溪塔刺葡萄节、晓阳葡萄节、溪潭脐橙节、福州F市葡萄新品上市发布会等活动，进一步拓展市场。

3. 集体经营层的统筹协调是发展家庭农场的必要条件

构建农业家庭经营体制的核心任务是建立一个以家庭经营生存和发展服务为主体的农业社会化体系。伴随农业生产专业化、社会化水平的不断提高，农业生产对社会化服务的依赖程度越来越高。虽然家庭经营层已具有可观的规模经济，但仍然存在单个经营单位难以克服的分散化、无序性生产问题。因此，集体经营层对农业经营的统筹协调便至关重要。在市场经济条件下，分散的经济主体只有联合起来，才能在市场中具备更强的竞争实力。这就意味着，若要充分发挥农村集体经济组织在社会化服务中的作用，就必须做大做强农村集体经济，充分发挥集体经济组织的带动引领作用。F 市目前已注册的农民合作组织有 1 127 家，而工商局确定的家庭农场只有 69 个（2015 年数据，由宁德市工商行政管理局发布），通过数据对比可知家庭农场普及的程度远远不及农民专业合作组织。家庭农场的存在对促进农业经济发展和商品化都起到推进作用，而合作社是把更多的家庭农场联合起来，形成更大范围的联合农民组织，为家庭农场提供生产技术、生产设施等多方面的服务。2013 年中央一号文件指出："按照规模化、专业化、标准化发展要求，引导农户采用先进适用技术和现代生产要素，加快转变农业生产经营方式。创造良好的政策和法律环境，采取奖励补助等多种办法，扶持联户经营、专业大户、家庭农场。""大力支持发展多种形式的新型农民合作组织。农民合作社是带动农户进入市场的基本主体，是发展农村集体经济的新型实体，是创新农村社会管理的有效载体。按照积极发展、逐步规范、强化扶持、提升素质的要求，加大力度、加快步伐发展农民合作社，切实提高引领带动能力和市场竞争能力。鼓励农民兴办专业合作和股份合作等多元化、多类型合作社。"[①] 未来农业发展需要家庭农场与合作社携手，彼此促进。

第三节　精准扶贫问题研究

党的十八大以来，党中央、国务院提出精准扶贫方略，福建省创新精准扶贫工作机制，强化精准脱贫攻坚措施，凝聚社会各界力量，把扶贫攻坚作为民生工程的重要任务，确定了 23 个省级扶贫开发工作重点县作为扶贫开发的主战场。党的十九大报告在总结过去五年的成就时指出，"脱贫攻坚战取得决定性进展，六千多万贫困人口稳定脱贫，贫困发生率从百分之十点二下降到百分之四以下"[②]。扶贫开发工作取得显著成效。

"十二五"以来，福建省扶贫开发对象从 140 万人减少到 2015 年的 45.2 万人，农村地区贫困人口发生率已由 2010 年的 5.42% 下降到 2015 年的 1.65%。2015 年，全省 23 个重点县的国内生产总值、地方公共财政收入、农民人均可支配收入分别达到 2 445.19 亿元、111.32 亿元、11 994 元，分别比 2010 年增长 89.01%、141.58%、86.75%，比全省增幅分别高

① 中共中央国务院关于加快发展现代农业，进一步增强农村发展活力的若干意见 [EB/OL]. [2017-08-01]. http://www.moa.gov.cn/ztzl/yhwj2013/zywj/201302/t20130201_3213480.htm.

② 习近平. 决胜全面建成小康社会 夺取新时代中国特色社会主义伟大胜利 [M]. 北京：人民出版社，2017: 5.

出13.26、20.65、0.27个百分点。重点县与全省发展的差距正在逐步缩小。

尽管福建省扶贫工作取得了显著成效，大范围整体性贫困现象基本消除，但受历史、自然、社会等因素影响，地区发展不平衡、发展差距大的趋势还没有根本改变，扶贫工作进入攻坚期。习近平总书记反复强调：小康不小康，关键看老乡，关键看贫困老乡能不能脱贫。

一、精准扶贫取得的成果

精准扶贫是针对不同贫困区域环境、不同贫困农户状况，运用合规、有效程序对扶贫对象实施精确识别、精确帮扶、精确管理的治贫方式。福建省制定了一系列具体措施，为精准扶贫、精准脱贫顺利实施奠定了良好基础。

（一）精准识别顺利完成，提升扶贫对象精准度

据统计，2014年建档立卡制度实施以来，经过复核检查和调整，全国12.8万个贫困村、3 000万个贫困户和9 000万名贫困人口全部完成了贫困建档立卡，精准识别顺利完成。各项综合信息档案的建立保证了扶贫对象的精准，为精准帮扶的全面有效实施奠定了扎实的基础。

2014年，龙岩通过开展建档立卡工作，对贫困村、贫困人口全部进行登记造册，摸清贫困人口底数，并按照因病、因灾、因学和缺资金、缺劳力、缺技术等进行细化分类，做到户有卡、村有册、乡有簿、县有电子档案，为因户施策、精准帮扶奠定了基础。[①]

（二）大幅提升帮扶资金和帮扶项目的精准度

随着扶贫对象精准程度的不断提高，扶贫项目和扶贫资金能够准确瞄准贫困村和贫困户，贫困村和贫困户能够获得迫切需要的产业扶贫项目、资金贷款、社保医疗服务以及交通、水利、电等基础设施项目，大大提高了精准扶贫效率。

由于掌握了贫困对象的致贫原因，龙岩市据此量身定制帮扶措施，实施"生存救助、就业辅助、生产扶持、住房援助、医疗援助、就学资助、科技帮扶、社会捐助、结对帮扶"精准扶贫"九到户"工作措施。结合"九到户"，龙岩市逐村逐户制定差异化、个性化帮扶方案和措施。这意味着10多万贫困群众每户都将有专属的脱贫良策。

（三）不断涌现各具特色的精准扶贫新模式

在精准扶贫、精准脱贫新战略下，各省、市、县、乡（镇）积极行动起来，根据自身条件和优势，探索出很多独具特色的精准扶贫脱贫模式。

曾是全国18个集中连片贫困地区之一的福建省宁德市在精准扶贫工作中取得了斐然的成果。自20世纪80年代末起，宁德干部群众以"滴水穿石"和"弱鸟先飞"的理念与精神，主动作为，精准扶贫，充分发挥农村党组织在脱贫致富事业中的核心作用，坚决破除"穷自在""等、靠、要"等懈怠思想，心往一处想，智往一处谋，劲往一处使，27年间，宁德全市贫困人口从77.5万下降到14.5万，贫困面从30%下降到4.26%，农民人均可支配收入

① 马跃华. 龙岩扶贫开发步入"精准时代"[N]. 光明日报，2015-12-09（5）.

增幅连续 5 年位居福建全省前列。宁德的扶贫经验做法被国家层面概括为“宁德模式”。[①]

宁德因地制宜，在农业上念好“山海田经”，在工业上提质增效，大力培育高质高效新产业。一方面坚持“输血”和“造血”、扶贫与扶智相结合，另一方面注重精准扶贫、精准脱贫，不断创新科学扶贫开发方式。在搬迁扶贫方面，涌现出了福安市溪邳村“连家船民”上岸定居、霞浦县东山村茅草房改造下山发展的典型；在产业扶贫方面，涌现出了福鼎天湖茶叶公司、屏南县岭下乡现代农业示范基地等，以“公司 + 基地 + 农户”的形式，吸纳带动贫困群众就近就业增加收入的典型；在加强村级组织建设方面，涌现出了福鼎市柏洋村、三佛塔村等通过创建“五好”农村基层组织、下派干部驻村扶贫，组织群众大搞扶贫开发的典型；在发展旅游和特色产业扶贫方面，涌现出了周宁县吴山底村和福安市溪塔村等通过旅游开发拓宽群众增收渠道等典型。

此外，福建各地还涌现出龙岩市“九措到户”、三明市“348”、宁德市“664”精准扶贫工作机制，泉州市经济发达地区扶贫工作的组织形式与扶贫模式，莆田仙游县贫困乡连片帮扶、南平市生态扶贫、屏南县小额信贷扶贫到户等独具特色的精准扶贫模式。

（四）增强扶贫脱贫责任意识，密切干群关系

精准扶贫明确了贫困县、乡（镇）、村扶贫脱贫具体目标和重点任务，并且将扶贫脱贫目标任务落实到驻村帮扶干部个人身上，从而强化了对贫困户帮扶措施、就业培训、产业发展等责任，提升了扶贫脱贫能力，提高了扶贫脱贫的效率和速度。

2014 年下派了第四批干部驻村，2015 年又选派了 6 164 名干部到班子软弱涣散村、经济薄弱村、换届选举难点村和原中央苏区、革命老区和少数民族地区村驻村蹲点，基本实现了对贫困村驻村的全覆盖。切实加强了贫困村基层组织建设，有效地发挥了农村基层党组织在扶贫开发中的组织引领作用，促进了农民脱贫致富。与此同时，也形成了乡镇政府与贫困村贫困户、干部与群众日益密切的共同体，缓解并化解了多年淤积的干群矛盾冲突，形成了新型干群关系，深受贫困地区的欢迎。

二、精准扶贫存在的问题

目前精准扶贫工作中存在一些突出问题：许多地方扶贫底数不够清，指向不够准，针对性不够强。因此，彻底摸清底数，建立精准扶贫机制，把“漫灌”变为“滴灌”，是提高扶贫实效的必然要求。正如习近平总书记在陕甘宁革命老区脱贫致富座谈会上强调的，“把扶贫攻坚抓紧抓准抓到位，坚持精准扶贫，倒排工期，算好明细账”；“做到目标明确、任务明确、责任明确、举措明确，把钱真正用在刀刃上，真正发挥拔穷根的作用”。[②] 可见，精准扶贫是解决扶贫目标不准、效果不佳问题的重要途径。

精准扶贫主要包括精准识别、精准帮扶、精准管理，精准扶贫实施过程中的问题主要集

---

① 2015 年 12 月 7 日在宁德召开的东部地区扶贫工作座谈会上，国务院副总理汪洋指出，“宁德模式”是精准扶贫、精准脱贫的成功实践，是中国特色扶贫开发道路的典范。

② 习近平强调贯彻精准扶贫要求，做到目标明确、任务明确、责任明确、举措明确　把钱真正用到刀刃上，真正拔穷根　主持召开陕甘宁革命老区脱贫致富座谈会，提出 5 点要求 [EB/OL].[2017-02-17].http://cpc.people.com.cn/n/2015/0217/c87228-26577801.html.

中在以下三个方面。

（一）精准识别方面存在的问题

精准识别是前提。要按照公开透明、分级负责、精准识别的原则，开展逐村逐户贫困调查分析和建档立卡工作，包括群众评议、入户调查、公示公告、抽查检验、信息录入等内容，把谁是贫困居民识别出来。

从整体情况上看，尽管绝对贫困人口已大为减少，但相对贫困人口仍是一个庞大的群体。精准识别就是要通过民主、科学和透明的程序，识别出最贫困、最需要扶持的人。以下为在精准识别过程中面临的现实挑战：

1. 贫困户参与度不足

在精准识别的过程中，不少贫困户会因没有及时获取相关信息或由于心理、习俗等主观原因而未提出申请。因此在申请环节就很有可能把真正的贫困户排除在外。

2. 识别过程不够透明

主导或者承担精准识别的人员，可能为了私利优亲厚友，不严格执行“两项制度衔接”政策中的有关要求，人为将贫困指标分配到乡（镇）、村和户。

3. 民主评议存在偏差

基层在民主评议中使用的标准除收入，通常还会考虑健康状况、家庭负担、财产状况、人际关系等，因此民主评议使用的综合标准和国家确定的收入标准有明显的差异，村干部或其他优势群体对民主评议往往处于控制或主导的地位，从而导致识别偏差。[①]

4. 名额分配存在缺陷

贫困人口规模不是由科学标准识别出来的，而是自上而下层层分配指标的，在这种格局下，各地获得的贫困村和贫困户指标未必与实际的贫困人口规模一致。因此，一部分贫困户将可能因为规模控制而被排斥在外。

（二）精准帮扶方面存在的问题

精准帮扶是关键。只有针对扶贫对象的贫困情况定责任人和帮扶措施，才能提高帮扶措施的精准度。以下是在精准帮扶过程中面临的现实挑战。

1. 帮扶方式缺乏差异性

由于不同贫困户在贫困表现、贫困根源、贫困特点和减贫需求等方面存在区别，在实际帮扶工作中，帮扶措施往往简化为提供资金、赠送生产资料、修建或改造贫困群体住房等。有的地区热衷于为贫困户修葺、改建房屋，但贫困户可能更关心创收活动；有的地区的帮扶活动关注生产环节，但贫困户可能更关注产品销售环节。至于因懒致贫的农户，扶贫工作重要的不是给钱给物，而是要改变其思想与认识。

2. 帮扶项目门槛高

不少帮扶项目对贫困户都有很高的门槛，以至于贫困户无法承担而只能选择放弃，减

① 在精准扶贫中贫困户建档立卡的名额是在统计部门利用农村住户抽样调查数据估计出的各省和县的贫困发生率的基础上分配的，同时允许各地有10%左右的上浮幅度。名额层层分解后，精准识别贫困户的工作落到了村这一级，村往往通过基层民主评议来识别、确定贫困户。

贫项目的受益者更多变成了能够承受入门要求的非贫困户。例如，扶贫移民搬迁因贫困户负担不起搬迁成本出现“搬富不搬穷”的问题。

3. 产业帮扶重生产、轻市场

绝大多数针对贫困户的产业帮扶措施依然是重生产、轻市场，违背了产业发展的规律。实际调研表明，很多村干部、帮扶人员都不清楚产品的市场链、盈利点、盈利模式以及谁是这些产品的消费者，只是反复空洞地强调“产品好卖，市场供不应求”。

4. 精准扶贫资金有限

扶贫资金有限是制约精准扶贫工作的重要因素，上级拨付扶贫资金的数量将直接影响精准扶贫的效果。而从现实调研情况中我们发现，无论是村级还是市级领导干部都普遍反映扶贫资金匮乏。因此，给多少扶贫资金和怎样让扶贫资金发挥最大效用是个急迫需要解决的问题。

5. 基础设施有待改善

有些地区在重视精准扶贫、精准到户的过程中可能忽略了扶贫整体推进的问题，忽略了基础设施的改善。如果不整体推进，精准扶贫的效果也会受到影响。只有改善整体环境，才能阻止贫穷代际相传。

（三）精准管理方面存在的问题

1. 农村技术落后，信息化管理存在阻碍

一些农村地区偏僻闭塞，村委会缺乏技术人员，因此，建立起贫困户的信息网络系统，将扶贫对象的基本资料、动态情况一一录入电脑系统从而实施动态管理，对于这些贫困边远地区来说是个难题。

2. 扶贫资金来源渠道单一

当前精准扶贫所用资金最主要依旧来源于财政资金。不少扶贫资金需要地方政府进行配套，但是对于真正贫困的地区来说，由于生态环境恶劣，发展基础薄弱，自身财力有限，地方财政无力负担这些配套的扶贫资金。从各级地方政府的组织构成看，扶贫部门是相对弱势的部门，其所提倡的整合其他涉农资金以用于扶贫重点项目的行动往往处于尴尬的境地。

3. 扶贫资金使用不透明，存在浪费

扶贫资金的使用如果缺少第三方的监督，贫困县的扶贫资金可能集中用到县城，而没有到贫困村、贫困户。大量的专项转移支付资金本来可以区域统筹、省里统筹，但地方担心用到别的方面怕审计时不合规。所以应该明确权责，统筹考虑，严格管理扶贫资金，把钱花在刀刃上。

三、抓好精准扶贫攻坚的重点任务

福建省 23 个扶贫重点县普遍处在内陆山区，生态环境脆弱，基础设施建设滞后，产业结构单一，公共服务薄弱。具体到各个地方，有的受制于地理、历史、基础设施等客观因素，有的受制于人才、资金、科技等发展要素，有的受制于政策、制度和思想观念等因素，贫困乡镇、贫困村、贫困户的致贫原因也不尽相同。因此，全省精准扶贫攻坚要把问题和原因搞清楚，加强分类指导，聚焦三个着力点，提高扶贫工作的针对性和实效性。

（一）落实贫困人口的精准识别

在国家现有自上而下测算贫困人口规模的基础上，发动群众参与，采取自下而上的贫困群体识别参与制度，修正和确定贫困人口的规模，让所有贫困人口都能被识别和确定。

1. 采取正确的识别方法

在精准识别这块，第一步应是宣传发动。对于一系列扶贫政策、识别标准，以户为单元（含整家外出户）的政策宣传面和知晓率必须达到100%。第二步是普遍调查。村干部和驻村工作队对全村农户逐家进户调查走访，了解群众的住房情况、家居环境、家庭种养、劳务、经营及其他收入情况，用表册的方式记录他们的生产资料、劳动能力、收入状况、致贫原因和发展愿望等。第三步是在宣传发动、入户调查基础上，鼓励相对贫困户丢下思想包袱，放下面子，积极书面申请。第四步为基层群众评议，形成初选名单。但在评议之前应先将每个社最困难的1～3户直接纳入贫困户名单（避免因这些户经济基础差、人际交往面窄、认可度低被漏选）。第五步为第一次公示，听取意见，并深度核查。第六步为乡镇逐户审核，确定名单无错无漏后进行第二次公示。第七步为第二次公示无异议后报县级复审，复审结束后公告名单。同时，政府可引入第三方社会服务，如地方民间机构、科研和大专院校等非关键利益相关者，确保贫困识别过程的公开、公正、透明，并且可核查和可追责。

2. 让大数据助力精准识别

加快精准扶贫大数据管理平台建设，利用大数据和移动互联技术，建立精准扶贫大数据库和数据中心，并对数据进行专业化处理，建设省、市、县、乡、村5个层级，通过扶贫对象、扶贫措施、扶贫成效、数据分析、绩效考核等管理子系统，可以对贫困人口的分布情况、致贫原因、健康状况、教育程度等进行全面分析；对精准贷款、危房改造、教育扶贫、卫生扶贫等涉及的行业部门各项政策措施落实进度进行专项分析。

大数据建档立卡信息化，可以打破贫困需求和扶贫力量间的“信息鸿沟”，各项扶贫政策落地实施有章可循，从而大大提高减贫效果。

3. 发挥贫困群众的主体作用

精准扶贫，不仅要精准识别、准确锁定贫困人口，而且要善于找准贫困群众的贫困原因，对症下药。摆脱贫困并不仅仅是物质上的脱贫，还在于摆脱意识和思路的贫困。要充分调动群众的积极性和主动性，提高他们的知情权、参与度、获得感，激励自力更生精神，激发内生动力，提高自我发展能力，变“输血”为“造血”。

例如，针对脑子较活、有劳动力但缺乏资金、技术的贫困户，采取依托各类合作社、与村里致富能人结对帮扶的方法，帮他们解决实际问题；对有劳动力但不会动脑筋的贫困户，可由村党员干部帮他们联系就业岗位，增加家庭收入；对因病返贫的贫困户，采取医疗卫生单位结对帮扶，做好服务，让他们能看病、看得起病；对“等、靠、要”的贫困户，要加强对他们的思想教育，帮他们树立自力更生的理念，采取以奖代补的方式，鼓励他们积极劳动，发展生产，推动他们脱贫，而对没有劳动力或丧失劳动能力的贫困户，则主要靠社会保障兜底，助他们摆脱困境。

总之，精准扶贫，要把“输血”与“造血”结合起来，全方位、多角度地想方设法增强“造血”功能。要因地制宜、因人而异地采取资金扶贫、设施扶贫、技术扶贫、项目扶贫、思想教育扶贫、就业扶贫、医疗扶贫等针对性强的扶贫措施，才能取得实效。

（二）抓好精准帮扶的重点任务

1. 打好产业扶贫攻坚战

党的十九大报告指出：“让贫困人口和贫困地区同全国一道进入全面小康社会是我们党的庄严承诺。”[①] 认真落实国家产业帮扶政策，切实做到国家专项扶贫资金 70% 用于发展产业，产业资金的 70% 与贫困户挂钩。把扶贫规划与地方产业发展紧密联系起来，优先向贫困地区安排各类项目，布局特色产业，对纳入扶贫规划的项目优先予以倾斜支持；选准产业项目，延伸产业链条，形成产业优势，实现扶贫转型升级。

（1）加大产业扶贫资金投入力度

用好存量投入，充分发挥省级已有的产业扶贫资金使用效益；扩大增量投入，省财政对 23 个重点贫困县进一步加大产业扶贫投入力度。例如 F 市市级财政连续 5 年投入大量资金，建设高标准油茶林、抚育垦复老油茶 3 140 亩，通过新技术的推广，大幅度提升油茶面积产量，广大农民从中受益。

资金使用上瞄准贫困村和贫困户，采取贷款风险补偿、贷款贴息、现金直补、产业保险和帮扶责任人携资结对帮扶等多种方式。对贫困户尤其是丧失劳动能力的贫困户，结合土地山林流转、租赁或入股，探索扶贫资金出资折股到户的资产受益方式。

加大产业扶贫金融支持力度，对贫困户参与度高的特色农业基地，通过就业或分红方式带动贫困户增收效果明显的产业化龙头企业和农民专业合作社、家庭农场等，积极给予贷款额度、期限、利率等方面优惠。

（2）创新产业扶贫发展模式

创新产业扶贫发展模式，突出发展特色产业。根据区位特点、资源禀赋、产业基础和种养习惯，选择农民参与程度高的产业作为主导产业，引导发展特色种植养殖、农产品加工业、林下经济等新型业态，打造“一村一品”“一县一业”格局。例如福建省漳州市云霄县马铺乡龙镜村在福建农科院科技人员帮助下，首期开发种植金竹柏 700 多亩，指导企业培育小苗 10 万株，开展金竹柏纯露、精油提取工艺研究，建成全省种植面积最大的金竹柏基地，奠定了特色产业发展和农民持续增收的基础。[②]

重点发展特色现代农业，加大第二产业比重，加快第三产业发展。加强山海联动，围绕 23 个重点县的产业链条推进共建产业园区建设。福建成功地走出了建宁莲子、平和蜜柚、德化黑鸡、连城紫地瓜、福鼎白茶等发挥各地优势产业扶贫的路子。建宁文鑫莲业通

① 习近平．决胜全面建成小康社会 夺取新时代中国特色社会主义伟大胜利 [M]. 北京：人民出版社，2017: 47.

② 张伟利，许标文．探索建立科技扶贫长效机制 [J]. 甘肃农业，2016（19）．

过"公司＋基地＋农户"的方式，建立莲业种植基地 1.6 万亩，带动农户 5 200 多户。同时，通过"公司＋合作社＋农户"的模式，辐射带动全县 8 个乡镇、27 个村、104 户合作社成员。通过统一销售，将产生的利润进行二次分红，入社莲农获得分红 2 000 余元。2016 年，该公司与河东村委会签订共建精准扶贫合同，精准识别出确需帮扶的 15 户贫困户，通过教育帮扶、土地经营权入股分红等形式帮助贫困户实现脱贫。

（3）积极运用"互联网＋"创新发展模式

产业扶贫项目除了要注重生产发展规划，还必须拓宽销售渠道，积极利用"互联网＋"以实现增产增收。在推行"公司＋农户"、大户带动贫困户等产业扶贫模式的同时，必须明确提出贫困户的盈利模式，不能让贫困户沦为简单的原材料提供者。各级政府和相关部门应积极顺应"互联网＋"产业发展的新趋势，把电子商务同扶贫开发结合起来，加快贫困地区"三网融合"建设步伐，积极打造农村电子商务平台；同时，通过免费培训、扶持创业、吸纳就业等方式，搭建贫困人口"网上"创业、就业的有效途径。此外，加大媒体宣传，打造扶贫工作专属电商平台，解决农村贫困群众农产品销售难的问题。

F 市穆云乡因地制宜开展的送苗木扶根本、送资金扶示范、送培训扶技术、送标准扶品牌的"四送"服务，成功培育了溪塔刺葡萄民族特色产业示范基地、虎头水蜜桃民族特色产业示范基地。同时，在政府的补助下，实施葡萄大棚项目，象环村更是因地制宜地实现了葡萄增产增收。这不仅带动了村内经济的大发展，更是影响了 F 市甚至整个闽东葡萄产业，起到了良好的示范效应。象环村的成功之处还在于不拘于传统的直营直销方式，通过多渠道营销、产品营销、外部市场拓展、结合文化营销、"互联网＋"营销等葡萄营销的产业链，让葡萄鲜果在市场上获得最大的经济利益。象环葡萄的美誉逐渐在闽东一带深入人心。

（4）实现生态经济双赢

对于贫困地区来说，实现生态环境保护和扶贫开发的有机结合，协调扶贫开发和生态建设中的系列问题，实现福建"造福工程"和环境保护的新突破，已经刻不容缓。

福建 23 个扶贫开发重点县大多分布在生态环境脆弱的山区地带，靠山吃山、靠水吃水，当地居民为摆脱贫困只能从大自然中获取生存资源，资源往往被不加节制地开采，因而加剧了生态环境恶化。与此同时，当地生态环境的脆弱也加剧了贫困，导致出现"贫困陷阱"。因此，要按照市场需求合理开发生态经济产品，扩大市场份额，吸引老百姓参与到特色农产品的生产中，并培育壮大龙头企业，激发当地居民在本地就业，推进水土保持产业化。例如，长汀县把民生问题、农民增收贯穿水土保持工作全过程，标本兼治，大力推进杨梅种植及相关的产业链，一方面达到水土保持的效果，另一方面促进农民增收。

此外，福建省 23 个扶贫开发重点县旅游资源丰富，利用当地旅游资源大力发展生态旅游，从而实现地区社会经济效益和生态效益的最大化。当前，观光农业、休闲旅游、生态养生等需求正处在井喷式增长阶段。要充分利用贫困地区丰富独特的生态、人文资源，打好"生态牌""民俗牌""名人牌"，结合整村推进旅游扶贫，开展适合当地的绿色产业、乡村度假旅游、休闲观光农业、生态旅游、生态搬迁等，着力培育一批主题鲜明、特色突出的休闲旅游示范村和示范片。

宁德 F 市的一大突出特色就是让“美丽乡村”成为 F 市扶贫事业的一大引擎。F 市在乡村规划上按照宜林则林、宜农则农、宜工则工、宜游则游的原则，坚持以保护乡村原始风貌、保留村庄原有形态为前提，充分体现乡村风格和地域特色，形成“一村一品一特色”。目前，全市创建美丽乡村 406 个，其中示范村 40 个，打造美丽乡村景观带 19 条。美丽乡村的典型示范溪塔村 2015 年人均纯收入已达 19 900 元。

（5）整合涉农资金，倾斜支持产业扶贫

加强金融扶贫，完善信用扶贫体系，加快发展扶贫小额信贷，丰富金融扶贫服务产品，优先保证贫困地区支农再贷款需求。

福鼎市采取贴息贷款、税收减免等措施，鼓励企业到贫困地区投资，引导农村土地规范有序流转。全市 50 440 亩土地入股或租赁农业企业，带动农民增收 1 513.2 万元；100 家农业龙头企业采用“公司（合作社）+ 基地 + 农户”运作模式，构建起企业与农民利益联结机制。建宁文鑫公司以下设的莲子专业合作社为平台，设立扶贫小额信贷互助基金，为莲农发展生产提供 1 万～5 万元的贷款担保。

2. 打好保障扶贫攻坚战

（1）加强最低生活保障救助

全面落实并强化低保、五保、新农保、临时救助等国家保障制度，将贫困线和保障线两线结合，对无劳动能力的贫困对象，采取参加新型农村社会养老保险、实施最低生活保障、进行困难临时救助和特殊特困人群政府供养等方式“保起来”，确保贫困人口通过兜底政策实现解困脱贫。对符合农村低保条件的困难群众实行应保尽保，逐年提高农村低保保障标准和特困人员供养标准，对农村低保对象中无收入来源、依靠自身条件无法改变生活状况的群众加大倾斜力度。

福建省坚持低保政策兜底，低保标准从 2004 年每人 1 000 元提高到 2015 年的 2 300 元，农村医保、大病统筹实现全覆盖，有效解决了因病致贫的现象。2016 年起，将省定农村低保最低标准每年提高 350 元，将无法通过开发性扶贫措施实现脱贫的贫困人口全部纳入低保范围，给予兜底保障。

（2）加大医疗保障和保险救助

实行医疗保险和医疗救助脱贫。贫困人口参加新型农村合作医疗的个人缴费部分由同级财政给予适当补贴。新型农村合作医疗和大病保险制度对贫困人口实行政策倾斜。完善医疗救助制度，推进“费用 + 病种”的医疗救助模式，突出重特大疾病救助，逐步提高支出型贫困低收入家庭重特大疾病患者的自负医疗费用救助比例。

2016 年，福建省医疗救助对象的筹集标准提高到每人每年 400 元。对建档立卡贫困户，特殊门诊救助比例为基本医疗保险报销后个人负担的合规医疗费用的 60%，住院救助比例为各类保险报销后个人负担费用的 70%。将建档立卡贫困户纳入医疗救助范围，给予一次性定额救助和重特大疾病救助。

（3）强化教育救助

教育扶贫是最根本的扶贫。要在贫困地区大力发展职业教育、技能培训和实用技术培训，“让贫困地区的孩子们接受良好教育，是扶贫开发的重要任务，也是阻断贫困代际传递的重要途径”[①]。

据福建省教育厅文件，省教育专项经费向23个省级扶贫开发工作重点县、老区、少数民族地区倾斜。2016—2020年，省级财政分年度安排教育专项资金，切块下达23个重点县5年内每县2 000万元，用于支持学前教育、义务教育、高中教育、特殊教育和中职教育发展。完善城乡义务教育经费保障机制，在安排义务教育生均公用经费等省级教育补助资金时，对23个重点县予以倾斜支持。

（4）加强就业创业能力培训

在教育部门普惠扶持政策的基础上，人力资源和社会保障部、扶贫部门进一步加大扶贫对象培训特惠扶持力度，增强其就地发展产业、进城进园就业、自我发展创业的能力素质。对贫困户新生代职业学历教育和贫困劳动力就业创业技能培训，提高专项扶贫资金补助标准，减轻扶贫对象经济负担。加强致富带头人培训，鼓励外出人员回乡创业，带动贫困户发展产业，实现就业。

宁德市通过实施“阳光工程”和“雨露计划”，每年培训农民工2万人以上，向工业企业输送贫困劳动力1.5万人以上，做到每个贫困家庭至少培训1名劳动力，掌握1门实用技能，得到1个就业岗位。[②]

（5）推进慈善和社会救助

新时期的扶贫开发工作已从过去仅靠专项扶贫转向集专项扶贫、行业扶贫和社会扶贫于一体的“大扶贫”格局。强化民政、残联、妇联、红十字会组织慈善救助的职能，搭建政府部门救助资源、社会组织救助项目与贫困农户救助需求相对接的信息平台，鼓励、引导、支持社会组织、企事业单位和爱心人士开展慈善救助。

政府应该发动社会力量，积极鼓励大学生创业团体、协会、合作社、各界乡贤等建言献策，不仅要实行班子成员、干部挂钩贫困户，更要实现社会帮扶资源与精准扶贫的有效对接。例如，F市穆云乡就在争取“百家企业挂百乡扶千户”项目，实现了畲家企业商会挂钩科后村、茗绿农业发展有限公司挂钩桥溪村、F市晟安金属材料有限公司挂钩梨田村、F市龙芝房地产开发有限公司挂钩南山村。再如，引导更多的社会力量和爱心人士参与扶贫开发。周宁县作为福建的省级贫困县每年在外地打工的人比较多，这些人中有许多人在上海做钢材生意，发家致富后对家乡的回馈比较多，资金量也比较大。

（6）做好精准扶贫各项金融服务

加强农村金融服务体系和农村金融服务网点建设，创新金融产品，改进金融服务，大力推进扶贫小额信用贷款。通过政府担保、银行放贷、财政贴息的普惠金融政策，解决发展资金短缺问题。例如，宁德建立了县、乡、村三级联动的小额信贷促进会，开通了便捷贷款申请办理平台，引进了中国扶贫基金会“农户自立小额信贷扶贫”项目，全市每年累计为贫困村、贫困户解决贷款3亿多元。龙岩市生产扶持到户，金融部门每年安排2亿元小额信贷，龙岩市财政每年安排贴息200万元，按同期贷款基准利率20%给予贴息，帮助贫困户

① 习近平总书记给“国培计划（2014）”北京师范大学贵州研修班参训教师的回信[EB/OL]. [2015-09-09]. http://news.xinhuanet.com/politics/2015-09/09/c_1116512910.htm.

② 廖小军. 实现精准扶贫新突破[J]. 求是，2015（20）.

发展生产。

3. 打好安居扶贫攻坚战

统筹贫困地区一体化发展，帮助扶贫对象建设美好家园，缩小发展差距，共享小康成果，实施精准改善条件扶贫。

（1）加大扶贫移民搬迁力度

对不宜居住的贫困村自然村庄和生存条件恶劣地区的贫困群众，全面准确摸清底数，统一群众思想认识，按新型城镇化和优化村庄、人口布局的要求，实施整体搬迁规划。整合扶贫搬迁、以工代赈易地扶贫搬迁、避灾搬迁移民等政策，落实相关配套投入，帮助扶贫对象彻底摆脱恶劣生产生活环境。

福建省自 20 世纪 80 年代末在全国率先实施“造福工程”扶贫搬迁，全省已经搬迁建成各类安置区 2 000 多个，其中百户以上规模的安置区 504 个。宁德地区对一些居住在无水、无电、无路、无学校、无医疗所、无广播、无商店的“七无”特困村农户以及茅草房、连家船民实施搬迁，20 多年来累计搬迁超过 120 万人，整体搬迁了 6 500 多个自然村。目前，宁德还有 1 200 多个边远偏僻自然村，这些地方由于自然条件太差，只有通过搬迁，才能实现安居乐业。宁德准备结合推进新型城镇化建设，用 6 年时间对这些自然村实施整村搬迁，每年搬迁 200 个村，年均转移 2 万人左右。

（2）加快农村危房改造

积极开展危房改造，重点抓好贫困村贫困农户安居问题。福建省将贫困户全部纳入农村住房保障体系，优先安排农村危旧房改造指标，对特困扶贫对象住房救助实行“交钥匙”工程。2017 年基本解决 38 个重点扶贫攻坚县农村贫困群众的安居问题，为 2020 年建立覆盖全省农村的住房保障体系奠定了坚实基础。

（3）加强基础设施建设

加快实施贫困村水、电、路、气、房、环境治理等建设：逐步升级改造通县、通乡、通村公路，解决好“最后一公里”问题；加快水利、信息等基础设施建设；抓好水土保持、防护林体系建设等重点生态修复工程；改造农村公共卫生设施，改善农村人居环境。

（三）加强精准扶贫的管理机制

1. 强化基层党组织的核心作用

精准扶贫不仅需要专业型人才，也需要技术型人才和复合型人才。宁德在扶贫开发中坚持做好基层组织建设，先后选派 4 批近 2 000 名党员干部到贫困村任第一书记，市、县机关党组织与农村基层党组织结对子 890 对，干部与残障贫困人员结对帮扶 3 684 人次，增强了基层党组织的凝聚力与战斗力。“党的基层组织是确保党的路线方针政策和决策部署贯彻落实的基础。”[①] 着力创建一批能看、能学、能赶的党建扶贫示范点，通过强化基层党组织的核心堡垒作用，快速实现以点带面，使基层党组织成了农民脱贫致富的核心力量。

2. 提升政策的灵活性和严谨性

① 习近平. 决胜全面建成小康社会 夺取新时代中国特色社会主义伟大胜利 [M]. 北京：人民出版社，2017: 65.

要满足千差万别的扶贫到户的需要，就必须对了解贫困户情况的地方政府在资金上赋予使用上的自主权。而中央和省级政府就负责监督、检查、考核和评估，重点放在扶贫的实际效果和资金是否滥用等方面。精准扶贫不仅要保持其政策的严谨性，同时也应该给予不同地方的扶贫部门一定的灵活处理空间，如此才能实现扶贫资源的最佳配置。

3. 健全精准扶贫工作机制

对建档立卡贫困村、贫困户和贫困人口定期进行全面核查，建立精准扶贫台账，实行有进有出的动态管理。建立贫困户脱贫认定机制，对已经脱贫的农户，在一定时期内让其继续享受扶贫相关政策，避免出现边脱贫边返贫的现象，切实做到应进则进、应扶则扶。

加强对扶贫工作绩效的社会监督，开展贫困地区群众扶贫满意度调查，建立对扶贫政策落实情况和扶贫成效的第三方评估机制。评价精准扶贫成效，要看减贫数量，更要看脱贫质量，不提不切实际的指标，对弄虚作假搞“数字脱贫”的，要严肃追究责任。

第二章　全面深化改革背景下的农村民主政治建设研究

改革开放至今，我国的经济、政治、文化都取得了令人瞩目的成就，与此同时也面临着区域发展不平衡等诸多问题。放眼望去，我国仍有一半人口处在发展相对落后的农村地区，进入全面深化改革阶段，如何针对农村问题进行一系列改革成为新阶段的重要议题。在此背景下，厦门大学暑期社会实践队就经济、政治、文化、社会、生态五个方面深入福建省各个农村地区展开了一次全面的社会实践调研。就政治方面而言，我们选择福建省Q市坑仔口镇为实践调研地点，展开农村民主政治建设调研活动。

社会主义民主政治建设旨在保证人民当家作主，“发展社会主义民主政治就是要体现人民意志、保障人民权益、激发人民创造活力，用制度体系保证人民当家作主”[①]。关于农村民主政治建设，实际上是一项多学科的综合性研究。本章一方面以发展的理念追本溯源，在理顺村民自治、基层党建、女性参政的起源及内涵的同时，结合坑仔口镇当前民主政治建设的现状，分析其成果和不足，另一方面，在此次调研过程中，通过座谈、访谈等多种形式，深入了解基层干部及当地村民对相关政策的关注度、满意度以及落地过程中出现的问题，力求吸取经验和教训，以期提出切实可行的对策建议。

第一节　村民自治

我国的农村民主政治建设是由村民自治逐步发展起来的。十一届三中全会后，中国农村实行家庭联产承包责任制，人民公社随之解体，代之以乡镇政府模式，这样一来，以前由人民公社承担的一些职能，如集体资产管理、公共设施维护、社会治安等出现了“真空”现象。为弥补当时带来的农村基层组织功能的缺失，农民自发地形成了一种组织体制——村民委员会，这便是村民自治的雏形。

1987年11月，全国人大常委会通过《中华人民共和国村民委员会组织法（试行）》，明确规定村民委员会的性质、地位、产生方式以及村民会议的职责和具体工作方式，这使中国农村的组织形态、乡镇关系和权力运行机制发生重大变化，村民自治从此有法可依。2010年10月，全国人大常委会修改并表决通过《中华人民共和国村民委员会组织法》，进

① 习近平．决胜全面建成小康社会 夺取新时代中国特色社会主义伟大胜利[M]．北京：人民出版社，2017: 36.

一步完善村民委员会成员的选举和罢免程序、民主议事制度、民主管理和民主监督制度等方面的规定，规范村民委员会工作中的各项程序和制度。2013 年 11 月，十八届三中全会审议通过《中共中央关于全面深化改革若干重大问题的决定》，其中特别强调要“开展形式多样的基层民主协商，推进基层协商制度化，建立健全居民、村民监督机制，促进群众在城乡社区治理、基层公共事务和公益事业中依法自我管理、自我服务、自我教育、自我监督”[①]。2017 年 10 月，习近平总书记在十九大开幕式中，首次提出“五民主”——民主选举、民主协商、民主决策、民主管理和民主监督，补齐“民主协商”这一短板，进一步完善基层民主制度。可见，社会主义农村民主政治的建设发展不曾停歇，1978 年至今，随着“村民自治”法律地位的正式确立，村民构建出一套具有中国特色的乡村治理机制，保证村民知法、依法管理自己的事务。这是巩固党在农村执政基础的重要环节，是推进社会主义新农村建设的根本保证，也是实现农村社会稳定和发展的必然要求。因此，关注村民自治的现状，分析当下面临的问题，是全面深化改革背景下民主政治建设的一大重点。

一、村民自治在农村的现状及存在的问题

全面深化改革的浪潮正起，放眼福建省，农村村民自治也进入新的改革阶段。建设社会主义新农村，不仅要大力推广村民自治，确保依法落实乡村治理机制，更要在创新上下苦功。以此次调研的永春县坑仔口镇为例，乡镇各级乃至村民都在探索一条适合坑仔口镇的农村民主政治道路，其中不乏可取之处。

（一）村民自治的践行现状

1. 把握换届契机，加强领导班子建设

紧抓基层选举是村民自治得以顺利展开的重要保障。在此次调研中我们发现，坑仔口镇换届前期能够组织好工作会议，有效部署，做好宣传，切实推进基层选举的顺利进行；换届后又能着手加强新班子建设，形式多样地进行党内教育。以 2016 年为例，选举前期，镇党委及时召开专题会议研究部署换届工作，成立镇党代会筹备工作领导小组和大会代表资格审查及考核小组，先后下发《关于做好 2016 年乡镇党委换届选举工作的通知》等文件进行具体部署。同时，坚持四个“加强”：（1）加强培训指导，制定镇党委换届“五个一”范本［即一套好的选举办法（草案）、一套好的会议主持词、一个好的组织工作方案、一个好的大会日程安排、一套好的工作预案］，举办专题业务培训会，确保换届工作规范有序。（2）加强宣传教育，制作“九个严禁”学习卡 50 余份，并签订《严肃换届纪律承诺书》16 份，营造组织有序、风清气正的良好氛围。（3）加强纪律监督，组织党代表观看专题教育片《镜鉴》等，累计向参会对象发放换届纪律宣传材料 100 多份，确保严格落实“九个严禁、九个一律”的纪律要求。（4）加强领导班子自身建设。坑仔口镇结合当前镇村重点工作，从以民主集中制为核心的各项规章制度、换届后领导班子思想政治建设、党委决策的民主性和科学性几个方面入手，建立健全镇领导挂钩村、工作分工、定期通报等制度，推动新任班子成员尽快熟悉岗位职责，进入工作角色，进一步健全完善镇党委议事规则、沟通汇报、请示报

① 中共中央关于全面深化改革若干重大问题的决定 [N]. 人民日报（海外版），2013-11-16（2）.

告、内部管理等制度，从决策、工作、监督等各方面全面规范镇党委运作，做到用制度管人、用制度管事，有效形成工作合力。

2. 创新监督机制，推动党务公开

党务公开旨在通过会议、文件、媒体等多种形式，使党员更好地了解和参与党内事务，同时党务信息的有效流通也是村民参政的关键。据调查，除了严格按照党务公开工作要求，充实完善各村党务村务公开工作，及时更新村内宣传板块，推动党内事务公开化、透明化，促进信息流通，修订完善公开内容和形式（如财务以流水账形式公开，计生工作由计生局提供模板，各村统一规范），近年来，坑仔口镇也从新媒体入手，创新党务公开方法——"美丽乡村云平台"，加强动态监管，扩大党员干部和群众的参与面。"美丽乡村云平台"是乡镇政府与广播电视台的一次出色合作，旨在通过电视数据盒首页的党务信息滚动进行党务信息公开。该举措利用了广电网络的便利性和及时性，村民在家即可通过点击遥控器来选择查找自己想了解的村务及党务，真正做到办公的高效、透明，同时村民可足不出户，轻轻松松地参与政治生活。

3. 实施网格化服务，高效管理村务

网格化服务管理是此次调研中坑仔口镇的另一大亮点。在现有行政区划不变的前提下，坑仔口镇根据村落分布特点、常住人口数量、居住集散程度、群众生产生活习惯等情况，将全镇划分成 30 个网格，每个网格设 1 名网格督导员、1 名网格管理员、1 名网格联络员和若干名网格协管员（统称"网格服务管理工作人员"）。一般来说，网格督导员由驻村工作队成员兼任；网格管理员由村"两委"成员兼任；网格联络员从网格内具有较高威望、热心公益事业的农村能人，即"乡贤"中聘任，并加聘为社会管理服务点联络员；网格协管员从网格内党员、村民小组长、退伍军人、致富带头人和社会上法律、心理等专业人士中聘任，并根据农村实际需要，划分为计生协管员、卫生协管员、治安协管员、法律协管员、心理协管员等。网格服务管理工作人员之间分工明确，各司其职，进行网格内的督促巡查、工作指导、组织协调；除了日常管理，还定期入户走访，宣传党的方针政策，了解村民有无心理问题、有无建议意见、有无纠纷。一旦网格内出现待办事务，一般性工作由网格联络员和协管员现场受理，登记备案，审批性工作和突发性工作由网格管理员掌握信息，跟踪办理，协调性工作由网格督导员现场受理，带回商榷。在处置流程上，先由网格联络员和协管员受理，首先发挥网格联络员自身优势和社会威望，积极参与民事调解工作，及时化解群众之间的矛盾纠纷，并自觉学习农村常见法律知识，积极开展普法宣传，提高群众法治意识，必要时提供及时、免费的法律咨询。如无法解决，再报送网格管理员处置，然后由网格督导员协调。该举措巧妙利用农村人力资源，充分发挥乡贤文化作用，争取把矛盾化解在最基层，不仅便民利民，也将管理成本降到最低。

（二）村民自治存在的问题

总体来说，改革开放以来实行的村民自治效果是显著的。以坑仔口镇网格化管理的成效为例，村民有事首先想到的是去找负责人，让他们帮着拿主意、做主，力求把村民难事、村民矛盾化解在网格内部。同时，我们也应当看到村民自治过程中的不足。尽管村民自治历经了30多年风雨考验，但基本上还处在"摸着石头过河"的状态，离理想的村民自治仍有很长的路要探索，个别地方基层组织的探索困难重重，甚至可能名存实亡，处于瘫痪状态。就我们考察的坑仔口镇而言，各种自治组织和规章制度的实行也并非达到理想化的状态。综合以往材料分析及实地调研，我们认为目前农村村民自治过程中主要存在以下几方面问题。

1. 村民参与政治生活的积极性严重不足

尽管党务村务公开推进村民了解政治、参与政治的进程，但在访谈过程中我们发现，村民参与选举不积极，参选率低，投票应付了事，村民监督机制也没有落实到位。一方面，村民多半认为他们的选票左右不了选举结果，对流于形式的选举有抵触心理，不愿或不参加选举活动，而乡镇政府为了完成村"两委"换届选举任务，不得不走村串户，动员村民参加村委会选举的投票；另一方面，由于缺少动力机制和利益机制，民主监督似乎无法得到根本保障。如果缺乏利益或价值动力，村民往往也就没有相应的行动来支撑制度，因而也就很少有人出面监督村务和村委会的工作，久而久之，再好的制度也都形同虚设。村民很少主动关心个人直接利益之外的村务工作，是民主监督的一大弊病。

2. 相关制度和监督机制有待完善

近几年来，一些农村地区在进行选举时，候选人之间展开一些不公正的竞选行为，比如通过亲朋好友"四处游说"，村民投票首要看重的不是候选人的行政办公能力、服务意识，而是本着"肥水不流外人田""抬头不见低头见"的价值观念，下意识投票。另外，农村地区普遍存在通过"小恩小惠"向选民拉票的行为，村民的法治意识不强，容易受鼓动，也给村民们留下了选举不公正的印象，给后续带来诸多问题。例如选举冷漠，表现为对农村基层选举不关心，不积极参加选民登记、投票等，有的需要在反复动员下才参加。由于选举冷漠，选举所要求的"双过半"有时甚至都难以实现，也导致农村基层选举的选出结果代表性不强。此外，一些地方过于频繁选举，干部轮换太快，基层干部经常处于变动之中，因此难以保持较长时期的相对"静态"的局面，这对于领导班子的稳定有着负面作用。

3. 政府公信力下降

政府公信力是政府依赖于社会成员对普遍性的行为规范和网络的认可而赋予的信任，作为为社会成员提供普遍服务的组织，"我们党来自人民、植根人民、服务人民，一旦脱离群众，就会失去生命力"①。一旦公信力下降，民众不相信政府，政府在落实具体政策、实施相关政策时难度也就因此加大。在座谈过程中，相关政府人员就指出："就近年来的新闻报道就可以了解，一旦政府与民众发生冲突与矛盾，社会舆论就会一股脑倒向民众，政府根本没有解释的余地。不知从何时开始政府的公信力已经下降到这种地步。"公信力的下降将直接影响相关政策的决议、发布与实施，这是农村民主政治建设中不可小觑的问题。

二、原因分析

看待一个问题，如果仅仅分析其表面现象，或者单单从一个视角观察问题，得出的结论

① 习近平. 决胜全面建成小康社会 夺取新时代中国特色社会主义伟大胜利 [M]. 北京：人民出版社，2017: 66.

往往是片面甚至错误的。本书本着发展的眼光，通过历史根源、政治、经济和文化几个维度来分析农村村民自治的问题。

(一)制度初始化阶段自发性的影响

前文提到，村民自治源自20世纪70年代农民自发建立起来的组织体制——村民委员会，这种村民自治体制，既为农村生活规范了社会秩序，又为农民提供了公共服务，同时可抑制乡村组织的不良行为。因此，村民自治受到中央的肯定而成为体制内的制度安排，在全国推广并以法律的形式固定了下来。村民自治步入制度化的轨道时间并不长，但毕竟还带有制度初始化阶段自发性的特征，其他各项配套制度之间的衔接还有待完善，而且随着其在实践中的发展、演绎，很可能还会出现这样或那样预想不到的情况，其发展、完善的过程也不可能一帆风顺。就广大中国农村而言，现实干扰、利益纷争、民主意识缺失、相关制度规范不完善等因素都会影响村民自治制度的实施。

(二)乡村关系把握不当

村民自治全面展开后，乡村关系由“命令—服从”转向“指导—协助”，具体而言，“在村民自治的制度框架内，村委会是农村基层群众性自治组织，由村民会议选举产生，并向村民会议负责和汇报工作，不再是由乡镇政府任命并在行政上隶属于乡镇政府的一级政权或准政权机构；同时，乡镇政府作为中国农村基层政权机关，代表国家对农村进行行政管理，但是不能干预村委会的自治事务，只能对其工作给予指导、支持和帮助，而村委会则有协助乡镇政府开展工作的义务”①。但是，政府权力特别是基层政府的权力始终“镶嵌”在村民自治的制度中，基层政府在不同层面以不同形式提供各种政策供给，配置各种社会资源，虽然主要任务是平衡社会的相关利益关系，但不排除为了自身利益直接或间接参与其中而牟取私利的可能。可以说，农村社会中大多数的经济主体和社会组织，仍然是依附于基层政府权力发展壮大起来的。再者，某些地方组织对村民自治采取完全放任的做法也不宜提倡。村民自治还未成熟，需要乡镇政府加以引导，以免制度瘫痪甚至走歪路。因此，乡—村关系是否把握得当，直接影响着村民自治的发展。

(三)农村经济动力不足

农村经济社会发展的后劲和动力问题，特别是相对于城市发展越来越落后的问题始终是一个无法避免的全国性问题。经济基础决定上层建筑，在我们考察的村里，农民大多停留在温饱阶段，谈不上发展。例如农民收入增长缓慢，城乡之间贫富差距拉大，农村市场疲软乏力。改革开放以来，随着市场经济的不断深化，农村原有的人与人之间的关系和传统社会生活已发生变化，转向了以追求物质利益为原则去开展各种行为的社会生活，经济利益已经成为支配人与人之间关系的重要因素，这时农村需要一个能维持社会秩序的基层组织来保证经济社会的发展动力和后劲。然而村民自治组织的性质决定了村庄经济是每个农户单打独斗的“小农经济”，而不是产业经济、集群经济或企业经济，不可能有大的作

① 邹静琴.村民自治制度背景下乡村关系的调适与重构[J].华南师范大学学报(社会科学版)，2003(1).

为。因此，在某种意义上，农村抓住的只是基层民主建设和政治改革的目标，而模糊甚至丢弃了经济建设这个根本，故农村生产力很难再有提高，农民收入很难再有增长，农村经济发展失去原生的内在动力。所以，农村政治改革发展绝不能忽视经济发展这个大主题，必须以本为主，标本兼治，才可能走出困境。农村在以个体经济为主的发展中，逐渐出现了贫富分化和社会分层，出现了不同利益诉求的群体，原有的社会秩序被打破，而新的秩序尚未建立起来。这时，一些农村的社会秩序问题、公共管理和公共服务等问题不断困扰着农民，其中尤以社会治安问题最为严峻，农村基层的社会管理也容易出现组织“真空”。

（四）农村民主政治建设主力军流失

改革开放促进了社会生产力和经济的发展，引发产业结构调整。这一方面造成了越来越多的农村剩余劳动力，同时城市化的加快发展也需要农村劳动力；另一方面，由于九年义务教育的普及和年青一代对大城市的向往，越来越多的农村人口通过打工、受教育等形式流向城市，导致许多具有民主意识的人员脱离农村，民主建设人才缺失。我们知道，一旦缺乏现代理论知识和人才的结构支撑，农村民主政治建设很难有下一步的进展。这也是村民自治实施过程中的一大阻碍。

（五）农村民主宣传不到位

村民民主意识淡薄的原因还在于农村民主宣传不到位，主要体现在以下几个方面：首先，民主宣传力度不大。在实地走访过程中，不管是乡镇政府还是文化中心，随处都可见当地经济、政治、文化的相关宣传板块和乡镇事务公开。结合近年来的工作报告，可以看出，乡镇政府主要还是将改革力度放在经济层面上，民众民主意识宣传板块少甚至流于形式。其次，民主形式多样化但成效不高。上文提到，多媒体逐渐成为党务、村务公开的重要途径，在我们走访的坑仔口镇中，典型的例子是“美丽乡村云平台”。“美丽乡村云平台”的前提条件是村民家中必须有电视并开通广电数字电视服务。据调查，坑仔口镇中除了党员确保家中都有数字电视，可以在家中通过电视了解党务、村务，许多村民家中并未开设数字电视宣传这项功能，而传统的宣传板块大都设在文化活动中心或者乡镇政府，并未真正达到宣传目的。

三、对策建议

农村民主政治建设是一个长期、渐进的过程，需要各级党政领导和相关部门重视总结、研究农村民主选举、民主协商、民主决策、民主管理、民主监督的对策及经验，并以建设社会主义新农村为目标，针对农村实际制定出相应的措施，探索和寻求一条符合中国发展模式的马克思主义中国化道路，把农村民主政治建设推上新高峰。

（一）加快农村经济建设

目前农村在大力发展二、三产业，弥补当下农业“有限”经济的不足，以工养农，以商促农。靠农村的内生动力，使农村经济有一个根本的转变。农村二、三产业的发展，一方面可以直接产生经济收入，促进经济增长，拉动农村发展；另一方面还会分散有限土地资源所背负的人口压力，分散从事农业的劳动力，提升人均土地的相对占有率而增加农民的种植收入。必须让村庄、村民看到农村经济发展的前景，有前景才有希望。必须给农民带来切身的利益，有利益才会有动力。让那些无论是留守在乡村的人还是进城的人都要有希望和奔头，这才是新农村经济建设的最根本动力。党和政府也加大了对农村投入的力度，以改善农村的投资环境和基础设施。一个不可否认的事实是，中国的民主政治有必要自上而下地提供更多的政治的公共物品，以奠定良好的政治基础。

（二）提高农民整体素质，培育良好的文化观念

这其中包括文化、权利意识、民主观念、民主知识和民主技能等一系列教育。一定要让农民在民主实践中，运用、体会、验证自己的民主知识和民主技能，真正成为村民自治的伟大实践者。当农民在民主实践中使自己的合法权益得到保障，获得民主带来的切身利益时，就真正达到了培养新型农民、提高素质的目的。素质越高，政治意识越强，参与民主的积极性、主动性就越高，对村务管理的积极性也就越高。

（三）完善农村基层民主选举法律规范

完善我国农村基层选举制度，先要确立指导思想，采取适当的路径。这包括以下方面：加强基层党组织建设，加强党的领导，统筹协调发展，采取渐进改良的途径，以提高农民素质为重点和突破口，并根据我国农村经济社会发展水平构筑农村基层选举制度；各个地方应当从当地实际出发健全完善，与新农村建设相结合，以“管理民主”为宗旨和目标；应落实好法律制度的建设和完善，以及法规的贯彻和实施；应当尽快制定并实施相关法律规范，在具体规则上，进一步规范程序制度，明确列举、界定农村基层政治活动之中各类违法行为，完善相应处罚和承担责任的程序和实体性规则，建立农村基层纠纷的多元解决制度，完善司法和行政救济制度，在法制基础上对县乡级政府、相关部门的指导帮助制度进行重塑，依法正确界定农村基层党组织和基层组织的关系。

第二节　基层党建

乡村基层党组织是党在乡村全部工作和战斗力的基础，是乡镇、村各级组织和各项工作的领导核心。以党的基层组织建设带动其他各类基层组织建设，对乡村经济社会发展、提高农民经济实力，确保农村和谐稳固、建设社会主义新农村起着重要作用。其具体内容包含：（1）改良基层党组织的工作模式。顺应基层经济社会管理体制、管理方式的变化，规范党组织与经济、行政、自治组织的工作程序，健全党组织的工作制度和工作机制，保障党组织职能作用的有效施展。（2）增强基层党组织服务大众的功能。健全公众利益表达和利益协调机制，培养各类办事组织，拓宽新形势下基层党组织服务群众、凝聚人心的路径和措施。（3）增强基层党组织自身建设。加强班子建设，推动党内民主，健全党内生活，使党员“长期受教育，永葆先进性”。（4）扩大党的组织和工作的覆盖面，加强新经济组织等

党建工作。（5）改善基层党组织工作条件。加强基层党组织展开工作和活动的物质保证，提高基层党员干部的积极性、创造性。基层党建工作展开全面与否直接关系到党组织能否有效地开展工作，尤其是在和谐社会构建的关键时期，基层党组织建设工作的重要性愈加凸显。

一、基层党建在农村的现状及存在的问题

（一）基层党建在农村的现状

1. 盯紧目标任务，切实开展“两学一做”学习教育

随着党员人数的增加，基层党建工作越来越难开展。就我们调查的坑仔口镇而言，全镇共有 8 个行政村，18 000 多人，其中镇党委下设党总支部 1 个，党支部 21 个，其中农村党支部 10 个，非公企业党支部 3 个，全镇共有党员 628 名。因此，在开展“两学一做”前期，坑仔口镇就党员信息展开了一次摸底调查，集中排查了全镇党员组织关系，摸清党员基本信息和流动党员、“空挂”党员、“失联”党员等情况，做到使每一名党员都纳入党组织的有效管理中，及时接受党组织的学习教育。在动员部署上，乡镇政府也能及时研究、组织全镇各村“两学一做”学习教育方案，起到了很好的引导作用。农村“两学一做”能够有针对性地创新学习教育载体，每名党员的学习方案和计划不尽相同，例如在坑仔口镇中，要求科级及以上党员领导干部要认真研读《中国共产党章程》等，坚持读原著、学原文、悟原理，逐篇学习，学深悟透。各党支部也会根据本支部的实际情况，对党员提出自学要求，引导党员首先做好自学，同时党员领导干部也通过创新方式为所在党（总）支部讲党课，还开展了党组织书记上党课竞赛系列活动，在 LED 屏上开辟“党员微故事”专栏等。除了学习载体多样，坑仔口镇还成立全镇“两学一做”学习教育协调和督导小组，切实加强对全镇党组织、党员学习教育的监督指导。

2. 创新发展基层党建工作

镇党委结合本地实际创新发展基层党建工作。一方面，镇党委以深入实施农村“168”机制为抓手，着力在加强基层组织建设、党员队伍建设、非公企业党建等方面下功夫，大力夯实基础，力创工作特色。例如在党支部任务目标上，镇党委采取进度倒排、时间倒推、任务倒逼的方式，配套实行每季度一汇报、半年一督查，年终一考评的“三个一”工作制度，加强督促，抓好落实；通过建立示范村等措施推进落实“美丽乡村云平台”推广工作；进一步加强镇党委规范村部建设，整合办公场所，规范设置便民服务室、综合办公室、多功能服务室等服务性用房；组织领导班子“回头看”，老干部带动新干部，结合村级组织考察调整充实村级班子成员，选派一批大学生村官，优化村级班子结构，提高党员干部综合素质；建立困难党员生活补助制度，全面实行“五必访”“五必谈”等党内关怀帮扶制度等。此次调研正值 7 月，坑仔口镇在“七一”前夕向 16 名生活困难的党员共送去慰问金 10 500 元。这些创新工作思路都具有参考价值。

（二）基层党建存在的问题

坑仔口镇通过强化组织建设、队伍建设和体制建设，基层党组织的创造力、凝聚力和战斗力都得到了有效提高。基层党建工作取得了一定的成效，但同时也存在一些问题和薄弱环节。

1. 党建工作被动应付，注重形式

农村基层工作事务繁杂，专题研究基层组织建设少，加上一些从事农村基层党建工作的人员轮换频繁，导致对现有基层党建载体、现存工作情况缺少深入研究和理解，因此党建工作仍未实现被动向主动的转变。例如，坑仔口镇党建工作的考核导向使村基层组织建设存在“资料工程”的现象，导致形式主义倾向。从上文材料中我们可以看出，坑仔口镇村基层党建力求创新，但也因过于形式化产生了一系列弊病：一是在思路创新上，创新不管什么时候都是基层党建工作的法宝，但是创新工作不能脱离基层组织和党员干部队伍的实际情况，如果不切实际地要求基层组织党建工作凡事创新，不顾农村经济社会的具体发展状况，反而缺乏成效。据了解，“美丽乡村云平台”的推行在一定程度上改善了党务信息封闭的弊端，但未能考虑该村数字电视的实际分布。二是在党建工作的安排部署上一味强调会议和文件的落实。一旦党建活动形式和内容脱离群众，脱离实际，容易出现镇上党员和群众不喜欢、不愿意参加，主动参与积极性不高等现象，甚至会造成“扰民工程”。三是经验总结上。镇政府组织的一些党建活动未开展，经验总结就已经模板化，但这些党建活动的实际效果，特别是群众评价却鲜有问津。

2. 党员队伍发挥作用不够明显

坑仔口镇党员队伍发挥作用不够明显主要表现在村镇党员的爱党、忧党、兴党、护党的意识正在退化。我们在访谈中发现，在遵守党的纪律、维护党的形象方面，有的党员不能发挥先锋模范作用。另外，有些党员在参加党员活动、履行党员义务时积极性、主动性不够，对党务的了解也只是停留在表面。此外，由于大量年轻人、能人离开坑仔口镇在外地工作、接受教育，一方面镇上党员高龄化，处理党务的渠道更新慢，另一方面存在发展对象少和年轻农村党员工作不到位，直接产生党内人员和党外人员差异缩小、农村党员发展难、所发展党员质量不高等问题。我们在调查中还发现，坑仔口镇基层党组织组织工作时有追求评比评分倾向，存在开展党员教育培训走过场，党员自我批评或批评别人时避实就虚或批判不深刻等问题，这种现象是对党组织极端不负责任的。现在镇上、村里影响大的都是一些致富带头人、各种能人和乡贤，有的基层党员干部的作用和影响力远远不如这些人，乡贤在基层党组织建设中的作用甚至超过了基层党员干部。

3. 村级组织党建经费缺乏保障，党务监督难奏效

市场化程度相对较低、管理机制和运行机制不畅、政策激励力度不足等是农村普遍存在的问题。“巧妇难为无米之炊”，缺乏经济基础使许多村级组织对自身发展投入不足，村干部待遇补贴偏低，最终导致坑仔口镇下的村级组织只得依附镇级组织，长此以往，发展能力和自制能力得不到很好的彰显。此外，坑仔口镇的党建工作缺乏经济支撑，并没有成立相关的专项服务资金支持党建工作，这就需要上级政府下拨、转移、支付资金，弥补缺

口，以维持各项工作运转。另外，干部监督工作的大部分措施仍停留在事后惩处上，而在事前防范、事中监督手段上还显得有些力不从心。对镇、村“领头羊”的监督往往是监督工作的重点，也是难点。根据我国近几年打击反腐资料，一些干部出现问题，大多发生在“八小时以外”，因此考察了解干部要扩大“社交圈”和“生活圈”。可以看到，坑仔口镇既有机关党内监督机制也不乏监督渠道，但是机制不够健全，渠道不够畅通。对于党内监督的重要性，部分党员认识不够，又因乡村内部宗族关系错综复杂，人们普遍不愿监督，使得坑仔口镇机关党组织的管理、监督职能难以充分发挥，因此党务监督对于群众来说不免有点纸上谈兵。

二、原因分析

（一）党建出发点走偏

在工作谋划上，坑仔口镇的党建倾向于按照上级政策“依葫芦画瓢”。中央政策下发后，镇上政府和基层党组织“就政策抓党建、就党建抓党建”，创新新鲜事不少，打基础、利长远的工作不多。长此以往，导致一些村干部错误地认为：基层党建不过是文字资料的堆积和村支部的又一轮装点。当然，这种观念的固化也与一些不重实效的“检查评比”有关。随着调研的开展，我们发现，党建工作的推进集中在各项“检查评比”期间。我们应当承认评比能激发基层党建活力，或许会带来意想不到的成效，但把评比当成首要目标，往往抓不住党建的本质，违背了评比的初衷。

（二）党员价值观念异化

改革开放以来，“以经济建设为中心”被社会各界广泛认同，在国家经济发展逐渐走向全球化、市场化、信息化的过程中，国民的价值观念也日趋多元和异化，如何防止党员的理想信念动摇、政治思想滑坡成为当代党建的重要课题。“对党忠诚”不再成为党员的政治追求，而代之以金钱享受和物质利益，这种认识上的错位会造成党员对基层党建工作的不重视、不在乎，参与党建活动的积极性不足。在现实的政治格局中，因为抓经济建设和项目建设带来的政绩更为明显，所以对招商引资、产业发展等经济工作较为重视，而基层党建工作则有表面上越来越重视、实际上被边缘化的趋势。这种导向不清最终造成地方抓基层党建工作动力不足，兴致不高。

（三）财力投入不足

习近平总书记强调：“要充分理解、充分信任，格外关心、格外爱护广大基层干部，确保基层党组织有资源、有能力为群众服务，使每个基层党组织都成为坚强战斗堡垒。”[①] 然而，农村基层党建目前面临紧迫感和使命感削弱的问题，不管是人力还是物力都存在着基层意识不强的状况。例如，在为了确保公共行政性支出而办公经费又不足的情况下，往往容易压缩甚至冻结党建工作经费支出，而农村党建工作经费在支出上也没有明确的配套文件来加以规范，自然会制约镇、村党建工作的有效开展。

① 习近平总书记系列重要讲话读本（2016 年版）[N]. 人民日报，2016-04-28（9）.

（四）监督缺乏严格规范的法律制约

尽管《党政领导干部选拔任用工作条例》以及相关配套制度的颁布执行使得镇上选拔任用干部工作有了一套比较明确的依据之章，但在某些方面规定缺乏有力的制度约束或约束的规定缺乏操作性、针对性，难以有力地追究责任和处罚，造成监督上的困难。比如当前对“八小时以外”监督的认识还不够统一，在监督范围认定方面缺乏科学标准，操作难度比较大，稍有不慎就可能侵犯到干部的合法权益。还有一个重要原因是村镇上存在强烈的宗族、家族意识，并且村民大多认为“在村里大家都认识，也不想得罪人”。抑或由于被监督人与监督者家庭利益相关，导致虚于监督。

三、对策建议

党在十九大报告中指出，新时期党建的目标是：“把党建设成为始终走在时代前列、人民衷心拥护、勇于自我革命、经得起各种风浪考验、朝气蓬勃的马克思主义执政党。”[①]

（一）基层党建要求实

求实，是农村基层党建的“灵魂”。首先，在工作思路上要求实。农村基层组织应当把本村的基层党建工作真正摆在重要位置上，做到自觉地、经常地、扎实地抓党建，把握基层党建的实质，而不是为了评比而党建，也不是为了“上头指示”去党建。其次，工作措施要求实。在部署党建工作时，符合工作要求的同时，也要力求采取切合党员需要的形式和载体，创新党建工作的形式和内容，围绕党建工作目标，真正把各项工作措施落到实处。最后，政府和基层党组织在工作效果上要求实。面对基层党建工作的考评，要实事求是，工作是否有成效，是否达到预期，都要据实以告，决不能靠树立典型形象或者堆积材料、报告来论成效；否则，轻则党员、群众无法认同，重则会产生严重的错误价值导向。

（二）认真抓好农村党员发展管理工作

一方面，要严格把控党员发展程序，积极引导懂政策、守法律、支持村级组织工作、示范带头作用发挥得好的农村青年向党组织靠拢，使他们成为农村基层组织建设的骨干力量。特别是招聘高校毕业生即大学生村官到农村任职，对于有效解决农村基层党组织建设中存在的问题具有重要作用。这些作用包括：发挥凝聚作用，筑牢基层组织建设干部群众基础；发挥带动作用，激活农村干部队伍整体活力；发挥带富作用，推动村级集体经济发展壮大。

另一方面，要完善党员教育管理。根据各个不同时期的形势和任务，从实际出发，有针对性地开展教育和管理，引导党员干部发挥好带头作用、骨干作用、桥梁作用。我们在实地调研的访谈中了解到许多关于大学生村官的现实情况。农村的大学毕业生回到基层工作的人少之又少，尽管大学生村官因为有知识、学历较高而受到尊敬，待遇也较高，但是其目的并不纯粹。许多大学生当村官，或是认为这是一份“清闲的差事”，或是仅仅把村官这

① 习近平．决胜全面建成小康社会 夺取新时代中国特色社会主义伟大胜利 [M]．北京：人民出版社，2017: 62.

一职务当成是转正成公务员的一个跳板，因为村官职位和公务员的联系比较密切，两年的村官经历可以成为将来参加公务员考试和面试的优势。此外，村官还有政策性优惠，任期满后可以选择留任或进入定向招录村官的公务员单位。须知大学生村官对基层党组织建设具有重要作用，但是在我国现行的大学生村官制度下，我们甚至无法对大学生村官进行合理定位。他们不是农民，因为他们没有土地；他们不是工人，因为他们不享受工人待遇；他们也不是政府工作人员，因为他们不在编制内，工资比政府工作人员低很多。政府应该将大学生村官这一岗位“职业化”，将大学生村官当作乡镇机关各项工作的后备力量，为大学生村官提供一个稳定的保障。另外，大学生村官的再择业问题也比较严峻，大多数大学生村官对到村任职期满之后的工作安排和前途感到茫然。

我国目前为大学生村官顺利转岗也做出了一点努力，如任期已满的大学生村官可以到社区等岗位工作，但这一措施并不能实质性地改善大学生村官的境遇，因为那些国家提供的工作岗位大都工资较低，甚至不能满足基本的生活开销，很少任期已满的大学生村官会选择这条道路。国家为大学生村官提供的不应该仅仅是一条只能通过考试谋取的出路，还应该为大学生村官提供一条凭借任职期间的工作表现赢得的出路，将村官与选调生并轨，摸索出一条靠工作表现谋取出路的新途径，努力将在工作中表现优异并通过业绩考核的村官直接纳入公务员队伍，使得有才干的村官能够充分发挥才能，减少后顾之忧，争取彻底改变工作中干得好、各方面表现优异的村官不如考试考得好的村官这种有损优秀村官工作积极性的局面。另外，国家还应该控制大学生村官的选聘规模，综合考虑各方面的因素，合理确定新选聘的大学生村官数量，控制大学生村官的规模，切实提高大学生村官的待遇，做好大学生村官为村民服务的组织动员工作，使大学生村官能够树立良好的服务意识。

（三）增加基层党建经费和提高村干部报酬待遇

在经济社会发展及法律允许的情况下，应当加大村级办公经费保障力度，及时地提高保障标准，才能够有效支撑村党组织为村民办好事、办实事；建立基层党建专项基金和监督机制，确保党建工作有资金支持，同时防止资金挪用、滥用，使每一笔专项资金都用在刀刃上；适时调整村干部的任职补贴标准，将绩效性补贴与基层服务型党组织评星定级挂钩，以便调动村干部工作的积极性；建立奖励机制，遇到村集体经济发展好的时候，经村民同意，可根据村集体经济年收益情况，给村干部一定奖励和补贴等。落实基层党建经费，提高村干部报酬待遇不仅仅是口头承诺，更应当落实到具体措施如此，如此才能确保制度化、规范化。

（四）通过党组织自我提升促使村务监督有型、有效

基层党组织可将“村民监督委员会”规范为“村务监督委员会”和“党务监督委员会”，既统一于一体，又能分工明确，各司其职，切实发挥监督委员会的作用，进一步加强对村务决策、执行、公开的监督。不仅如此，村务和党务监督委员会要将监督贯穿到村民代表会议、党员会议的全过程，积极主动地收集和受理村民、党员对村务、党务管理的意见建议，特别是加强对村（党）务决策、村（党）务公开、资源资产资金管理、为民服务专项资金监

管、工程项目建设、惠农政策措施落实和耕地保护、土地流转工作的监督，确保村（党）务工作公开透明、合法合规。基层党组织的管理及领导体制上的特殊性，决定了只有通过完善用人机制和绩效考核评价机制，才能引导党组织自觉地围绕中心任务开展工作，提高服务发展、服务基层、服务群众的能力。党组织要转变观念，端正用人导向，把抓党建工作的成效作为其提拔使用的重要依据；要进一步完善绩效考核评价机制，增加基层党建工作在绩效考核中的权重，借此提升基层党建工作在党员领导干部心目中的地位。另外，党组织书记要有长期担任党建工作第一责任人的意识，把党建作为整体工作的重要组成部分，统筹安排，定期研究；其他党组织领导同志也要按“一岗双责”的要求，积极支持和配合做好党建工作。若党支部书记对于抓基层党建工作不作为、乱作为，组织部门要严格问责，用反向压力倒逼党支部书记抓好基层党建工作。我们应当清醒地认识到，尽管全面从严治党道阻且长，但是永远在路上。

第三节　女性参政

在人类文明史的大多数时期，女性一直是沉默失声的，她们被视作非理性的、被关怀的，因此也被排除在社会性活动之外，更别说选举权等政治权利。随着女性运动的兴起，男女两性平等被不断提上国际议事日程，成效渐佳。无论是接受教育还是步入职场，女性地位在一定程度上都有了大幅度提升，似乎男女两性平等已经得到合理解决。但是，在传统的社会分工中抑或人们的主观意识里，传统公共领域和私人领域的二元分化往往忽略了女性在政治领域的主体地位。近年来，女性参政逐渐成为衡量一个国家、社会、地区两性是否平等，文明与进步程度的指标之一。如同 2016 年 3 月 3 日，联合国妇女署执行主任姆兰博 · 努卡在迎来国际妇女节之际指出的一样，女性参与是可持续发展议程的必要条件之一，她“呼吁更多女性参与决策层，在国家、社区、团体、政府及联合国实现性别平等”[①]。历经两千多年封建制度的中国，男尊女卑思想根深蒂固，“女子无才便是德”的观念如同裹脚布一般束缚着女性的发展。中华人民共和国成立后，宋庆龄等一批杰出的女性相继走上中央领导岗位，为女性参政打开一扇大门。改革开放以后，物质的极大丰富给女性提供了更多培养自身素质的机会，她们开始追求家庭以外的自身价值。机会也意味着挑战，因而会面临各式各样的问题，在我国广大农村地区，更是如此。

一、农村女性参政现状及存在的问题

（一）农村女性参政现状

1. 基层女性干部人数明显增多

在与坑仔口镇的座谈会上，镇上的 4 名主要与会人员中就有 2 名女性干部，随着座谈

① 新华社. 联合国：女性参与对实现可持续发展议程至关重要 [EB/OL].[2017-03-04].https://www.politics.people.com.cn.

的深入，我们发现，女性委员不再只是承担端茶倒水的角色，而是对该镇事务也有一定的了解，能够自如地参与座谈。在谈到村镇中基层女性干部所占比例时，女委员 A 指出："村镇中女干部比例跟前几年相比已经有了很大的提高，大约占全部的三分之一，而且我们现在还有一名女村主任。"可见，女性干部已经是村、镇干部中不可或缺的一部分。过去男性参与政治是常态，女性无须参与政治，导致在处理事务的过程中出现各种各样的问题。随着女性参与政治生活，女性的一些优势逐渐凸显，处理事务时也有自己独特的方法，往往也能达到事半功倍的效果。因此，基层的女性干部较前几年人数明显增多，这使基层工作得以更好地展开。

2. 女性干部的职位普遍较低

虽然女性干部人数增加，但是依然无法改变多年来的状况。女性只在一些日常的简单事务中起主要作用，而对于村、镇中的一些重要事务，女性并没有决策的权力，她们在重要的会议中仅仅起到参与的作用，难以发挥自己的力量。决策工作还是由男性来做，甚至一些实际行动也都由男性承包，女性干部在其中的微弱贡献几乎可以被忽略。而且女性多担当副职，正职即最终决策人仍然是男性，女性几乎只是挂名。另外，女性领导也集中在那些传统观念中认为适合女性的领域和职位，比如对妇女、儿童、残疾人的权利保护，以及社会福利等工作，无法进入决策主流，而男性则负责安全、建筑、外交、金融等资源相对较多的部门。在村委会中，女性任正职、负责主要工作的少，担任副职、负责某一方面特别是妇女工作的多。例如在坑仔口镇 8 个行政村中，女村主任仅 1 人。

3. 部分民众对女性干部的认知不健全

在访谈老干部的过程中我们发现，并不是所有村民都认同增加女性干部在村委会中的比例。就"您认为是否应当增加村委会中女性干部的比例？"这一问题，老干部认为，在政治生活中的确需要女性参与，但不需要增加，"村里的人有时候不会坐下来讲道理，你需要有权威才能压制住他们，这种时候就需要村里面有权威的人出面，或者村委会中的男性干部，女性干部并没有威严，村民不会听话，所以村委会中需要男性干部适当多一点，方便管制村民"。

（二）女性参政存在的问题

1. 结构层次低，职权虚化

从坑仔口镇女性干部在基层干部中的分布和工作安排可以看出，女性在农村基层中所处结构层次低，职权虚化现象较为严重。如前文提到，坑仔口镇中女性干部虽然占近三分之一（有明显提高但依然较低），但是主要负责内部的日常琐碎事务，处在决策层的人数较少或基本没有；即便是处在较高结构层，也多数是妇女、社会福利这一类性质的部门，无法跳出对女性的传统认知框架。再者，女性多处于副职，进行文书类工作处理，这样一来，女性的能力没有得到充分发挥，久而久之，职权遭到虚化。

2. 人们（包括女性自身）对女性特征存在错误认知

从中我们可以看出，村民对女性参政有一定的认知，但认知不等于认同。我们认为，认知是人们对客观事物的认识和了解，侧重于对客观事物本身属性的掌握程度，而认同是在认知的基础上，强调人们内在接受与内化程度，更侧重人们的主观能动性，它比认知的层次要高。自古以来，女性就是柔弱、居家的代表，这不仅是社会和男性的认知，女性对自身也存在这种认知错误，因而这种约定俗成的认知不断深化。在与村支部访谈之初，参与人中不乏女性，将近3小时的谈话过程中，都是男性干部在和我们交谈，在场的女性自始至终不曾主动参与交流。因此我们认为，不管是男性还是女性，对于女性特征都存在着错误认知。

二、原因分析

（一）传统观念束缚女性参政积极性

受两千多年封建制度的影响，传统“男主外，女主内”的思想根深蒂固，尤其是在相对比较落后的农村地区，这种思想禁锢了绝大多数农村女性，使得她们产生了消极心理，不敢或不会参加政治活动。不敢参加政治活动体现在：（1）缺乏自信，认为自己没有办法完成任务；（2）依赖男性，习惯屈从男性权威，听从男性的安排；（3）在公共场合讲话时会怯场，产生羞涩感；等等。这些消极心理使妇女参政的积极性大大降低，以至于不敢参政。另外，这也影响了女性对自身的定位，使她们不会参与政治生活。不会参与，代表着她们没有将参政列入自己的人生选择中。在她们的人生里，只有当全职家庭主妇和一边工作一边当家庭主妇这两条路，参政本是一种奢望，因此广大农村女性也就没有参政意向。

（二）难以消除女性生理上带来的不公

与男性相比，女性要经历怀孕期、生育期、哺乳期，这些特殊时期会消耗她们自身的精力，使得她们无法完全地投入工作当中；即使不是这些特殊时期，女性干部也需要照顾家庭，很难做到家庭与工作兼顾。一旦女性选择参政，她们不仅要面对来自社会的压力，还要面对家庭的苛责与负担。因此即便是做相同的工作，女性也要比男性付出更多，牺牲更多。不管是就业还是参政，女性都不得不考虑家庭因素，很多单位在选人、用人时也会直接或间接地以此为借口，因此女性在工作中很难感到自身的价值。

（三）农村女性经济地位和文化程度较低

在广大农村地区，物质基础直接决定了一个个体在家中的地位。“谁赚的钱多，谁的嗓门就大一些”，一般来说，家庭收入主要来源于谁，谁的地位就会高一些。尽管随着改革的深入，女性的经济收入水平逐步提高，但由于受各方面影响，女性工作只为“补贴家用”，男性作为“家中顶梁柱”的现状并没有发生改变。

除了物质方面，女性还受文化方面的制约。受教育程度直接决定了人的文化素质水平。在发展相对缓慢的农村地区，女性很难受到正统的教育，这一方面是由于人们的思想观念，很多地区都存在“重男轻女”的现象，认为女性要结婚生子，没有必要接受教育，另一方面是受家庭生活条件影响，一般而言，农村人口多，收入低，村民生活条件相当艰苦，没有余钱供孩子读书，即使有也是让男孩子接受教育。这直接导致了女性文化程度低下。因此，即便法律上规定男女享有平等的受教育权，但整体上看，农村女性受教育的程度还是低于农村男性。我们知道，参政要求具备较高的文化素质和领导阶层应有的各种素质，女性要想参政就必须提高自身素质，提升决策能力和管理能力。但是在竞选中，由于没有接受良好的教育，女性往往会因为自身的文化水平较低而失去竞选资格。

（四）被忽视的隐性歧视

大多数国家的女性面临的是更严重的隐性歧视，如传统习俗和社会规范对女性在就业、生育等方面的影响。因此在立法上，尽管法律规定人人平等，但政策上未形成有效、明晰的制度来保障女性参政权益。这直接导致地方机构在人事任用上存在"重男轻女"现象；相同条件下，甚至女性稍优于男性时，男性被录用的概率也往往高于女性。再者，在中国某些农村地区，依继承法，女儿和儿子有同等的继承权，但是依习惯法，继承人往往是家中长子；农村女性不仅被拒绝享有土地的收益，也没有土地使用的附带权利；在离婚时，女性对于婚内财产的要求也经常遭到拒绝。女性在经济上的弱势往往迫使她们在其他领域败下阵来。通过对坑仔口镇的走访和五夫镇的资料分析，不管是宣传板块、街道横幅，还是LED屏的消息滚动，都未曾看到关于鼓励女性参政的消息，社会各界新闻媒体对女性参政宣传力度不够，没有为女性参与政治营造一个良好的舆论环境。这些习俗造成的隐性歧视和文化偏见需要政府进 步做出努力，加强立法规制，提高女性参政认同感。

（五）女性无参政意愿或参政动机有偏差

近几年，由于种地收入少，有很多农民外出打工，许多农村女性也选择走出家乡，为家庭赚取更大收入；另外，一些接受过高等教育的年轻女性也不愿意回到偏僻的农村做村干部。这些女性忙于在外打工挣钱，一年到头很少回家，几乎不可能有时间参与村里的各种社会政治活动，更谈不上参政，所以很多有能力的女性并没有时间参政。进一步分析，选择回到家乡或者走进农村参与政治的年轻女性，大多不是抱着政治理想或者为人民服务的态度，而是冲着公务员这一份稳定的工作，积极性可想而知。

三、对策建议

制约女性参政的因素是复杂多变的，随着外部环境的不断变化，这些因素在不同时期的凸显程度不同。然而要消除这些因素，普遍提升女性参政能力，为女性营造良好的参政环境，主要表现在文化环境和制度平台上。

（一）文化环境

带有歧视性的文化环境不是一蹴而就的，传统性别分工带给女性的舆论压力和功利性评价，不利于女性的发展，因此转变文化观念、树立新的文化习俗显得尤其重要。这项复杂的工程，不仅需要女性自身的努力，还需要全社会的共同推进。

1.打破传统性别分工模式，营造良好的社会舆论环境

我们在前面指出，传统性别分工使女性产生消极心理，导致她们不敢也不会参与政治生活。然而在现代农村，女性不仅要和男性一样肩负着养家重任，还要一人承担家务劳动，因此要协调女性在家庭中的分工，鼓励男性共同分担家庭事务，使农村女性有充足的时间

和精力参与政治生活；女性则要转变从属丈夫和家庭的观念，减少依赖，积极从传统的人身依附向独立人格转变，提高自身的主体地位。另外，政府应当鼓励女性参与政治生活，例如通过表彰女性先进个人肯定女性干部的工作成果；根据个人特质和特长合理分配工作而非通过性别因素；保证各项工作决策会议上女性出席率，鼓励女性发言；开展女性参政案例分析并将分析结果宣传至每家每户，力求为女性营造一个良好的参政环境。

2.提高女性知识水平，培养女性参政能力

知识往往能改变命运。为女性提供充足的教育机会不仅能提高女性知识水平，还能提高国民的整体素质。参政需要具备一定的文化修养，除了在学生时期确保女性接受教育特别是接受高等教育的权利，还应当对现任女性干部进行定期的理论知识的培训、领导能力的培养，使女性能够更多地参与到村内重大事务的讨论和决策当中。再者，还要从实践中培养女性参政能力，对于有参政能力的优秀女性干部要多给她们一些工作空间，安排难度相对较大的工作，使她们在必要的实践活动中提高组织协调能力和解决实际问题的能力，同时也增加她们在人民群众中的曝光度，提高村民对女性参政的认同感，从而提升女性的自我认同，提高参政积极性。

（二）制度平台

1.采取有效措施改善农村女性的参政危机

女性参政是一项需要全社会共同支持的民主政治建设，既有参政意愿又具备良好参政素质的农村女性仍然会面临参政危机。政府应当采取措施帮助女性渡过参政危机。除了从国家宏观层面明确规定农村女性在村委会中的参政比例，还要鼓励制度创新，例如在各村进行换届直接选举试点，大胆地把干部的委任制变成直接选举制。选举不设候选人，自由竞选，由具备选举资格的女性采取无记名投票的办法直接选举产生，当场宣布选举结果，确保整个选举过程的公开、透明。这一举措在河北省迁西县已经开始施行。选举开始前，迁西县妇联首先制订“农村妇女参政系列行动方案”，具体到：“（1）利用广播、电视、报纸等媒体大力宣传妇女参政的意义、宣传妇女参政议政的经验和典型事例。（2）对全县一千五百多名妇女骨干开展了为期一个多月的参政意识培训，并挑选了一百名妇女骨干到外地实地考察，专门进行了直选和竞职演说等参与技巧和能力的强化培训。”[①] 同时还出台专门文件并严格执行，保证选举的公正、平等。这项举措的实施，不仅提高了当地农村女性的参选率（提升 26 个百分点），由于事前的参政培训，女性干部队伍的参政素质普遍得到提升，队伍力量强，效果显著。

2.加大政策执行力度，妥善处理“保证比例”和“优胜劣汰”的辩证关系

尽管当前我国女性参政议政比例还未达到联合国 30% 的标准，但各地在选举代表、发展党员、配备村干部方面都会规定女性要有适当的比例，力求规范参政程序的公正性。立法是基础，执行则是关键。实践证明，改善农村女性参政状况是一项巨大且复杂的系统工程，在确保制度上公平正义的同时，也要确保制度的有效实施。我们认为，建立一种长期

① 李学田，王淑珍，王春艳.开拓妇代会直接选举，实现农村妇女参政的制度创新 [M]// 高小贤，王金玲.中国妇女发展报告 No.4：妇女与农村基层治理.北京：社会科学文献出版社，2012：146.

有效的女性参政机制非常必要，否则再完美的制度都将成为一种“走过场”的形式主义。我们必须做好长期性、经常性的工作。(1)在制定促进女性参政的政策和措施时，既要制定近期目标，又要有中、远期规划；(2)建立健全监督政策实施的有效机制，定期检查汇报，确保每期目标都能够按时保质完成；(3)建立一支强大的女性后备人才队伍，逐步提高参政女性的整体水平；(4)完善法律法规，明晰具体保护细节，切实维护女性参政的合法权益，对阻挠妇女参政的非法行为应当予以法律制裁。鼓励女性参政不能建立在损害男性参政的合法权益上，更不能为了“保证比例”而降低参政标准。长此以往，不仅打击男性参政积极性，不利于我国参政环境的建设，还会使女性陷入妄自菲薄的怪圈，也不利于激发她们的进取意识和拼搏精神。我们主张的不是一味推选女性参政，而是在公平正义的环境中，抛开性别歧视，通过“优胜劣汰”的竞争方式激发参政潜能，公平提供两性参政空间。因此，“保证比例”与“优胜劣汰”是辩证统一、相辅相成的，只有妥善处理两者间的关系才能真正改善女性的参政状况。

第三章　全面深化改革背景下的农村文化建设

文化建设是党中央推进中国特色社会主义事业“五位一体”总体布局的灵魂，农村文化建设是农村全面建成小康社会的重要内容，正如习近平总书记在2017年12月考察江苏农村时要求的：实施乡村振兴战略不能光看农民口袋里票子有多少，更要看农民精神风貌怎么样。农村文化建设，就是要在农村、在农民中培育社会主义核心价值观，实施公民道德建设工程，使农民的道德水平持续上升，形成良善的村风民风；同时，要充分继承和利用农村传统乡土文化资源，发展农村文化事业和文化产业，振兴农村经济。

第一节　社会主义核心价值观在农村的认同与践行

核心价值观，承载着一个国家、一个民族的核心价值追求，体现着一个社会评判是非曲直的价值标准[①]。党的十八大提出：倡导富强、民主、文明、和谐，倡导自由、平等、公正、法治，倡导爱国、敬业、诚信、友善，积极培育和践行社会主义核心价值观。社会主义核心价值观是社会主义核心价值体系的内核，体现社会主义核心价值体系的根本性质和基本特征，反映社会主义核心价值体系的丰富内涵和实践要求，是社会主义核心价值体系的高度凝练和集中表达。富强、民主、文明、和谐是国家层面的价值目标，自由、平等、公正、法治是社会层面的价值取向，爱国、敬业、诚信、友善是公民个人层面的价值准则，这24个字是社会主义核心价值观的基本内容，为培育和践行社会主义核心价值观提供了基本遵循。党的十九大报告指出，“要以培养担当民族复兴大任的时代新人为着眼点，强化教育引导、实践养成、制度保障，发挥社会主义核心价值观对国民教育、精神文明创建、精神文化产品创作生产传播的引领作用”[②]。“面对世界范围思想文化交流交融交锋形势下价值观较量的新态势，面对改革开放和发展社会主义市场经济条件下思想意识多元多样多变的新特点，积极培育和践行社会主义核心价值观，对于巩固马克思主义在意识形态领域的指导地位、巩固全党全国人民团结奋斗的共同思想基础，对于促进人的全面发展、引领社会全面进步，对于集聚全面建成小康社会、实现中华民族伟大复兴中国梦的强大正能量，具有重要现实

① 习近平. 青年要自觉践行社会主义核心价值观：在北京大学师生座谈会上的讲话 [N]. 人民日报，2014-05-05.

② 习近平. 决胜全面建成小康社会 夺取新时代中国特色社会主义伟大胜利 [M]. 北京：人民出版社，2017: 42.

意义和深远历史意义。"

人类社会发展的历史表明：一个国家、一个民族，最持久、最深层的力量是全社会共同认同的核心价值观。社会主义核心价值观的培育和践行是一个全国性的、全民性的问题，全党、全国、全民都必须充分投入其中。"而培育践行社会主义核心价值观的关键在于实现对于社会主义核心价值观的认同。从心理学上讲，所谓认同是指'个体或群体在感情上、心理上趋同的过程'，而社会主义核心价值观的认同是指'社会成员通过生产生活、交往互动，逐步调整自身的价值结构以接受、遵循核心价值观，并用以规范自己行为的过程'。社会主义核心价值观认同过程的核心是要将严谨系统的科学理论转化为人民生活实践经验中的意识、观念和语言，内化为人们日常的行为准则，使其成为自觉奉行的信念理念。"[①]十九大报告将培育和践行社会主义核心价值观作为坚定文化自信、推动社会主义文化繁荣兴盛的一个重要点，强调要充分"发挥社会主义核心价值观对国民教育、精神文明创建、精神文化产品创作生产传播的引领作用，把社会主义核心价值观融入社会发展各方面，转化为人们的情感认同和行为习惯"。为此，要"坚持全民行动、干部带头，从家庭做起，从娃娃抓起。深入挖掘中华优秀传统文化蕴含的思想观念、人文精神、道德规范"[②]。我国农村面积广阔，人口占全国人口一半以上，同时也是优秀传统文化的集中地，社会主义核心价值观要得到广泛认同，离不开农村这一重要阵地。

文化建设是新农村建设的一个重要环节，社会主义核心价值观作为人们日常行为的指导思想，贯穿农村文化建设的全过程，引领社会主义新农村建设的前进方向。十九大报告强调要始终坚持社会主义核心价值体系，"培育和践行社会主义核心价值观，不断增强意识形态领域主导权和话语权，推动中华优秀传统文化创造性转化、创新性发展……更好构筑中国精神、中国价值、中国力量，为人民提供精神指引"[③]。在培育和践行社会主义核心价值观的问题上，考察农村社会主义核心价值观的认同现状，从而考察农村社会主义核心价值观的培育和践行，对全面深化改革背景下农村文化建设有着重要意义。

一、社会主义核心价值观在农村的认同与践行现状及存在的问题

（一）社会主义核心价值观在农村的传播现状及问题

在调研过程中我们发现，对于社会主义核心价值观在农村的传播即宣传问题，一是以宣传栏、广告标语以及壁画的方式进行，宣传栏、广告标语基本是对社会主义核心价值观基本理念和核心内容的传播，大多简洁凝练、朴素幽默。例如，随处可见的融合中国风元素的壁画，以"图说价值观"的方式，生动有趣、清晰易懂地向村民展示社会主义核心价值观的具体内容。二是通过电视广告、新闻媒体等了解社会主义核心价值观，主要以正面宣

① 赵伟．人的需要：社会主义核心价值观认同的现实根基——培育践行社会主义核心价值观的路径探索 [J]．社会主义研究，2014（5）．

② 习近平．决胜全面建成小康社会 夺取新时代中国特色社会主义伟大胜利 [M]．北京：人民出版社，2017：42.

③ 习近平．决胜全面建成小康社会 夺取新时代中国特色社会主义伟大胜利 [M]．北京：人民出版社，2017：23.

传为主，弘扬主旋律，传播正能量，但是效果不是非常显著。在访谈中我们发现，与知识分子、青年学生、城市居民等群体不同，农村文化素质较高的青年人几乎都在城市生活，现在农村人口大多数为中老年人以及小孩，受教育程度及文化水平相对较低，村民普遍对社会主义核心价值观了解不多，而且由于对其了解仅限于字面意思，所以对相当一部分村民来说其本身都是“虚的”“不实在”。更有甚者，部分村民对社会主义核心价值观闻所未闻，更难对社会主义核心价值观产生情感认同。这对社会主义核心价值观在农村的宣传是一大挑战。因此，社会主义核心价值观在农村的认同度还有待提升。

（二）社会主义核心价值观在农村的培育和践行现状及问题

1. 农村的培育和践行现状

在农村中培育社会主义核心价值观要注意方式方法。首先，农村社会一定程度上正视社会主义核心价值观的培育和践行，努力将社会主义核心价值观大众化、平民化，以村民喜闻乐见的方式呈现出来。如开展“文明户”、“五好文明家庭”、“平安家庭”和“美丽家庭”等创建活动，从凡人善举中发现“最美”，推选“最美”，宣讲“最美”，评选出一批夫妻和睦、孝老爱亲、教子有方、邻里互助、遵纪守法等先进家庭。其次，努力将社会主义核心价值观与传统文化结合，继承传统文化中的一些优秀文化。在访谈中，我们了解到五夫镇五夫村作为朱子故里，对传统的价值观念比较重视，在学习和践行社会主义核心价值观的过程中尝试与传统礼仪、孝道、忠义等文化价值观相结合，因而容易为当地村民所接受。再次，建设革命纪念馆、道德文化馆、民俗文化馆、乡贤文化馆等，弘扬优秀道德文化和传统文化，树立良好的道德风尚。

与此同时，在与村委会干部的座谈中我们了解到，村民的社会主义核心价值观教育途径仍然有限。虽然村委会配合上级组织一些宣传和弘扬社会主义核心价值观的活动，但效果甚微。究其原因，一是村民整体文化素质不高，很少关注新闻报纸等媒体内容，对价值观等问题了解不足；二是缺乏具体的、符合村民文化水平和接受能力的社会主义核心价值观的教育，过于抽象的、凝练的、泛化的教育对村民的作用不大；三是农村目前分层严重，村民的价值信仰日趋多元化，社会主义核心价值观在村民中不占优势。农民思想道德、价值观念的庸俗化倾向严重。这表现为农民的理想信念淡泊。随着改革开放，农村逐渐发展，但是同样也面临着严重的问题。农民狂热追求个人利益、个人幸福，个体化、“原子化”现象严重，集体意识开始衰退。在调研中我们发现，大部分村落对一些传统的宗教信仰开始淡化，宗教信仰活动逐渐减少，传统民间信仰的道德凝聚力逐渐消失，村民沉溺于单纯财富的追求，对公益事业冷漠，精神萎靡。同时，随着农村的不断发展，农民价值观念呈现多元化倾向：一方面参与意识、法律意识、效率意识等不断增强；另一方面，个人主义、功利主义、拜金主义严重，特别是农村中的青年人，他们大多向往都市生活，金钱和财富胜过道德礼仪，传统的仁、义、礼、智、信、孝道等美德被抛于脑后，农村的道德滑坡已成为社会主义核心价值观培育和践行的困境之一。

2. 党员、基层领导干部对社会主义核心价值观的学习现状

党员干部定期对中央文件进行相关学习，能够掌握政府文件和中央精神。在调研中我

们发现，村委会基本都设有宣传栏，宣传栏主要根据每期村委会会议的重点内容及主要学习精神制作，更新速度较快。内容包括政府文件报告及中央会议精神、农村生产情况、农民生活状况、乡风习俗、村容村貌、管理建设等多个方面。党员干部不仅要学，更要落到实处，起表率作用。但在调查中我们发现，党员干部结构和自身道德素质方面还存在较多问题。

五夫村的总支部有五六十名党员，党员总体年龄结构偏老。年轻人大多外出创业，长期在外，不便于发展党员。据村干部介绍，村领导的时间和精力多花在村民之间的纠纷琐事上，主要是土地承包、房屋拆迁等问题，再加之缺乏专门负责党建、宣传的人员，所以村干部对于社会主义核心价值观的学习也不够充分。另外，党员选拔和管理存在一定问题，党员自身素质有待提高。在社会主义核心价值观的培育和践行中，党员干部的行为深刻影响着村民对于社会主义核心价值观的认同。据了解，部分村落中甚至存在选举贿赂、贪污腐败等问题。调研中某村干部告诉我们，在近几年的党员选举中出现"推选一个进去一个"的现象。党员及领导干部道德素质成为影响政府公信力及权威的重要方面，进而影响村民对社会主义核心价值观的认同。

3. 学校培育和践行现状

农村中小学是社会主义核心价值观培育和践行的重要阵地。发挥学校和老师的作用，对青少年认同社会主义核心价值观并在青少年人群中培育和践行社会主义核心价值观具有决定性的作用。在考察中我们发现，农村学校老师对社会主义核心价值观的认同和教育程度都比较高，在思想上比较认同。教师以身作则，严格规范自身行为，在培育和践行社会主义核心价值观中为学生起到模范带头作用。然而，作为向农村青少年学生传播社会主义核心价值观文化阵地的学校，没有发挥出应有的作用。对学生社会主义核心价值观的教育，涉及的内容很少，村镇小学及初中对学生的教育重智育而轻德育，重课堂知识教学而缺少校园文化建设，对社会主义核心价值观的教育大多仅限于学校围墙的壁画宣传，缺少一套可行的方案将社会主义核心价值观融入教学全过程和学习生活各方面。

二、原因分析

（一）缺乏有效宣传

农村对社会主义核心价值观缺乏有效的、科学的宣传，导致村民对社会主义核心价值观认识不足，从而削弱了对社会主义核心价值观的情感认同。

首先，宣传工作疲软，宣传力度不足。在思想道德建设和意识形态方面，党和国家给予了高度重视。但是在农村，我们发现意识形态的建设仍然是一个薄弱环节，很大程度上被边缘化了。基层干部习惯性地把经济建设摆在首位，对社会主义核心价值观等意识形态工作重视不够。他们认为只要经济上去了，其他一切自然就跟着上去了。所以社会主义核心价值观这种意识形态的"软"东西，在新农村建设发展过程中自然而然地被边缘化了。

其次，农村缺乏专业的思想宣传工作者。一般的工作者在思想宣传过程中不会主动要求或自觉去提高自己的业务水平和能力，从而缺乏思想宣传工作的技能和素质；不能根据村民的价值取向、受教育程度、生活水平、社会地位等结构层次来进行科学合理的宣传；在社会主义核心价值观的宣传等方面过于被动，缺乏有效的、长期的、针对性的、科学的宣传方式。

（二）对社会主义核心价值观重视不够

1. 资金投入有限

培育和践行社会主义核心价值观不能脱离人民的根本利益。马克思说："人们所奋斗的一切，都与它的物质利益有关。"[①] 发展生产力是社会主义国家最根本的利益，也是人民群众的根本利益。在农村，没有与农民最关心、最直接的根本利益相结合，就不会让广大村民切实体会到社会主义国家的优越性，就不能使村民增强对社会主义核心价值观的认同感。同时，文化广场的建设、文化活动的开展需要村民集资，严重制约文化工作的开展，不利于社会主义核心价值观的传播。资金的缺乏导致村民缺少文化活动的场所和经费，文化基础设施不足，文化活动减少，因而不利于社会主义核心价值观的培育和践行。

2. 村民对社会主义核心价值观关注度不高

首先，当下我国村民文化水平普遍较低。村民大部分属于文盲或半文盲，由于个人文化程度的局限，系统思维能力不足，他们大多局限于个人的眼前利益问题，很少考虑并顾及长远利益。对于意识形态方面的社会主义核心价值观这种"不切实际"的问题，如果缺乏正确的引导，村民对其就会产生理解不足、重视不够等问题。

其次，市场经济浪潮席卷社会生活每个角落，导致部分人信仰缺失、价值迷失、道德失范等社会病症。随着城市化进程加速，农村地区受这些错误价值观的影响也越来越大。一方面，农民理想信念淡化，政治信仰危机严重，集体意识衰退，个人主义、功利主义现象严重，对社会主义共同理想缺乏信念。另一方面，村民道德素质滑坡。改革开放使农村物质财富不断丰富，城镇化加速了农村结构变化，村民价值观念多元化，平等意识、效率意识、参与意识增强，同时享乐主义、拜金主义在农村严重泛滥，传统的道德观念逐渐丧失地位，金钱财富成为一切的象征。

（三）缺乏有效的制度保障

缺乏保障制度和反馈机制是在农村培育和践行社会主义核心价值观的一大问题。社会主义核心价值观属于意识形态和思想文化方面的东西，没有制度的约束和保障将很难在农村这样的特殊环境中开展和实施。制度和规范能够对村民的行为起到约束或是鼓励的作用。我们发现，针对基层领导干部，缺乏相关的问责机制。没有纳入问责体制中，社会主义核心价值观的宣传教育与践行工作就没有真正进入基层人员的工作范围，因此很难在农村推进实施。

同时，社会主义核心价值观没有融入村规民约之中。村规民约是一种基本的调节农村社会基本行为规范的非正式制度。"村规民约具有三大内在作用机制，即惩戒监督机制、价值导向机制及传递内化机制。惩戒监督机制通过对违规者施以处罚、对潜在违规者形成震

① 马克思恩格斯选集：第 1 卷 [M]. 北京：人民出版社，1956:82.

慑的方式规范、约束村民行为；价值导向机制通过确立正确观念与标准的方式加以村庄舆论的形式引导村民的言行符合预期；传递内化机制以濡化体验感知的方式确保村规民约的代代相传成为村庄生活的部分。"[①] 惩戒监督是最基本的条件也是必要条件，是约束村民行为、稳定乡村秩序的基本保障；价值导向是村规民约的基础性功能，指在村民日常生活中的教化作用；传递内化是价值观念被村民认知、接受、内化为自身思维方式和行为习惯的过程。而我们发现，目前社会主义核心价值观没有真正融入村规民约之中，在村民的日常生活中，社会主义核心价值观的引领作用并不突出。此外，也没有激励奖惩制度，无法提高村民积极性。

（四）基层干部能力不足

在调研过程中我们发现，基层干部领导大多出自村民内部，文化水平大多止步于中学教育，甚至更低。由于文化水平的局限，自身能力略有不足，缺乏专业化的培养，在培育和践行社会主义核心价值观问题上，他们基本都采取教条化的灌输教育，没有将其"化整为零"落到实处。由于认识的局限性，他们自身可能对社会主义核心价值观的认识和理解不足，逐利的意识下，更加重视经济这个"实"的方面的发展，而忽略思想文化这个不能马上带来实际利益的"虚"的方面。此外，由于自身水平有限，执行力不足，缺乏统一规划和制度安排，对村民提出的一些问题拿不出妥善有效的解决办法。我们发现，社会主义核心价值观在农村地区的培育和践行过程中，由于各方面的原因，大多浮于表面或流于形式，而村委会除了对此感到无力和抱怨，别无他法。村委会等基层领导机构在村民社会主义核心价值观的培育和践行中起着先行者和榜样作用，因此社会主义核心价值观能否在人民群众中完整准确落实传达就取决于基层单位的专业性与执行力。在调研中我们了解到：（1）在政府工作办法上，坑仔口镇政府工作采取"五三"工作法与网格化管理办法，在科学的管理工作方法下政府的行政执行力与宣传力度取得切实成效。但整个结构链搭建在有偿代价之上，从经济角度来看，无法达到可持续发展。由此可见，科学有效的管理方法需要多方位考量和与时俱进的改善，否则政府的执行长久力无法保证。（2）在政府的法治管理上，完整的执法机构与有效的执法力度是农村法治的基础保障。以五夫镇为例，民众的法治观念普遍较强，各村设有妇女儿童联合委员会、司法所，尽可能地保障村民们的合法权益。但是由于事务烦琐冗杂、人手不足、分工不明确等原因，效率并不高。（3）在政府人员专业性上，虽然政府工作人员会定期举行工作会议和学习报告，基层党员对党务工作和中央文件进行定期学习或组织远程学习，但是没有专门人才和机构，而且形式化倾向比较严重，从而在执行力度上大打折扣。

（五）农村学校缺乏有效、科学的教育途径

学校教育中缺乏社会主义核心价值观培育和践行的有效途径。青少年是社会主义核心价值观培育和践行的主要对象，学校承担着向青少年传播社会主义核心价值观的重要任务。习近平总书记提出："我为什么要对青年讲讲社会主义核心价值观这个问题？是因为

① 周家明，刘祖云．村规民约的内在作用机制研究 [J]．农业经济问题，2014（4）．

青年的价值取向决定了未来整个社会的价值取向，而青年又处在价值观形成和确立的时期，抓好这一时期的价值观养成十分重要。”[①]但是就目前来看，在农村学校教育中缺乏社会主义核心价值观培育和践行的有效途径。究其原因，一方面，与学校教育模式相关，农村学校的一个普遍现象就是重智育而轻德育，德育流于形式，主要是教育考核体系中缺乏相应的考核内容。重视课堂和课本的专业知识，缺少实践课堂和活动课程，对社会主义核心价值观教育容易忽视；另一方面，缺少创新的活动形式和长期有效的培育机制。学校对于社会主义核心价值观的教育比较形式化。首先是农村教育中缺乏资金且师资不足，没有相应的实践教学基地，难以开展具有吸引力的主题活动。其次是没有形成长期有效的培养机制，如坚持开展学习社会主义核心价值观的主题活动、演讲比赛、公益活动等以培养学生自觉践行社会主义核心价值观的意识。调查发现，学校对社会主义核心价值观的培育往往是短暂的和形式化的。

三、对策建议

（一）提高基层领导干部学习和工作能力

基层领导干部在宣传和教育村民培育和践行社会主义核心价值观上起着核心作用。“党员、干部要做培育和践行社会主义核心价值观的模范。党员、干部特别是领导干部要在培育和践行社会主义核心价值观方面带好头，以身作则、率先垂范，讲党性、重品行、作表率，为民、务实、清廉，以人格力量感召群众、引领风尚。”“党的基层组织要在推动社会主义核心价值观培育和践行方面，发挥政治核心作用和战斗堡垒作用，筑牢社会和谐的精神纽带，打牢党执政的思想基础。”所以，在农村社会培育和践行社会主义核心价值观，必须重视并提高基层领导干部的学习和工作能力。首先，村干部应加强学习，并积极参加理论培训，加强自身专业能力，提高对社会主义核心价值观的认同度，并不断内化为自身的思维方式和行为习惯，真正把培育社会主义核心价值观与生活、工作融为一体。以身作则，认真践行社会主义核心价值观，做践行社会主义核心价值观的示范者，从而进一步引导村民培育和践行社会主义核心价值观。其次，村干部要积极组织村民学习社会主义核心价值观的内容，将社会主义核心价值观通俗化、大众化，以各种方式如方言、故事、文艺节目等形式呈现给村民，增进村民对社会主义核心价值观的认识。最后，村干部要锻炼自身能力，在社会主义核心价值观的培育和践行方面，要努力发挥自己的作用，提高自身工作能力和各方面的素质技能，如利用多媒体等方式，锻炼自身组织能力和思维能力。

（二）加强制度建设，强化制度保障

培育和践行社会主义核心价值观需要制度的保障。在实践过程中，会有部分群众质疑政府的执行力和公信力。这种质疑对于培育和践行社会主义核心价值观具有非常消极的作用。因此，提高政府的执行力和公信力对于培育和践行社会主义核心价值观是极其重要

① 习近平．青年要自觉践行社会主义核心价值观：在北京大学师生座谈会上的讲话 [N]. 人民日报，2014-05-05.

的。再者，农村社会培育和践行社会主义核心价值观要真正实现，一个健全的制度体制是必要条件。

1. 健全基层组织

一个健全的基层组织是取得村民信任的必要因素。建立起一个从上到下良好运作的基层组织，首先，必须做到选任优秀人才进行科学管理，加强自身监督管理，树立良好的基层干部形象，严格惩治害群之马，从而不断提高基层组织在农村事务管理中的公信力和执行力。其次，应不断加强各个地方的党建，发扬特色的党务践行方法。在坑仔口镇，政府实行网格化管理以及“五三”工作法，加强了村民与党员、政府的联系，让村民更好地参与到党建中来，同时也调动了党员的积极性。

2. 完善村规民约

相对于传统的族规、家训，村规民约更加规范，更有约束力。要树立好良好的道德风尚，培育和践行社会主义核心价值观，必须完善村规民约，充分发挥其三大内在机制的作用。将社会主义核心价值观融入其中，使村民们有规可循，便于遵守，在惩戒监督、价值导向、传递内化三大内在机制联合作用下，使社会主义核心价值观在农村社会中从“必须遵守”转变为“自觉行为”，将培育和践行社会主义核心价值观深深根植于农村社会，内化为村民的行为方式和思维习惯。

3. 健全考核机制

培育和践行社会主义核心价值观不仅仅是通过宣传及法规对村民进行约束和规范，完整的考核机制也是必要的；培育和践行社会主义核心价值观要取得实效，也不仅仅是在特定的时期，尤其在政策刚刚下发的时候加大力度进行建设，必须定期或不定期地检查，制定严格的考核制度。党员、村委会领导干部的考核问题也要置于问责管理制度之下，要对整个机制负责，这样基层组织的工作能得到更好的保障。评选出道德模范村、道德模范户加以表彰，对于工作不力、不作为的村委会进行通报批评。只有在日常生活中，坚持不懈地督促培育和践行社会主义核心价值观，才能让社会主义核心价值观在农村生根发芽、开花结果。

（三）完善宣传方法，注重宣传效果

在培育和践行社会主义核心价值观方面，宣传教育的作用是巨大的，必须给予高度关注。在社会主义核心价值观的宣传教育上，中共中央发布的《关于培育和践行社会主义核心价值观的意见》做了明确的指示：首先要用社会主义核心价值观引领社会思潮，凝聚社会共识，把社会主义核心价值观纳入各级党组织学习计划中，深入研究社会主义核心价值观的理论和实践问题，深入推进“马工程”建设，扩大社会认同，形成思想共识。其次，指出新闻媒体是传播的主要渠道，把握正确舆论导向，“把社会主义核心价值观贯穿到日常形势宣传、成就宣传、主题宣传、典型宣传、热点引导和舆论监督中，弘扬主旋律，传播正能量，不断巩固壮大积极健康向上的主流思想舆论”。再次，建设社会主义核心价值观的网上传播阵地。最后，要发挥文化产品的作用，让文化产品成为社会主义核心价值观的生动载体。

促进社会主义核心价值观宣传教育活动是培育和践行社会主义核心价值观的第一步，

在宣传中要注重社会主义核心价值观大众化等问题，使社会主义核心价值观的宣传教育活动产生切实的效果。

首先，使用多种宣传手段和资源，使社会主义核心价值观在农村深入人心。使用各种媒体资源如电视、报纸、广播等传统传播媒介，宣传社会主义核心价值观。建立文化站，或通过学校，宣扬好人好事以及“五好家庭”等，营造学习先进的氛围。不仅仅是在以上场所，在各个地方都可以通过横幅标语、设置社会主义核心价值观的宣传栏等有效的方式进行宣传。此外，在互联网时代，我们也可以手机短信平台和微信平台，定期向村民们发布宣传内容、活动通知，使社会主义核心价值观的内容深入人心。在坑仔口镇，镇政府架设广电网络电视，让村民在家就可以了解党务、村务。通过各种宣传方式，提高村民的文化素养，社会主义核心价值观更好地践行起来。

其次，讲求针对性，宣传教育才会有效果。对外出打工者应着重进行诚信意识、市场意识、创新意识、法律意识、家庭孝道等方面的教育；对留守人员则应加强体现社会主义核心价值观的乡规民约、“三农”政策、家庭孝道、生态文明、新农村建设以及全面建成小康社会等方面的教育；对农村少年儿童，首要的任务“就是要把社会主义核心价值观的基本内容熟记熟背，让它们融化在心灵里、铭刻在脑子中”。

再次，发挥示范作用，让社会主义核心价值观深入人心。以乡贤为榜样，引领道德风尚。在农村地区，德高望重的乡贤为村民所尊重，是全村人民心中的榜样。“以身教者从，以言教者讼”，乡贤的点点滴滴可以为农村精神发展起到良好引领作用。此外，大力宣传先进典型，积极动员群众，选出身边的道德模范，对他们的事迹及精神加以宣传，让村民以他们为榜样，提高道德修养，形成学习先进、争当先进的浓厚风气。通过乡贤与道德模范的示范作用，提高村民的道德修养，促进良好的道德风尚的形成，更好地促进村民对社会主义核心价值观的理解和认同。

最后，举办各种社区活动，让人人都参与到活动中来。在农村中可能还存在一些不良的习俗，可以通过举办如去陋习、普法等活动，提高村民的教育意识形态，更好地发扬社会主义核心价值观。另外继续开展“文明家庭”“美丽家庭”等创建活动，树典型，促宣传，引领村民的价值导向。

（四）与传统文化及价值观相结合，走特色宣传之路

农村传统文化源远流长，对于农民生活和观念影响较大。许多农村地区仍然保留着许多传统习俗、族规、家风。因此，“深入挖掘中华优秀传统文化蕴含的思想观念、人文精神、道德规范，结合时代要求继承创新”，将农村传统文化中的先进文化与社会主义核心价值观相结合，通过传统文化来加强村民对社会主义核心价值观的认同和践行，是一种非常好的途径。

首先，把族规、家风与社会主义核心价值观相结合。族规、家风对于村民们来说是深入人心的语言，它们虽然看似普普通通，却是最直接的教育方式。可以从优秀的族规和家风中提取与社会主义核心价值观有关的方面，让村民进行了解和认同。我们了解到五夫镇受到朱子文化的影响，村民的素质较高。可见好的家风、族规的发扬是认同和理解社会主义

核心价值观的助推力量。当地也开展了一系列如兴贤书院讲座、朱子文化节等文化活动，既带动了经济，又让村民们了解了先进的文化。从对立的方面来讲，若政府没有加以引导，就不能很好地在农村发扬社会主义核心价值观所代表的先进文化。因此，应了解农村中优秀的家风、族规，把它们发扬光大，并让每一个人都参与到弘扬家风、族规的活动中来，让好的家风、族规推进对社会主义核心价值观的理解与认同进程。

其次，把社会主义核心价值观特色化。“特色化”是指社会主义核心价值观的 24 字那样高度抽象化的理念，对村民来说过于生硬或是概念过于笼统，这就需要我们把社会主义核心价值观的深刻内涵转化为与日常生活相关的、老百姓能听懂的话语。通过一些文艺活动、社区活动等，社会主义核心价值观走入寻常百姓家。把社会主义核心价值观转化为贴近村民生活的一些故事，甚至可以对传统戏曲进行改编，让村民深入理解社会主义核心价值观。借助传统文化，把社会主义核心价值观融入百姓的生活中，从而促进社会主义核心价值观在农村的认同与践行。

（五）完善学校、家庭、社会三结合的教育网络

加强农村青少年的社会主义核心价值观的培育和践行是一个非常重要的任务。青少年正处于价值观形成和确立的重要时期，必须从学校、家庭和社会等二个方面加强农村青少年社会主义核心价值观的培育和践行，形成学校、家庭、社会三结合的教育网络。

从农村学校方面来看，将社会主义核心价值观的培育和践行融入学校教育的各个方面，加大教学专项投入，增加师资力量，创新教育方式，注重社会实践，将农村当地特色传统文化与社会主义核心价值观相结合，形成长期有效的培育和践行机制。从家庭方面来看，鼓励家长对孩子进行正确的价值观教育，灌输勤劳、朴素、节约等意识以及仁、义、礼、智、信、孝道等优秀传统道德观念；同时家长应该为青少年树立好的榜样，从家庭这样小的范围内开始认识和践行正确的道德观和价值观。从农村社会方面来看，要鼓励全面形成良好的道德氛围。良好的社会风气能引导青少年树立和形成正确的道德观和价值观，对社会主义核心价值观在整个农村社会的培育和践行有着重要意义。

《关于培育和践行社会主义核心价值观的意见》中强调：“完善学校、家庭、社会三结合的教育网络，引导广大家庭和社会各方面主动配合学校教育，以良好的家庭氛围和社会风气巩固学校教育成果，形成家庭、社会与学校携手育人的强大合力。”在农村形成学校、家庭、社会三结合的教育网络，使学校、家庭、农村社会在对青少年进行社会主义核心价值观教育的过程中齐心协力，形成强大合力，这对于青少年社会主义核心价值观的培育和践行具有重要意义。

（六）改善民生，丰富物质基础

社会主义核心价值观在农村的认同与践行，首先必须使广大村民最大限度地感受到中国特色社会主义制度的优越性，感受到新时代中国特色社会主义的优越性，使村民感觉到更加充实、更有保障、更可持续的获得感、幸福感和安全感，从而提高对社会主义核心价值

观的认同度。毛泽东说过:“一切空话都是无用的,必须给人民以看得见的物质福利。”[①]习近平同志在十九大报告中指出新时代中国特色社会主义必须坚持在发展中保障和完善民生,“必须多谋民生之利、多解民生之忧,在发展中补齐民生短板、促进社会公平正义,在幼有所育、学有所教、劳有所得、病有所医、老有所养、住有所居、弱有所扶上不断取得新进展”,并进一步强调“保障和改善民生要抓住人民最关心最直接最现实的利益问题”[②],民生问题是最基本的问题,必须紧密结合农民最关注、最切实的利益问题,不能脱离农民的生活实际。民生问题是经济基础的问题,社会主义核心价值观是上层建筑的问题,发挥经济基础对上层建筑的决定性作用,促进农村社会对社会主义核心价值观的认同,必须提高保障和改善民生水平,加强社会主义新农村建设,努力改善民生,加大推进农村经济建设,优化农村经济结构,增加农村经济收入,保障好农村生活水平。这是在农村践行社会主义核心价值观的基础和首要任务。

第二节　城镇化进程中的农村社会公德建设

社会公德建设是思想道德建设的重要方面,习近平总书记在十九大报告中要求加强思想道德建设,“深入实施公民道德建设工程,推进社会公德、职业道德、家庭美德、个人品德建设,激励人们向上向善、孝老爱亲,忠于祖国、忠于人民”[③]。农村社会公德建设是农村文化道德建设的重要一环,关系到农村新型人际关系的建立,是社会主义新农村建设的重要内容之一。特别是在城镇化和城乡一体化不断推进的今天,社会公德建设有其特别重大的意义,它关系到农民人际交往关系乃至生活方式的转变,即其生活方式由传统到现代、由乡村到城市的转变,关系到农民全方位顺利进入城镇,成为新市民。

一、农村社会公德建设现状

在传统农耕社会,农民生活于农村狭小封闭的空间中,生活在熟人社会中,与此相适应,中国传统伦理重视私德的培养,重视家庭伦理的构建与维系,对于受中国传统文化浸染至深的当今乡村,人们重德性修养,而缺乏规范意识,特别是有关现代社会的行为规范。在传统乡村,人们重敬老爱幼的家庭伦理,亲朋好友、邻里熟人互帮互助的家族伦理,道德约束往往局限于熟人之间,而缺乏与陌生人的交往之道。随着农村经济社会的发展、新农村建设的推进,农民拥有越来越多的公共设施、公共生活和公共空间;随着城镇化的推进,农民进城,进入陌生的环境,生活于陌生人中间,生活在公共空间,如何与人交往,取信于人。农村和农民的生活空间和生活方式面临巨大的变迁,他们不得不面临公共意识、公德意识和公共空间行为方式的培育,社会与政府也有责任培育农民公德,推进农村社会公德建设。

---

① 毛泽东文集[M]. 北京:人民出版社,1993: 67.

② 习近平. 决胜全面建成小康社会 夺取新时代中国特色社会主义伟大胜利 [M]. 北京:人民出版社,2017: 45.

③ 习近平. 决胜全面建成小康社会 夺取新时代中国特色社会主义伟大胜利 [M]. 北京:人民出版社,2017: 43.

近年来在“新农村建设”和“美丽乡村建设”中，各地在推动农民生活方式和行为方式与农村不断完善的公共设施和公共服务相适应、推动农村精神文明和社会公德建设方面提出了很多新举措。

（一）实事求是提出差异性道德规范

社会公德是人们在长期社会生活中逐渐积累起来的，最基本、最简单的“起码的公共生活规则”①。它一般是指社会公共生活必需的公共秩序、文明礼貌、公共卫生等影响社会公共生活的行为规范。公德的内容不是一成不变的，它根源于公共生活，随公共生活的变化而变化，由农村到城市、由实际到虚拟，公共空间、公共生活的变化，必然导致公德的变化。2001年10月20日中共中央印发《公民道德建设实施纲要》，对社会公德的主要内容和要求做了明确规范，具体原则是：“文明礼貌、助人为乐、爱护公物、保护环境、遵纪守法”。具体说来，文明礼貌是人们在日常人际交往中应当共同遵守的道德准则，它要求人们在互相交往中相互尊重，态度真挚和善，语气和悦亲切等，在公共场合遵守秩序，仪表整洁，讲究卫生，相互尊重等；助人为乐则要求人们主动关心他人，特别是帮助身处困境的人，做到“遇难相帮”“见危相救”，热心公益，积极参与诸如赈灾、助学、救助贫弱等，做到有钱出钱，有力出力；爱护公物就是要做到公私分明，不占用公共财物，爱护公共设施等；保护环境就是要增强环保意识，不仅要“金山银山”，要“绿水青山”，还要从自己身边的小事做起，努力养成有利于环境保护的生活习惯和行为方式，如节约资源、能源，杜绝铺张浪费，不乱倒垃圾、污水，不践踏花草，不损坏各种美化环境类设施等；遵纪守法，指每个公民应知法、守法、护法，不做违法乱纪的事。社会公德建设作为农村精神文明建设的一部分，长期以来受到党和各级政府的重视，各级政府在实践中根据各地实际，提出了许多适合当地人生产、生活的具体公共生活行为规范，以推动社会公德在农村落地生根。

1. 力求树立正确的价值观

农村社会公德建设首先要立本。人的行为模式很大程度上取决于人的价值观、人生观，要使人的行为合乎规范往往有赖于其树立正确的价值观、人生观，所以社会公德建设重要的是人们树立正确的价值观。社会主义核心价值观是社会公德的基础，是公德建设的“本”，因此农村社会公德建设首要的是在农村加强社会主义核心价值体系教育，为农村社会公德建设提供价值观基础和保障。社会主义核心价值观是社会主义核心价值体系基本价值理念的集合体，是社会主义核心价值体系最深层的精神内核，是社会主义先进文化的精髓，在整个精神文明建设中居于主导和支配地位。在农民群众中“倡导富强、民主、文明、和谐，倡导自由、平等、公正、法治，倡导爱国、敬业、诚信、友善，积极培育社会主义核心价值观”，才能弘扬社会正气，培育文明风尚，塑造崇高人格，培育和谐人际关系，从而推进社会公德建设。

十八大以来，福建各地党委和政府，用电视、广播、报纸、墙报、公共电子屏幕、网络、戏曲、民间艺术等各种喜闻乐见、行之有效的方式，结合具有福建特色的朱子文化、家族文化及乡约文化等，使社会主义核心价值观在农民群众心中生根，为农村社会公德建设提供

① 列宁选集：第3卷[M]. 北京：人民出版社，1995: 191.

了基础和保障。

2. 力求使农村社会公德建设符合农村实际

农村公共道德规范要符合农村乡土生活实际。农村公共生活与城市公共生活有很大不同。农村中生活与生产是结合在一起的，农村既是农民的生活空间又是农业生产的场所，因而农村公共道德规范的内容与城市公共道德规范的内容有所区别。提倡邻里团结，相互帮助，互谅互让，家庭和睦，孝敬老人等；保护水利设施，合理用水，不侵占耕地，保护、维护好村级公路和灌溉设施等；搞好以改水改厕为中心的家庭卫生，禁止乱砍滥伐，反对垃圾随意堆放、占用公共道路、畜禽散养散放、随处排泄粪便等；不偷盗，不打架斗殴，不寻衅滋事，不赌博，不参加封建迷信活动等。

根据当地实际和人们在公德方面面临的突出问题，福建各地提出较有针对性的要求。在省政府层面，针对时有发生的行人闯红灯、开车违规、随地乱扔垃圾、用餐浪费、红白喜事大操大办、言谈举止粗俗、不文明旅游、传播网络低俗文化、经济生活不诚实守信等不文明行为，省文明委决定在全省推行“八不”行为规范。“八不”行为规范包括安全出行不违规、垃圾分类不落地、节俭用餐不浪费、红白喜事不奢办、言谈举止不粗俗、文明上网不低俗、旅游观光不任性、经济生活不失信等八个方面[①]。推动各地从细节抓起，从小事抓起，培养行为之范，展现细节之美，弘扬文明之风，引导公民自觉克服和抵制不文明行为，提升公民文明素质，弘扬福建文明新风尚。

在我们调查的农村，特别是在城乡接合部，面对农村侵占集体林地、公共用地乱搭盖，第四届“全国文明村”——厦门同安区五显镇垵炉村提出“不占一分地，不抢一方土，人人守规矩，户户见和乐”的口号，劝阻农民拆除违章建筑，退还公共用地，做到既爱护公物又美化家园。这种基于新农村建设，要求农民保护环境，绿化美化庭院，不乱扔垃圾、垃圾集中收集，家禽不散放散养等做法，具有针对性和现实性，农民普遍如同并积极践行。

3. 力求使农村社会公德建设符合新农村建设

我国农村快速城镇化，亿万农民进城务工、经商、生活。新农村建设使农村“净化、绿化、硬化、亮化、美化”，农村也逐渐拥有大量公共场所或设施，如图书室、文化会堂、棋牌室、体育场馆等。农村村村通公路，公路硬化，交通设施日渐齐备。随着生活富裕，农民住进洋楼，汽车等交通工具在农村普及率日益提高。农民逐渐拥有城市居民般的生活环境，其生活方式和行为方式必须与新环境相适应，遵循一定的行为规范。因此各地适时要求农民做到不随地吐痰，不乱扔垃圾，不践踏草坪；乘坐公交车时，应排队，不拥挤，不争抢座位，礼让老弱等；开车、骑车、过马路时，不抢道，不加塞，不闯红灯；在商场等公共场合不大声喧哗，不乱涂乱画，不乱停车辆等。

中共福建省委、福建省人民政府在《关于印发〈福建省新型城镇化规划（2014—2020年）〉的通知》中要求，有序推进农业转移人口市民化，人的城镇化将成为核心任务。人的城镇化一方面是推进农业转移人口享有城镇基本公共设施、基本公共服务、基本公共保障；另一方面，农业转移人口生活方式变迁，应具有与新生活相适应的公共道德修养，能在城市生活得舒适。

① 高建进. 福建推行“八不”行为规范 [N]. 光明日报，2016-09-20.

(二)农村公共设施建设水平逐步提升

人改造环境，环境改造人，人的生活方式是环境的产物，人的生活习惯是在环境中形成的，人的行为往往是应对环境、他人的自觉选择。道德心理学揭示的个体道德形成的规律表明：社会成员的道德品行是在社会环境中形成的，其特质与其生活的家庭、社会环境密切相关，而人的行为的选择则很大程度上取决于当下环境，以至于在社会生活中会产生"加脏现象"和"保净现象"①。"加脏现象"指的是，在公共环境卫生领域，在"脏乱差"的环境中，一个有道德认知和道德感的人，其道德意志也会出现懈怠，而放任自己的不良行为，出现在"脏乱差"环境中乱吐、乱扔现象。这既是一种从众心理，也可以看作美国学者所谓的"破窗现象"。其结果就是陷入恶性循环，即人们所处的环境越脏，随地吐痰和乱扔垃圾的概率越大，人们越是乱吐、乱扔，环境就越脏。事实就是如此，在嘈杂的环境中，你不得不提高嗓门，而你嗓门越高，环境会越嘈杂。而"保净现象"呈现的是与之相反的行为类型：在洁净的环境中，人们的道德意志往往会发挥控制功能，即能够控制自己的乱吐、乱扔等不良行径，在红地毯上那些随地吐痰成习的人都会节制。这就进入良性循环：人们不忍心把洁净的环境弄脏，就使得环境越优美洁净；环境越优美洁净，人们会越注重维护。可见，人们的行为习惯、社会公德意识与环境的整洁有序有着密切的联系，农村良好社会公德的形成，需要创设相应的公共环境和社会风尚。

农村公共设施、公共环境建设，是农村社会公德建设的硬件建设，相对于城市而言，既具艰巨性，又具急迫性。由于我国城乡二元结构，城乡社会经济发展严重不平衡，与城市迅速现代化相比，农村经济发展相对滞后，农村公共设施不足和环境卫生"脏乱差"。曾经，土路上尘土飞扬，路边塑料袋随风飞舞，村边生活垃圾乱堆，村里禽兽粪便满地，炊烟灰尘弥漫等，而随地吐痰、乱扔垃圾等成为一些农民的习惯。毋庸置疑，根治农村普遍存在的陋习，光靠社会教育提高农民的道德意识是不够的，特别需要加大公共治理力度美化农村生活环境，形成与其传统习惯不一样的整洁环境，形成让农民觉得不良生活习惯在此不好意思做甚至不敢为的环境和氛围，迫使其改变不良行为习惯。而农民的道德素质、生活方式与农村社会经济发展水平相一致，反过来有利于公共设施的建设和维护。农村公共设施建设与社会公德建设是一个整体。2015 年 11 月福建省委办公厅、省政府办公厅印发《关于深入推进农村社区建设的实施意见》，明确了农村社区建设的工作目标：以全面提高农村居民生活质量和文明素养为根本，将公共设施建设与文明素养结合起来。

《关于深入推进农村社区建设的实施意见》要求根据地位、社会经济发展水平，对各类村庄提出不同的要求，提出了"千村整治、百村示范"工程，整治 1 000 个以上村庄，打造 100 个以上美丽乡村示范村，对一般村庄侧重"环境综合整治"，主要抓好旧房裸房和生活环境整治，做到村容整洁、环境干净。其中对 1 000 个重点整治村，以整治旧房裸房、垃圾处理、污水治理、村道硬化、村庄绿化为重点，全面改善村庄环境景观面貌，提高农村人居环境水平。而对 100 个美丽乡村示范村，按照"三整治、三提升"的建设标准。

"三整治"：一是整治旧房裸房。根据村庄传统建筑的特点，采取个性化外墙装饰或外

① 王淑芹，刘丁鑫. 新农村社会公德建设机制研究 [J]. 江淮论坛，2010(3).

墙统一简易装饰，保护墙体安全；清理房前屋后违章搭盖，保护具有传统建筑风貌和历史文化价值的房屋，形成整体建筑风貌，打造“一村一韵”“一村一景”，体现乡村风格和地域特色；慎砍树，不填湖，少拆房，保护村庄原始风貌。二是整治生活环境。深化家园清洁行动，积极推动村庄生活垃圾分拣收集、源头减量、资源利用；建立“户分类、村收集、镇转运、县处理”的生活垃圾收运处置体系；加快村庄日常保洁和垃圾清运制度建设，完善垃圾处理设施，配足专职或兼职保洁人员，保障资金投入，做好村内道路和公共场所保洁，实现村庄保洁常态化，做到环境净化、路无浮土；清理房前屋后杂物，有序堆放柴火，规范晒衣架，实施家禽家畜圈养；治理乱拉杆线，电力、电信、有线电视等线路杆线排列整齐，有条件的可实施弱电缆线下地；规范村庄宣传栏、广告牌、灯箱、店招等设置，清理乱贴乱画。三是整治农村污水。合理选择雨水排放和生活污水处理方式，提倡“雨污分流”，生活污水和农业生产、养殖业污水应集中处理达标排放；规模较大、居住集中的村庄生活污水应采用经济有效、简便易行、工艺可靠的处理技术进行集中处理；靠近城镇污水集中收集系统的应优先考虑接入城镇系统集中处理；加快无害化卫生户厕建设或改造步伐，合理配建水冲式公厕。

“三提升”：一是提升基础设施建设水平。重点推进乡村道路硬化，提高乡镇通行政村的道路标准，道路硬化延伸至自然村；改善村庄内部交通，设置排水设施、照明设施和道路标志；完善农村饮水工程，解决饮水安全问题；完善农村卫生室、农村敬老院、农家书屋、农民体育健身、小学幼儿园等卫生医疗、文化体育、教育服务设施，推进新一轮农网改造升级工程，建立健全村级综合服务场所；加强防灾避灾场所和消防设施建设，消除生产、地质灾害、道路交通、火灾等的安全隐患。二是提升乡村经济社会发展水平。培育发展休闲观光农业和乡村旅游业，大力发展居家旅游，打造“一村一品”“一村一业”特色产业，推进农业规模化、集团化、集约化发展，延伸农业产业链，增加村集体和农民收入；推进乡村社会建设，维护农村社会和谐稳定；以创建文明村镇为载体，逐步树立尊老爱幼、邻里和睦、见义勇为、扶贫济困的文明新风；保护传承传统建筑文化、民间文化、农耕文化、山水文化等乡村文明。三是提升生态保护管理水平。开展生态村和绿色村庄创建活动，加强乡村水土流失区综合治理，推进“四旁四地”绿化；保护古树名木，种植乡土树种，发动村民开展房前屋后绿化花化，建设面积适宜、乡土气息浓郁的村民休闲活动场所和公园绿地，推进田园绿化、庭院美化；整治和疏通河塘沟渠，加固山体边坡，绿化裸露地块，保护山水田林、水乡风韵和山村风貌；乡镇政府建立生态保护和环境维护长效管理制度，村庄制定村规民约，加强日常管理，保障资金投入，确保人居环境整治有成效、不反弹；积极探索乡村参照城市居住小区物业管理模式，试行社会化、公司化经营。

“三整治、三提升”将农村环境的整治与传统乡村风貌的保护，农村公共设施和公共服务、农村特色经济的发展、农村环境的保护结合起来，要求在建设美丽乡村的同时，将农村社会公德建设和道德文明建设结合起来，在环境外在美的基础上，建立善美的民风。

《关于深入推进农村社区建设的实施意见》在福建各地得到较好的实施。我们调查的W市五夫镇，是著名古镇，镇上街道小巷众多，呈鱼骨状布局。最主要的是兴贤古街，其贯穿兴贤村、五一村和五夫村。古街的建筑得到维护，违章建筑被拆除，生活垃圾由专人收集，街道设置垃圾桶，公共道路有清洁工每天打扫，干净整洁。古镇从籍溪引渠而入，顺着兴贤古街而下，贯通街区，与古街中众多的古井形成便利的生活用水体系；水源得到充分保护，村民自觉维护水质干净。美丽溪水边成为人们聚集、交流的主要场所，展现出一派人与自然和谐相处的景象。

而我们调查的Q市坑仔口镇，在美丽乡村建设过程中，建设垃圾填埋场和焚烧炉3座，垃圾中转站1座，全面完成了改水、改厕工作。镇政府在污水处理、垃圾处理、民房装修等项目上投入资金460多万元。3年中计划投资2 000万元，完成镇村的道路和路边景观的修建，已经投资290万元对镇村道路进行亮化、美化。2016年投资720万元实施古厝修缮、水体保护、红色文化广场等环境美化项目。

农村公共设施的建设，为农村社会公德建设提供基础，而公共设施的完善倒逼农民培育公共生活道德和公共生活行为规范。

（三）加强管理和引导

社会公德建设作为精神文明建设的一部分，是党和各级人民政府的基本任务。社会公德有关公共利益，实际是在政治法律的边缘，有些失德行为，如严重违反"爱护公物、保护环境、遵纪守法"，对公物、环境造成严重破坏，是违法犯罪，因而在社会公德建设中政府负有不可替代的责任。农村社会公德建设也是一样，政府在这方面必须加强管理。

福建省各地基层政府以文明村镇建设为载体，对镇村公共设施、公共生活秩序加强了管理力度。

1. 市容村貌的维护

在村镇张贴违规广告、招贴，占道经营，违规搭建等违背公德的行为，也违反了国家的法律。对建筑物墙壁、玻璃门窗、电线杆、路灯柱等上张贴的广告和悬挂的横幅的清理和管理，理应成为政府的日常工作。一些对农村环境造成危害的现象，如乱砍滥伐，滥用农药和化肥，滥用塑料包装袋、农用地膜白色垃圾等，还有农民燃烧秸秆，水产养殖场、家禽和牲畜养殖场对环境的影响，涉及政策和法律及相关技术问题，也有赖政府的介入。而对农村占地乱搭建的整改，则是各级政府最棘手的工作。

还有就是城市生活垃圾对周边乡村环境的影响。现在很多中小城市处理生活垃圾基本上还是拉到郊外的大型垃圾场堆放、填埋，于是，很多城市的周围便出现了许多巨大的垃圾场。垃圾场内的垃圾随风或水四处扩散，对周围的农村环境产生了极大影响。这些现象的整治也有赖政府的管理与协调。

2. 加强农村文化市场管理

随着经济的发展，人民生活水平的提高，农村文化市场越来越活跃，这极大地丰富了农民的精神生活。但农村地区的文化市场在很大程度上是监管的盲区，各种迷信、黄色等腐朽低俗文化和伪劣文化产品乘虚而入。所以，加强对农村文化市场的管理和引导，抵制消极、腐朽、落后文化对农村文化阵地的腐蚀，是基层政府和文化管理部门的重要责任与任务。在文明镇村的建设过程中，福建各地基层政府对农村文化市场加大了监管力度，对歌舞厅、网吧等文化娱乐场所加强管理，切实堵塞精神污染源，净化社会风气。另外，各地成立文化礼堂、文化广场等，鼓励文化下乡，扶持内容健康、积极向上的文化活动。对农民自发的文娱演出活动给予经济上的支持和业务上的指导，动员群众积极参与，不断提高农民的文化生活品质。

3. 对不文明现象进行劝阻

政府和社会各界有义务向农民宣传现代生活的规则，如安全出行不违规、垃圾分类不落地、节俭用餐不浪费、红白喜事不奢办、言谈举止不粗俗等，并引导他们遵守。在全国文明村镇建设过程中，福建各地政府通过各种方式向农民宣传社会公德行为规范，如我们调查的武夷山等地运用公共场所、农村住户围墙，建设农村"文化墙"，宣传"八不"行为规范和传统家训等，宣传社会公德；在节日集市，如我们亲历的莲花节，出动志愿者，维护公共秩序，对人们在公共场合的不文明行为进行劝阻。

4. 动员群众参与

道德说到底是自治自律，新农村道德建设的实质性发展最终还是要凭借农村自身内部力量的生长。社会公德与其他道德原则一样，其特性是普遍性，它通常是笼统的抽象性原则，如"文明礼貌、助人为乐、爱护公物、保护环境、遵纪守法"，应结合生活实际落实为具体的规范。在社会公德建设中，福建各地往往在特定场合树立诸如"礼让老人""孕妇优先""不要喧哗""严禁闯红灯"等标志，使公共道德与人们的行为、生活方式结合，并避免道德空洞。

在农村社会公德建设中，福建各地动员农民制定合乎乡情良俗的村规民约，为村民提供具体的道德行为准则，并且力求使规范内容实现乡土化，切合农民的生活，合乎农民的表述方式。这发挥了村民自治功能，而且由村民讨论共同制定合乎当地实情的村规民约，使村民易于识记、遵守和评价，实现了村民的自我道德诉求，是对村民道德主体性的尊重。另外，对公德的奖励与谴责，也应注意扶持和依赖农村道德建设过程中的自我教育和管理的各类组织，如红白理事会、计划生育协会、禁毒禁赌会、社会道德评议会、村民代表议事会和老人协会等。这些组织既是这些规则、规范的制定者，也是维护者。

（四）创新教育手段

在农村社会公德建设过程中，福建各地创新教育手段，力求行之有效。

1. 重传扬

各地政府在道德文明建设和社会公德建设方面组织了大量的活动进行宣传和教育。在我们调查的Q市坑仔口镇，该镇建立了干部道德讲堂，每季度都会在道德讲堂举行各种形式的活动，如观看文化宣传片、邀请专家进行讲座、自愿进行道德讲解等。还建立了幸福礼堂，分设道德文化馆、民俗文化馆以及乡贤文化馆。道德文化馆主要宣扬好人好事以及"五好家庭"等，营造学习先进模范的氛围；乡贤文化馆主要展示当地有德行、有才能、有声望、颇受本地民众尊重的贤人，力求发扬优秀乡风民俗。

2. 重传统

我们调查的W市五夫镇是理学家朱熹的故里，朱熹在此生活五十载，其理学思想在这里萌芽、成熟、传播。朱子文化遗迹在镇上留存众多，特别是朱熹故居紫阳楼、曾经讲学的兴贤书院、亲创的五夫社仓、朱熹撰并书刘公神道碑等。在文明村镇建设中，该镇充分利用和发掘朱子文化，建立朱子文化走廊，开展咏诵朱子家训活动，建设朱子文化广场，结合当地传统，对百姓进行道德教育，发扬朱熹重礼仪、正人心的传统，鞭策村民正衣冠、做好人、行善事。另外，该镇结合著名的朱子乡约和社仓优秀传统，开展百姓道德自治，由百姓自己订立乡规民约，农民自己的代表和乡村贤达每季对农民家庭成员的言行进行评价，每年评选出"五好家庭""星级文明户"等。

此外，五夫镇还注意结合当地传统家族文化。五夫镇有许多大家族，如刘氏、林氏、彭氏、王氏、张氏等，其旧居、书院、寺庙、家祠、牌坊等保存完好，并有流传许久的家规，曾经起到教育家族子弟正直守法、解决家族内部纠纷的作用。当地政府鼓励各家族发掘这些家训资源，根据新形势订立新家训，成立家族委员会，成立助学养老济困基金，弘扬家族文化和美好家风，助人为乐，推动家风家训落实到生产生活和日常言行之中，落实到实现个人理想和家庭幸福实践之中。

3. 重传承

五夫镇在当地朱子学校建朱子文化走廊，让少年儿童耳濡目染；编写《朱子文化家庭读本》，依托学生，向家庭、社会宣传中华优秀道德传统，从小孩做起，让小孩监督，使优秀的中华道德代代相传。每年在教师节，学校还模仿祭拜朱子古礼，宣传传统礼仪文化，让孩子培养遵礼仪、守规矩的习惯。

在坑仔口镇，当地依托科技文化馆等场所，组织学生诵读《三字经》《弟子规》等，并利用春节、清明、端午、中秋、重阳等传统节日，向村民表演、诵读，让孩子和大人感受道德规范的熏陶。

4. 重阵地

在过去，祠堂、家庙往往是举行封建迷信的场所，传统节日往往是草班子表演低俗、下流节目的时机。针对这种情况，五夫镇利用著名家族的祠堂作为道德、文化讲堂，向村民、游客进行传统文化、社会公德、社会主义核心价值观教育。在当地重大节日"莲花节"，组织文化下乡活动，宣传先进文化，开展家庭炒螺丝、剥莲子比赛等，鼓励家庭成员齐心合作，用优秀文化、先进文化占领阵地。

5. 重媒体

在社会公德和精神文明建设过程中，福建各级政府通过本地广播电视台、橱窗板报、公益广告、文化墙等形式，宣传道德规范和行为规范，同时利用新型媒体如微博、微信等形式，如五夫镇就开设"寻芳五夫朝圣朱子"微信公众号，在播放本地消息的同时，向人们特别是青少年广泛宣传社会主义核心价值观、传统文化、公民道德规范和公共行为规范等。

二、当前农村社会公德建设存在的问题

在新农村和美丽乡村建设过程中，社会公德建设全面推进，但农村道德建设包括社会公德建设仍存在着一些问题，必须引起重视。十九大报告指出："人民有信仰，国家有力量，

民族有希望。要提高人民思想觉悟、道德水准、文明素养，提高全社会文明程度。”①

（一）政府方面存在的问题

第一，思想认识不足。一些政府机关人员把农村道德建设与农村改革、发展割裂开来或者对立起来，他们追求经济效益，认为道德建设是虚的，是没有收益的；有些工作人员认为这是宣传部、文明委的事，是政工部门和文教部门的事，自己无责任去管。

第二，领导重视不够。在具体工作中，不少地方领导重城市轻农村，重经济发展轻道德建设，有的领导干部嘴上重视，但在实际工作中把道德建设当成装饰品，作为陪衬。

第三，工作机制不健全。在农村道德建设方面，存在领导体制不健全，缺乏协调机制和经费保障机制，特别在基层，缺乏专人负责，工作随意性大，存在着靠上级督促检查来保证落实的状况。

第四，工作不到位。基层工作队伍人员不稳定，通常一人身兼数职，一些工作人员不知道农民道德建设工作的特点，脱离农民生活实际，未能很好正视和解决农民思想道德中存在的疑问，重布置轻落实，重形式轻实效。

第五，政府投入不够。在一些农村地区，政府在公共设施方面投入不够，农村道路虽然硬化，但普遍狭小，交通标志不明显，不适应农村社会经济发展。卫生环境设施建设滞后，很多地方不通自来水，缺乏污水管网和污水处理系统。一些镇工业比较发达的乡镇，产业以煤矿、纸业等为主，污染较严重，当地污水处理系统不能满足需要，对周边农村环境造成破坏。

我们调查的五夫镇，是理学宗师朱熹的故乡，2015 年政府对朱子文化遗存遗迹最集中的兴贤古街进行修缮，同时对部分文物古建筑进行修复布展。但本级镇政府的财力有限，上级投资建设资金较少，使得很多分散的文化遗存遗迹没有得以完整修复，古街上一些古建筑被荒废；对于游客要爱护公物的宣传、管理力度也不够，一些游客的不文明行为对这些古物都有不同程度的破坏。

（二）农民自身存在的问题

随着新农村和美丽乡村建设的推进，农村社会公德建设取得很大的进展，但农民素养的提高依旧任重道远。

1. 文明礼貌方面

一些农民社会公德意识依旧淡漠。随着农村经济的发展，农村机动车增多，但农村道路狭小，人车争路，无论是驾驶员还是行人，交通规范意识、礼让意识缺乏，特别在高峰时期交通秩序混乱，交通事故时常发生。一些村民普遍年纪偏大，受习惯影响，在村镇街道不改乱窜、乱扔垃圾、大声吵闹、随地吸烟等陋习。

在农民家庭，家庭责任感弱化，年轻人在外打工，教育抚养儿童的重任落在老人身上。中华孝道丧失，年轻人用经商打工赚的钱建起洋楼，但老人蜗居老屋，这种现象屡见不鲜。

---

① 习近平. 决胜全面建成小康社会 夺取新时代中国特色社会主义伟大胜利 [M]. 北京：人民出版社，2017: 42.

农民尊老不足，爱幼有余。一些村庄为宅地，为道路、饮水污水管道的铺设，互不退让，邻里关系紧张。由于政治经济利益的纠葛，农村宗族的大姓与小姓之间、宗族内部成员之间、邻里之间、家庭内部之间，各种矛盾纠纷也大量存在。

2. 助人为乐方面

在农村，家族观念依然强烈，宗族势力活动抬头，在婚丧嫁娶等事宜中，互相帮助是传统习俗；一些家族成立救困助学基金，对困难家庭、新大学生提供资助，而对于家族外陌生人的困难却往往漠视。对于修路造桥、更新教学设备等公益事业，少有人组织，没钱的出不起，有钱的不愿拿，讲利益的多，讲奉献的少，基层政府因此难以推进。

3. 爱护公物方面

一些农民自私利己，对公共事务缺乏关心。在现实生活中，一旦涉及自身利益又会采取利己主义立场，只顾"小家"不顾"大家"，有些甚至采取种种不正当手段，为方便自己的交通、自家农田的灌溉，随意改动道路和灌溉设施。一些人为一己之私，霸占公共的土地、山林建造住房，进行生产经营活动，面对政府的取缔，甚至暴力抗法。

4. 保护环境方面

出于巨大经济压力，一些农民砍山建茶园、果园，造成水土破坏。在农村，牲畜家禽散养依旧普遍，对环境压力大。一些养殖场缺乏必要的环境保护设施，对环境造成破坏。农民乱砍滥伐行为时有发生。

5. 遵纪守法方面

一些农民学法、知法、守法、用法的意识不强，对用法律武器维护自身合法权益不够熟悉，寻求法律帮助的途径不清楚，当自身无法无力解决时，往往采取找领导、上访或直接面对面动拳斗殴，使矛盾进一步激化。一些封建迷信和陈规陋习沉渣泛起，算命、赌博、偷窃、诈骗等歪风邪气在一些地方比较突出。

市场经济的负面效应未得到有效遏制，群众的诚信观念淡薄，道德缺失，部分农民特别是部分青年农民精神空虚，追求格调低下的文化娱乐，赌博、嫖娼现象时有发生。为追求经济利益，制假售劣，不讲诚信的行为也时有发生。

三、原因分析和对策建议

（一）原因分析

1. 城镇化进程中农村传统价值观面临多元文化的冲击

随着经济发展、城镇化进程加快，人们的生活水平日益提高，农民的生活方式和生活状况日益改善，随之而来的城市文化，特别是西方文化给农村原有的传统文化、道德观念带来巨大冲击，农村精神文明建设和社会公德建设方面面临着巨大挑战。

首先，城市商品经济的观念冲击着农民传统的思想观念。城镇化发展以经济建设和发展为核心，受此影响，一方面，农民追求个人财富的心理不断膨胀，村民中贫富差距逐渐拉大，出现了阶层分化，农民财富意识、个体意识、创新意识、法治意识、参与意识、平等意识都有所增强；另一方面，拜金主义、享乐主义盛行，唯利是图、金钱至上观念严重，正义感、责任感淡薄，各种不道德行为时有发生。农民的思想意识和道德观念表现出不平衡性和多样性，处于矛盾复杂的状态之中。

其次，市场经济的消极影响。市场经济为传统农耕文明注入了活力，增加了农村发展的动力，但是它带来的消极影响是不能忽视的，即个人主义泛滥而集体主义淡化。随着市场观念深入人心，人们在追求财富的过程中盲目追求个人利益，利己主义盛行，个人利益往往会凌驾于集体利益、国家利益之上。比如一些农民开垦山地种植茶树引发水土流失，一些工厂以破坏环境、浪费资源为代价争取最大利润，往往为一己之利置环境、公共利益于不顾。这一方面颠覆了重义轻利的传统，另一方面也侵蚀着传统的互助互爱、助人为乐等观念，对农村社会公德建设更加不利。

2. 农民自身素质的影响

根据调研我们发现，在农村，大量青壮年外出打工经商，受教育程度高、素质高的年轻农民定居城镇。目前留守农村的村民大多年纪大，文化水平明显偏低，在缺乏引导的状况下很难自觉遵守社会公德。一方面，他们本身文化水平有限，思维能力不足，思维方式保守，另一方面，受农村传统思想中落后的庸俗利益观的影响，在参与政府举办的道德教育活动或文明创建活动中，很多人只看重经济效益而忽视思想道德内涵，或是以一种看热闹的心态去对待，更注重其中的娱乐性，辜负举办者的良苦用心。

3. 农村青少年教育问题重重

近二三十年，大量农村青壮年离乡进城务工经商，由于我国的城乡二元对立，农民工的子女不能在城市就学、落户，大量农村儿童成为留守儿童。父母疏于管教，爷爷奶奶有心无力，很多小孩在道德修养、文化教育方面有所欠缺，这些孩子很多已经或即将成人，他们向往城市，但往往缺乏知识与技能，不能在城市扎根。他们游离在城乡之间，面对城市生活、不良生活方式的诱惑，他们容易走上违背世风良俗甚至违法犯罪的道路。如何教育、引导、管理这部分青少年，家庭、社会、政府面临重大考验。

4. 基层组织领导乏力

社会公德建设需要政府的引导、示范和管理。在农村城镇化过程中，基层政府更注重物质财富的增长，重视经济发展，对农村公德建设、精神文明建设重视不够，办法不多。另外，一些基层干部在农村领导乏力。在城镇化过程中，在农村发展规划，特别是土地征用、拆迁过程中，政府工作粗暴，甚至与民争利，村民与政府的关系恶化，政府公信力降低，形象受损。还有些地区在村民选举中拉选票现象严重，村领导自身的合法性和公信力受到质疑，这也影响基层组织工作的开展，影响其在农村公德建设中发挥作用。

（二）对策建议

第一，切实统一思想认识，加强组织领导。政府要认清自己的职责，提高对农村公德建设重要性的认识。公德建设属于软实力，它与农村经济建设让农民富起来一样，同样属于基层政府职能中的重要内容。各级政府应健全齐抓共管的领导机制，努力形成党政联手、部门联抓、群团联动的工作格局，完善“一把手”目标管理责任制，把农村道德建设的实绩作为考核和评价党政主要领导、衡量整个领导班子是否具备统筹全局能力的重要依据。

第二，加强队伍建设，建立投入保障机制，从制度上对农村道德建设的投入予以保障。乡村应设立文化专员，专人负责。另外，应建立经费的投入保障机制，特别是对边远贫困山区，省市一级的人民政府应加大对其公共设施、公共服务的投入。一方面，加大基础设施的规划和建设，如垃圾处理项目的投资、绿化带的建设和维护等；另一方面，加大农村文化教育宣传设施建设，加大对农村广播、电视、微信平台、报纸、宣传栏、文艺活动、文化活动器材的投入，推动文化下乡，大力支持农村文化活动的开展，使精神文明建设和社会公德建设深入人心。

第三，坚持分类指导，对不同地区、不同经济发展水平的农村，因地制宜，分类指导。对经济相对落后的地区，应侧重扶贫"输血"，促进农村经济发展，做好"环境综合整治"文章，教育农民树立整洁卫生的生活习惯，做到村容整洁、环境干净。对经济相对发达的地区，应强化美丽乡村建设，全面改善村庄环境景观面貌，教育农民树立与现代生活相应的公德观念和行为方式，提高农村人居环境水平。

第四，政府要加强自身道德建设，改善政府形象。政府在进行社会公德教育中首先要注重自身道德素质的建设，以身作则，夯实基层政府诚信道德基础，提高工作透明度，加强为村民服务的意识观念，从而提高基层政府权威。其次要厉行法治，将公德建设制度化、合法化。无规矩不成方圆，农村社会公德建设可以与村规民约相结合，使农村公德建设做到有章可循。同时加大执法力度，使农村公德入于心、见于行。

第五，发挥基层群众作用，探索工作新路。农民群众是农村思想道德建设的主体。要加强农村思想道德建设，就要充分发挥农民群众的主体作用，调动全体村民共同参与。要将社会公德建设与村民的实际生活和切身利益相结合，运用各种生动活泼的形式将社会公德具体化、形象化。健全以村党支部为核心，以村委会为依托，以共青团、妇联、民兵组织为骨架的组织网络，充分发挥其在道德建设中的作用。扶植农村道德建设过程中自我教育和管理的各类组织，如村民大会、红白理事会、社会道德评议会、村民代表议事会和老人协会等。利用农村退休干部、教师和致富带头人，发挥其在道德宣传、道德评议中的作用。

第六，创新教育手段，完善考评机制。充分利用媒体，通过广播、电视、网络、报纸等各种形式进行宣传教育。完善考评、奖惩机制，将人们遵守公德的情况与扶贫帮扶、农村集体经济分红等结合起来，对遵守社会秩序、维护公德建设的给予奖励，破坏公德建设和社会秩序的予以惩罚，力争在短时期内改善农村面貌。不只是实现农村外在环境美化，还要培育农民良好行为习惯和农村良善民风。

第三节 乡土文化资源的传承与利用

关于"乡土文化资源的传承与利用"的调查和研究，调研组主要以开展座谈交流、与村民进行深入访谈及文化资源探寻三种形式展开。从具有传统文化特色的五夫镇和典型城镇化特色的坑仔口镇的现状出发，以点带面，多方位了解整个福建省在对乡土文化资源的传承与利用中的现状和普遍存在的问题。综合其他调研组的调查结果以及对相关资料的总结，探索当前存在的问题，并揭示和分析其背后的原因，结合大环境、大背景，提出相应的解决或缓解问题的对策和方案。

一、乡土文化资源传承与利用的现状及存在的问题

考察乡土文化资源的传承与利用，必须首先清楚什么是乡土文化。“乡土文化起源于农业社会，是中国传统文化的重要组成部分，其本质是农业文化，是在一个特定的地域内发端、流行并长期积淀，带有浓厚的地方性色彩的文化，包括物质性文化和非物质性文化两个层面，是物质文明、精神文明以及生态文明的总和。因此，各个不同地区的乡土文化具有一些共同特点，都包含了诸如语言、习俗、价值观、宗教信仰、社会组织形式等农民群体祖辈形成的文化因子，是特定区域的共性文化积淀，具有鲜明的地域特色，既涵盖了中华传统文化中的一些共性因素，又涵盖了具有地方特色的民风、民俗、价值观和社会意识。”① “乡土文化就是在乡村中的长期共同生活里所形成的乡村特有的、相对稳定的生活方式与观念体系总称。”“就乡土文化的范围而言，如果从表层结构、深层结构和意义结构来对文化进行分类，任何文化都将包括物质文化、规范文化和表现文化三层结构。”② “所谓乡土文化不同于当下的乡村文化，它主要指乡村文化中发端于农业文明的原生文化，由三个层面构成：一是风俗习惯，二是精神信仰，三是娱乐活动。”③ 可见，对乡土文化内涵的理解见仁见智，但乡土文化所具有的一些公认的特点是毋庸置疑的：一方面乡土文化是历史悠久的、具有地方特色的原生农业文化；另一方面，乡土文化涵盖农村传统文化的方方面面，无论是硬件还是软件都有乡土文化的痕迹存在。所以，对乡土文化资源的传承与利用是一项极其庞大又复杂的工程，涉及物质与精神的方方面面。我们通过对当地传统文化艺术、风俗习惯、道德礼仪、宗教信仰等方面的考察，对福建省乡土文化资源的传承与利用情况进行了初步的探索与分析。

在对乡土文化资源传承与利用过程中，我们重点考察了福建省 W 市五夫镇以及 Q 市永春县坑仔口镇，对两地关于乡土文化资源传承与利用的现状及问题进行了初步探讨和总结。

五夫镇位于 W 市东南部，距武夷山风景名胜区 45 千米，到市区 60 千米，东与浦城石坡镇接壤，南与建阳崇雒乡毗邻，西与建阳市将口镇交接，北与本市上梅乡相连；管辖 1 个居委会，翁墩村、兴贤村、五一村、五夫村、典村村、溪尾村、田尾村、毛厂村、大将村、汀溪村、古亭村等 11 个行政村。五夫镇的主要特点是：一是历史文化悠久，文化资源丰富。五夫镇开埠于晋代中期，迄今已历时 1 700 余年，自古有“邹鲁渊源”之称，历代名人辈出。朱熹 14 岁时因父亲病逝随母到五夫投奔父亲好友刘子羽，从此在五夫从学、著书、办学授徒、生活长达 50 年，因此五夫也有“朱子故里”“五夫理学之邦”的美誉。2010 年，五夫镇被列入国家历史文化名镇。现有兴贤古街、兴贤书院、刘氏宗祠、连氏节孝坊、朱子社仓、五贤井、朱子巷、紫阳楼、半亩方塘、朱熹手植古樟、灵泉、刘公神道碑、屏山书院遗址等 30

① 曹云，周冠辰. 城镇化进程中乡土文化的保护困境与有效传承策略 [J]. 现代城市研究，2013（6）.

② 胡映兰. 论乡土文化的变迁 [J]. 中国社会科学院研究生院学报，2013（6）.

③ 李中扬. 乡土文化认同危机与现代性焦虑 [J]. 求索，2012（4）.

多处景点间。此外，五夫镇的文化资源还有龙鱼戏、茶艺等。因此，五夫镇的文化旅游业近几年来逐渐受到关注并发展起来，主要以文化建设来促进经济建设，提高人民生活水平。二是五夫镇山清水秀，生态资源良好。五夫镇地势四面环山，中间平原，东有海拔 1 157.7 米的营盘山，南有海拔 1 026.8 米的笔架山，西有海拔 614.5 米的蜡烛山，北有海拔 797.8 米的梅岭山。全镇拥有林地 19.6 万亩；阔叶林、针叶林、毛竹，相互交错，层层叠翠，森林覆盖率达 77.05%。“万亩荷塘”的建设使五夫镇呈现出“十里荷花红似火，万亩森林绿无边”的美景。三是农业资源丰富。五夫镇地貌整体呈现“八山半水分半田”的格局，主要农产品为优质稻、白莲、烤烟、食用菌等，茶叶也有种植，但正在逐渐减少。

坑仔口镇地处永春西部的天湖山麓，全镇总人口 18 258 人，主要有西村、诗元村、魁斗村、西坪村、福地村、洋头村、杏村村、景山村等 8 个行政村；以发展农业为主，农作物主要为水稻和茶叶，同时大力促进工业发展，扎实推进经济发展。根据政府工作报告及取得的成就，近年来坑仔口镇加快农村文化改革步伐，加大投入，不断加强文化基础设施建设，大力发展文化事业。一方面，深挖红色文化，牢记革命历史。坑仔口镇革命历史文化悠久，被称为解放战争时期永春的“西柏坡”。2011 年投入资金建设乡镇文化站并设立玉坑革命历史纪念馆，以文化长廊的方式展现了玉坑革命根据地的发展历史和革命成果，发展具有当地历史特色的红色文化。另一方面，在文化基础设施建设方面，例如在诗元村的人民会堂建立幸福礼堂，幸福礼堂主要由三个部分组成：道德文化馆、民俗文化馆、乡贤文化馆。道德文化馆主要宣扬好人好事以及“五好家庭”等，营造鼓励先进的氛围；民俗文化馆主要展览当地风情民俗以及乡规民约，旨在将乡村文化传承下来；乡贤文化馆主要展示当地有德行、有才能、有声望而为本地民众所尊重的贤人。幸福礼堂进一步发扬了优秀乡风民俗及优秀文化。

（一）乡土文化基础设施建设

文化资源的传承与利用需要一定的物质基础的支撑，因而基础设施建设必不可缺。五夫镇主要建设朱子故里，保持当地的古建筑群落及一些具有特色的建筑，至今五夫镇仍保存着古色古香的宋代兴贤古街、兴贤书院、五夫社仓、朱子巷、朱熹亲手撰写的“刘公神道碑”等古迹，而且重建了紫阳楼，修复了五贤井、七市街、半亩方塘、三市街牌坊等多处历史文化古迹，使文物古迹得到有效保护和合理利用。这些举措对促进朱子文化旅游有非常重要的意义。坑仔口镇设立玉坑革命历史纪念馆，以文化长廊的方式展现了玉坑革命根据地的发展历史和革命成果，还建立了幸福礼堂，分设道德文化馆、民俗文化馆以及乡贤文化馆，进一步发扬优秀乡风民俗。然而由于农村经济相对落后，基础设施建设仍然不完善。一般来说，不完善的基础设施可分为以下两类：第一，与文化自身传承相关的基础设施。这类主要是一些乡土文艺的表演、比赛场所。农村文化建设的关注度一直不是很高，因此到目前为止，缺乏专门的文化活动广场的农村仍不在少数。第二，与文化利用相关的基础设施。较多的乡土文化在利用时都有考虑转化为旅游资源的形式，在这种情况下基础设施的问题更暴露无遗。首先，交通是一个必须面对的问题。农村大多偏远，交通不便，这对旅游业的影响可想而知。以此次调研走访的五夫镇为例，既是朱子故里，又有“白莲之乡”

的美称，旅游资源可谓丰富，地处偏远且道路条件差的问题却在一定程度上限制了当地旅游业的发展。其次，发展旅游业所需的其他基础设施也是农村所欠缺的，例如宾馆、接待中心等。

（二）农村文化人才队伍建设

十七届六中全会指出：推动社会主义文化大发展大繁荣，队伍是基础，人才是关键。对于乡土文化资源的传承与利用，人才资源的作用同样重要。

1. 人才储备不足

人才的重要性不言而喻，对于乡土文化而言更是如此，甚至可以说农村文化人才队伍是农村文化建设能否成功的根本，只有具备优质的人才队伍，才能更好地理解、推广乡土文化，从而更好的传承与利用。但就文化建设的要求来说，农村文化建设过程中普遍存在着人才资源总量不足的问题。一方面，随着经济的发展和城镇化的推进，农村人口不仅存在萎缩的现象，并且整体也趋向老龄化。农村青壮年外出务工的情况较为普遍，留在农村的则大多是以务农为主或是基本无劳动能力的老年人，因此，农村中能够从事文化建设事业的人极少。另一方面，作为社会的年轻力量，外出求学的青少年大多选择留在城市工作生活，返回乡村投身文化建设的少之又少，这直接导致了农村人才资源的流失。

2. 专业人才能不足

据调查，在五夫镇和坑仔口镇都存在这样的问题：政府专业人才不足以及民间乡土文化能人消减。现阶段农村文化人才队伍总体素质不高，专业知识欠缺。首先，当地基层领导告诉我们从事乡土文化事业的专职人员缺乏，高素质人才进不去。行政人员“兼职”负责文化建设事业的现象比较普遍。这种情况极有可能导致文化工作开展活力不强，影响力受限。由于很多工作人员并非专职从事文化建设，其精力被其他工作占据，并不能专心负责文化建设工作，效果必然大打折扣。同时，非专职人员自然也不具备专业知识，而由于缺乏对乡土文化认识的专业态度，不能真正挖掘、体会乡土文化的内涵，文化建设工作很可能演变为任务指标的完成，显然不能做到真正的传承。这也是许多民间民俗文化面临后继无人的窘境的原因。其次，民间乡土文化能人逐渐减少，包括民间文学、民间音乐、民间舞蹈、传统戏剧、曲艺、杂技与竞技、民间美术、传统手工技艺、传统医药、民俗等，这些都需要以人为载体去传承，但是目前的状况是文化能人队伍缩减严重，面临后继无人的危险。

（三）对乡土文化的认同现状

乡村人民文化程度及教育水平整体不高，大多注重眼前利益，很多时候会忽视文化传承和利用所带来的长远利益，因此在本地文化的保护上一直处于被动状态。一般情况下主要是政府引导才做，否则就不会积极主动地去进行相关的工作，甚至因平时生活节奏被打乱而对政府的积极倡导产生抵触情绪。像五夫镇古街村民对政府所采取的对古街维持旧貌的政策有所不满，坑仔口镇的红色文化传承活动也并没有使村民提高参与的热情和积极性。本地村民也并没有主动去了解学习本地文化的内涵，对自身的文化并不了解，对其背后沉淀千百年的历史厚重感也缺乏思考，意识不到文化传承的实际意义和充分利用文化资源的巨大价值。

同时，对于下一代的教育也很少涉及本地文化，没有将之融入平常生活中。这样文化对每一代人的渗透力都会减弱，乡村文化缺少了代代相传的途径，很容易出现传统文化的断裂。文化的传承和文化资源的利用是一个长久的过程，量变才能引起质变。村民的群众意识会直接影响政府长期的政策执行，一旦群众始终在文化传承活动中处于消极状态，那么很多相关工作都会开展不到位，文化的传承面临着断层。

另一个原因是城市文化等的外力入侵造成农民对本地文化的认同减弱，农民工进城打工，很多人已经渐渐熟悉了城市文化，他们的返乡以及打工二代的出现，对农村文化产生极大影响，是对传统文化的侵蚀还是对传统文化的发展都还待探讨。

（四）政府与村民之间的关系

在农村，由于各方面的原因，当地基层政府与村民之间常发生一些矛盾冲突，在政府不能有效协调处理的情况下，必定会引发村民的不满情绪，导致政府公信力降低，从而影响村民对社会主义核心价值观的认同度。在乡土文化传承与利用的过程中存在很多这样的矛盾。从长远的历史进程看，中国农村的管理制度经过不断的发展与完善越来越趋于民主化和公开化，村民代表由群众选举并对群众负责，他们代表村民发出自己的声音，与政府进行沟通和协商。在这个过程中，民众的声音不断被放大。其结果是：一方面促进了政府与民众之间的沟通和相互理解，另一方面则使得原本就难以调和的矛盾更加突兀和难以化解。在当今农村的乡土文化传承与利用中，这种矛盾存在并且在较长一段时间都将存在，这种问题将得到改善还是恶化，是对农村基层政府与村民严峻的双向考验。

（五）乡土文化知名度不高

虽然大多数农村拥有比较丰富的乡土文化资源，但难以将其有效地利用起来。其中一个很重要的原因就是当地文化的知名度不够。在调研中我们发现，在福建省，部分文化资源丰富的乡镇产生“保护、利用文化资源”的意识较晚，起点较低，缺乏知名度，难以吸引优良的平台和资金。除却村民、乡镇政府自己的努力，文化资源的知名度这一点也不可或缺。缺少知名度是大部分文化乡镇亟待解决的问题，打响知名度对于这些乡村来说是“从无到有”极为关键的一步，也是一个比较漫长的过程。

在宣传推广方面还缺乏更科学、更有效的方式。对网络媒体的利用还不够完善，报纸、广播、电视、网络、手机等媒介都是传播和推广文化的手段，但是随着文化旅游业等第三产业在农村的逐渐起步，农村文化建设对网络等传播媒介的使用还在构建和探索阶段。或将文化、经济、政治三者合一，例如将文化资源发展为旅游资源，以带动当地的经济发展。这种有效的利用借助多方面的力量反过来提高了文化的知名度从而进一步传承和发展是比较常见的方式。

（六）乡村文化市场化严重

在乡土文化资源的传承与利用过程中，市场化现象比较严重。当前，在一些当地特色文化的发扬过程中，基本都会赋予文化本身一定的经济价值，主要目的则是从中获取经济利益。由于并没有着眼于文化本身，过度重视经济利益而轻视文化内涵，这些文化在传承与利用过程中逐渐变得只有形而没有神，这样文化传承就仅限于文化的经济效益和经济价值。

传承过程中浮于表面，“很不走心”。只有一种文化能为当地民众带来实际利益与价值，人们才会大力宣传发扬，一旦这种文化失去其经济价值，其下场就可想而知。目前的情况就是文化传承的功利性太强，人们并不真正了解和重视文化的内涵和其本身的价值，利用时过于商业化，而没有让优秀文化真正地发挥它应有的作用。长此以往，很多本该具有重要社会价值的文化就会逐渐消失，而剩下的那些所谓传统文化将不可避免地成为披着文化外衣的赚钱工具。“保护和建设具有独特性的文化传统、乡村景观、乡村意境，是新农村文化建设的一项极其重要的基础工程。乡村文化建设，既不是按照城市文化的模板塑造一个无根的插花，也不是拒绝现代文化而固守传统的古藤老树。”① 这样为追求经济效益而打造的农村文化，可想而知会是怎样的不伦不类。

此外，政府在文化建设过程中也渐渐流于形式，大多仅为装饰外观，张贴横幅，并没有真正地将文化普及。由于种种原因，村民对当地文化并不真正了解，对它的历史、现在以及未来的发展等等都不太了解。更多的是借助传统文化的“招牌”来增加政绩，长此以往，文化的精神将会荡然无存，空留文化外衣，美则美矣，却毫无灵魂。

二、原因分析

（一）基础设施不完善

基础设施作为乡土文化的物质载体，在乡土文化资源的传承与利用中具有非常重要的作用。但真正的情况是农村的文化基础设施建设并不完善，还有许多需要改进和完善的地方。基础设施的不完善是造成乡土文化资源传承与利用不理想的主要原因之一，而造成文化基础设施不完善的主要原因是多方面的。

1. 土地资源不足

费孝通教授在《乡土中国》中指出：“土”是农村人的命根，以土地为生是常态。我们通常认为，农村应当是地多人少的情况，尤其与城市相比，因此土地资源似乎不应成为农村文化基础设施建设的阻碍。但事实并非如此。首先，福建山地居多，即便是农村，真正可利用的土地也是比较有限的。其次，与农业用地的冲突明显，农村以农业发展为主，农业本身对土地的需求量是较大的。再次，近年来农村生活水平得到一定提高，想改善居住条件的人也不在少数。在调研走访中，无论是与村委会工作人员的座谈会还是与当地村民的访谈都有提及土地矛盾。据村委会工作人员称，统一规划商业用地仍存在困难，当地住民更愿意将土地资源用于改善自身住房条件而非基础设施建设，对于接待中心、文化馆等利于乡土文化传承的基础设施的建设等问题还有待商榷。

2. 公共资源配置不合理

公共资源配置不合理也是造成基础设施不完善的原因之一。一方面，城镇化发展过程

① 朱启臻，马腾宇. 正确处理乡村文化建设的两个关系 [J]. 中国农业信息，2012（9）.

中的不平衡发展，造成公共资源的配置向城市建设倾斜，而农村建设则相对处于弱势。"以城市为中心的公共资源和公共服务配置格局没有改变"，"以城市为中心的制度性体系，把城市摆在公共资源和公共权力配置的中心，而农村则被放在次要的和边缘的位置。改革开放以来中国城乡公共资源配置的差距也是在扩大，从而影响城乡发展差距"。① 农村在资源配置中处于弱势地位，资源分配不公，同时农村资源被无偿或低偿转向城市，城市又将困难转给农村，形成城市对农村的"殖民模式"。② 这种资源的不公平分配在乡土文化方面具有很大影响，主要表现在政府对农村文化建设的投入力度上。另一方面，在农村，无论是基层政府组织还是村民本身，都更注重物质利益的发展和获得，对乡土文化资源传承与利用方面的态度是显而易见的——只是有兴趣或有余力才去建设，更多的精力则是放在生产生活上。因此，对于公共资源更倾向于经济建设方面，而将文化建设边缘化。

3. 资金投入不足

经费紧张是一个显而易见又非常普遍的原因。文化基础设施建设需要大量的资金支持，但农村文化建设很难得到足够的资金支持。一般来说，农村文化建设的资金主要有以下几个来源：各级政府拨款、社会资本或产业资本的投入、农村金融机构投入、社会募捐、农村产业收入、村民集资等。但事实上对于大多数农村来说，除各级政府专项拨款和村民集资，其他渠道的投入是非常有限的，大多数农村周边企业数量和规模都有限，本身也没有自己的产业收入，所以一些不受关注的农村基本得不到社会资助和金融机构贷款。而当地基层政府通常能力有限，无法提供充足的资金。在文化建设方面，上级拨款与村民集资也是杯水车薪，并不能真正解决问题。

（二）乡村文化人才队伍建设困难

人才队伍是乡土文化传承与利用中的中坚力量，"人才是实现民族振兴、赢得国际竞争主动的战略资源"③，对乡土文化资源的传承与利用产生决定性影响。但目前由于种种原因，乡村文化建设人才队伍发展极度不平衡，这对乡土文化资源传承与利用产生了很大的不利影响。

1. 农村人口结构变化

农村人口外流，造成人口结构发生变化，同时也造成乡土文化资源在传承与利用方面的断层。根据调查我们发现，在年龄分布上，有能力的青壮年在大都市中定居，一部分在外打工，还有一部分青少年在外求学，留在农村的大多是一些文化水平比较低的中老年人和小孩。在性别分布上，外出打工的多为男性，留在农村的女性比较多。人口外流现象在整个农村地区随处可见。农村人口的外流，不仅造成人口结构的变化，同时也拖慢文化建设步伐。人口外流通常伴随着人才流失，因而农村人口外流的趋势会导致本地优秀人才留不住。人口萎缩的农村要建设优秀的人才队伍是有很大的困难的。同时，农村人口的外流也导致乡土文化的底蕴被破坏，远离家乡也逐渐使他们对乡土文化的认同感大大减弱，乡

① 陈学艺. 当代中国社会结构 [M]. 北京：社会科学文献出版社，2010: 269-270.

② 陈学艺. 当代中国社会结构 [M]. 北京：社会科学文献出版社，2010: 258.

③ 习近平. 决胜全面建成小康社会　夺取新时代中国特色社会主义伟大胜利 [M]. 北京：人民出版社，2017: 64.

土文化资源的传承与利用面临断层的危机。费孝通教授指出乡土社会的特性之一就是农民依附于土地，一代一代下去，不会有太大变化，但是随着城镇化进程的推进，这种特性已经逐步丧失。“我们可以想象，以农为生的人，世代定居是常态，迁移是变态。”[①]这在乡土文化资源的传承与利用方面也是说得通的。

2. 农村吸引力小，人才难以引进

首先，农村的生活条件、就业机会、发展前景等相较于城市完全没有优势，从生活水平的角度出发，很少有人会放弃城市的生活选择农村，从农村本身人口外流的趋势也可预见，在各方面吸引力都不够的情况下，吸引城市人口进入农村是较难的，因此也就缺乏吸引外来优秀人才的条件。其次，农村文化建设工作人员的待遇不高，留住现有的专业人才都有困难，要想引进高素质的人才更是没有吸引力。

3. 基层政府重视度不够

因为生活条件等原因导致农村人口外流或是外来优秀人才无法引进都是客观现象，在这种情况下，就更加需要政府的帮扶。正如十八大所指出的，坚持面向基层、服务群众，加快推进重点文化惠民工程，加大对农村和欠发达地区文化建设的帮扶力度。但很显然基层政府的工作仍有待改进。更多时候，政府本身对于人才的重视度就不够，或是放任农村人才队伍自由发展，或是计划居多，落实不够。总之，基层政府在“培养人才，引进人才，改善人才待遇”等方面的作为还远远不够。

4. 乡土文化教育缺失

在乡土文化的传承过程中，青少年是主要继承者。然而由于青少年阅历有限和对城市文化的向往，他们更加喜欢现代都市生活及文化，对乡土文化不感兴趣或是接触不多，从而缺乏对乡土文化的认同感。同时学校教育受到师资力量、应试教育的影响，对乡土文化教育不重视，学校的乡土文化教育和传承功能弱化。因此，乡土文化在教育传承上呈现一种缺失的状态。

（三）现代化进程中的文化认同危机

文化认同是一种群体文化认同心理，是一种个体被群体的文化影响的心理，对自身文化的强烈认同是一种精神力量，也是对文化自觉传承的不竭动力。文化认同往往着眼于国家与民族的层面，而从微观方面来看，一个乡村也需要文化认同，乡村文化认同同样是当地人精神力量的来源和文化发展的动力。但这种高度的文化认同感往往很难建立，非一朝一夕所能形成的。如果人们对自身的文化不了解，目光仅仅局限于文化的经济价值，无法认同文化背后更加深刻的内容，那么在传承过程中则只能发现文化最表面的一些东西，也只能用最庸俗的货币价值来衡量文化价值。

随着改革开放的发展，现代化进程脚步加快，乡土文化也逐渐在各种现代化政策以及多元价值的冲击下被边缘化，村民们在现代化进程中出现了对乡土文化的认同危机。

1. 产业结构调整的结果

第一、二、三产业结构调整也是产生上述现象的一个重要原因。随着国家产业结构优

① 费孝通. 乡土中国 [M]. 北京：北京大学出版社，2012: 11.

化升级，工农业在国民经济中所占比重逐步下降，第三产业成为扶持发展的重点，而生产力发展也使农村发展的问题不断暴露，农村产业结构没有完全适应市场经济要求，"种粮难以致富"成为现实。文化产业发展的重要载体——旅游业这一新兴的第三产业就成了各城市甚至各乡村发展的重要渠道。在农村当地有可以传承发展的文化时，政府则会主导进行旅游业的开发。这种开发注重物质层面的乡土文化建设，而忽视精神情感价值方面的重塑，本末倒置。这在五夫镇表现得较为明显。政府修复兴贤村、朱子故居等会产生经济效益的老建筑、老景观，对与乡土文化沾边的人物故事进行大力宣扬等，主要目的是吸引游客，发展旅游业。在与一名村民的访谈中就发现，当地每年一届的"莲花节"，参加或观看的本地人很少，大多为游客，而游客多为走马观花，对其中的文化内涵不甚了解。

2."离土又离乡"冲散了以土地为中心的村社文化认同[①]

城市对农村人口的吸引，使很多村民放弃对土地的依附，流动于城镇之间，冲击着由宗法秩序形成的稳定的社会结构和社会文化。家庭联产承包责任制的实行，使农民有更多支配自己经济活动的机会，因此，部分农民更倾向于选择去城市寻求更多的劳动收益。所以，大量村民尤其是青壮年开始脱离传统的宗法制的社会，从而渐渐丧失对传统文化的认同。

3.现代化与市场经济的必然产物

随着改革开放和现代化的发展，社会经济蓬勃发展，同时享乐主义、拜金主义思潮等各种价值观念也涌入农村社会，对乡土价值观念产生强大冲击。随着市场经济高度发展，市场经济的游戏规则成为主流，金钱地位越来越重要，成为一切商品经济行为顺利进行的必要媒介，而当商品经济发展到一定阶段时，金钱成为很多人生活的主要目标。因此，金钱便成为社会关系的衡量标准，甚至出现"有钱能使鬼推磨"的想法。这种价值观逐渐渗透到农村，导致重利益而轻内涵，在乡土文化资源的传承与利用中扭曲了文化传承的意义。乡土文化中的礼仪道德、价值情感、习俗观念等在市场化和现代化的浪潮中被彻底边缘化，致使农村的文化认同逐渐丧失。"市场经济的游戏规则阻碍了观念层面乡土文化的复兴与回归，原子化的个人情怀、功利主义的人际交往规则和物质主义的主流价值观削弱甚至扼杀了乡土文化的价值。"[②]在费孝通的《乡土中国》中，他提到"礼俗社会"与"法理社会"，乡土社会里，人与人是熟悉的，"在一个熟悉的社会中，我们会得到从心所欲而不逾矩的自由。这和法律所保障的自由不同。规矩不是法律，规矩是'习'出来的礼俗。从俗即从心，换一句话说，社会和个人在这里通了家"[③]。"乡土社会的信用并不是对契约的重视，而是发生于对一种行为的规矩熟悉到不假思索时的可靠性。"[④]这就是乡土文化中特有的社会秩序，"维护礼俗的力量不在身外的权力，而在身内的良心"[⑤]。而现代化造成的多元价值观以及市场化的游戏规则，已经让这种乡土文化中的"礼俗"观念逐渐丧失，不断变动的社会产生一种"变态"，结果就是严重的文化认同危机。

① 孙斐娟.进入现代的农民文化命运与新农村建设中的农民认同再造[J].社会主义研究，2009(6).

② 谢治菊.转型期我国乡土文化的断裂与乡土教育的复兴[J].福建师范大学学报(哲学社会科学版)，2012(4).

③ 费孝通.乡土中国[M].北京：北京大学出版社，2012: 14.

④ 费孝通.乡土中国[M].北京：北京大学出版社，2012: 15.

⑤ 费孝通.乡土中国[M].北京：北京大学出版社，2012: 93.

4. 农民主体性地位被掩盖

在乡土文化资源的传承与利用中，农民是主体，政府是主导。“散布于广大农村的乡土艺术家们生在农村，长在农村，他们的艺术养分直接来自于农村，和农民有着天然的相通性，是农村文化事业中最活跃的因子。”[①] 最朴素的乡土情怀、最纯粹的乡土气息，只有农民的本色上演，才能展现出原汁原味、形神兼备的乡土文化。政府在乡土文化建设中则更应该体现主导、领唱的作用。然而现实中并非如此。就目前来看，农民作为乡土文化资源传承与利用的实践主体和享受主体的地位没有显现或是彻底被忽视，政府则僭越职能，包管包干，因而在发展过程中农民对自身的乡土文化的认知越来越淡薄，越来越多的村民不了解自身的传统文化。

（四）政府与群众之间的矛盾尖锐

根据调查我们发现，政府和群众之间的矛盾越来越尖锐，也越来越成为乡土文化资源传承与利用的一大阻碍。

1. 乡土资源较为稀缺引起的政群矛盾

这里的乡土资源主要指的是土地资源。福建省由于独特的地理条件，其土地资源主要具有以下几个特点：

（1）山地、丘陵众多，宜耕地少。福建境内峰岭耸峙，丘陵连绵，河谷、盆地穿插其间，山地、丘陵占全省总面积的 80% 以上。

（2）占地总量小，人均占有量低。全省土地总面积 12.14 万平方千米，占全国土地总面积的 1.29%；人均土地面积 0.034 平方公里公顷，不到全国人均土地面积的一半，是最少的省份之一。

（3）耕地中高产田少，中低产田多。

（4）土地资源空间分布的地域差异显著。闽东南地区土地总面积约占全省的 34%，而耕地面积占全省的 47%；闽西北地区土地总面积约占全省的 66%，而林地面积占全省的 76%。

由以上这些特点可以看出，闽北、闽西地区农村可利用的土地资源较为不足。土地资源作为农村发展乡土文化的重要基础资源，直接归属于民众，但受到政府的监管和控制；政府和民众都想利用有限的资源最大限度地达到自己的目的，当土地资源稀缺时，政府和民众对于土地利用的渴求更加急切，从而加剧了由于政府与民众之间利益分歧而产生的矛盾，使得其更加难以调和。

2. 政府与民众具有不同的利益出发点

首先，政府的利益出发点是乡镇的长远发展，而民众的利益出发点是个人获得的利益。两者一个宏观，一个局部，一个长远，一个狭隘。各自坚持各自的立场，很难在问题的处理上达成一致。其次，政府对文化传承的考虑范围广，文化、经济、政治三者拉成一张网，文化中有经济，经济中有政治，综合考虑，缺一不可，而民众对文化传承的考虑则很单一，大多数民众都将个人的经济利益摆在第一位而凌驾于其他两者之上。此外，政府利用传统文

① 徐学庆. 调动各方面力量共同推进新农村文化建设 [J]. 理论前沿，2006（7）.

化资源发展文化旅游业，利用文化产业发展当地经济，在一定程度上只是发展了乡土文化的物质方面，对于其中精神的、情感的方面没有继承和发展，而且相对来说还是一种间接的破坏。

（五）乡土文化宣传推广不到位

1. 政府对内宣传不到位

宣传文化工作作为一个软指标，在基层各项工作中往往是“说起来重要，做起来次要，忙起来不要”。现实情况是，虽然宣传思想文化工作同其他工作在年初一样被列入计划，但在实际落实中，往往在经费、人员以及制度的落实上都得不到保障。此外，即使能够落实宣传，也基本都是对外进行，利用文化或招商引资或吸引游客，忽视对内宣传的重要性，导致群众对于自己的文化反而知之甚少，很多时候不明白文化传承的重要性和必要性，不了解本地文化的价值。只有当自己真正了解自身的文化，对外的宣传才能有事半功倍的效果。这一点是不能仅仅靠口头上或者是刷宣传标语、喊几句口号、贴大字横幅达到的。而目前政府的宣传却恰恰只是停留于表面，本末倒置。

2. 缺乏对本地乡土文化的对外宣传和推广

“重视文化传承、加强文化资源利用”的思想进入农村较晚，农村地区意识到知名度的重要性较晚，因此，打破原始局面最为普适和快捷的方法是宣传和推广。而如今农村乡土文化资源的知名度建立仍处于发展阶段，部分农村地区宣传推广的平台和方法仍不成熟，并且农村的经济因素、地理位置在一定程度上限制着其对乡土文化的宣传。现阶段，部分乡镇在对乡土文化资源的规划中，盲目盯准目标，在做好基础设施建设等内部建设工作时，缺乏对外部的宣传和推广，很难吸引人力和物力。这种对宣传的缺乏不仅仅表现为不重视宣传，还表现在盲目宣传，低效、无效宣传。

3. 邻近地区存在更具竞争力的文化资源

以五夫镇为例，五夫镇归属于 W 市，毗邻武夷山。五夫镇以朱子文化与莲花文化为乡土文化核心，而武夷山则拥有丰富的自然资源和悠久的茶文化。两者作为旅游资源相比较来看，武夷山凭借着更丰富的资源和更雄伟广阔的地理条件有着更强的竞争力和吸引力。因此，当在执行宣传任务时，五夫镇就会受到武夷山的影响而更难获得高关注度。这种竞争效应，尤其是在其中一方竞争力较为明显地高于另一方时，就会对关注度较低的那一方在短期内扩散知名度时产生一些负面影响和障碍。长此以往，蜂鸣效应的负效应和游客们的探索需求产生的正效应就会开始彼此抗衡，对进一步知名度的建设产生未知影响。

三、对策建议

（一）加大投入力度，完善基础设施建设

在对乡土文化资源的传承与利用中，政府必须给予高度的关注和支持。必须加大资金投入力度，完善文化基础设施建设。党的十七届六中全会上通过的《中共中央关于深化文化体制改革推动社会主义文化大发展大繁荣若干重大问题的决定》中对构建公共文化服务

体系、实现人民基本文化权益做了重要指示，指出："加强县级文化馆和图书馆、乡镇综合文化站、村文化室建设，深入实施广播电视村村通、文化信息资源共享、农村电影放映、农家书屋等文化惠民工程，扩大覆盖、消除盲点、提高标准、完善服务、改进管理。加大对革命老区、民族地区、边疆地区、贫困地区文化服务网络建设支持和帮扶力度。"强调了在文化建设中，政府必须加大资金投入，完善公共服务体系以及文化基础设施。对于乡土文化的传承与利用同样必须落实这一重要指示。乡土文化是农村文化的主要内容，在加强对乡土文化资源传承与利用的资金支出、基础设施完善这一方面，仅仅依靠层层组织与农民自身是不够的。政府必须发挥自身的职能，加大投入力度，支持作为乡土文化资源传承与利用的物质载体的硬件设施建设。在建设新农村规划中，五夫镇把朱子文化与乡村旅游紧密结合，朱子路、朱子客栈、朱子游乐园、朱子庙、朱子塔等一大批待建或在建的硬件设施用"朱子"命名，创建了一座处处弥漫朱子文化、座座建筑凝聚理学的优美集镇；同时整合教育资源，创建朱子学校，加大师资力量投入，培养乡土文化专业老师，建立具有乡土文化气息的乡村学校，当地政府在其中发挥了重要的作用。

（二）制定长期有效的规划和制度

政府还应做好制度层面的工作，制定有利于乡土文化资源传承与利用的长期规划和有效制度。做好乡土文化发展的长期规划，将乡土文化资源的发展与新农村建设、"三农"问题等结合起来，在引导、规划、管理方面保证乡土文化资源的传承与利用。建立制约和监督机制是纠正形式主义的有效方法。思想的正确需要较强的自制力，然而这种自制力却不是人人都具有的，此时就需要强有力的机制进行强制性约束，从而将乡土文化传承由表及里地进行下去。

（三）加强乡土文化人才队伍建设

1. 发掘和培育乡土文化能人

"重视发现和培养扎根基层的乡土文化能人。"乡土文化能人的发掘和培养在乡土文化的传承与利用中发挥着重要的作用。"乡土文化能人是指扎根基层、在文化领域拥有专长的各类文化人才。乡土文化能人中的大多数，或者拥有一技之长，或者擅长多种才艺，或者是某一个或多个文化团体（包括民间社团、群众文化团队）的带头人或领军人物，有广泛的知名度和社会影响力。"① 俗话说"高手在民间"，乡土文化源远流长，造就了一批民间文化传承人、乡土文化能人。他们大多是乡土文化的传承者，拥有一技之长，是乡土文化资源的宝贵财富。必须发掘和培养乡土文化能人，鼓励他们参与到乡土文化资源的传承与利用中，发挥他们的积极作用。另外要重视和激发培养乡贤，"上世纪四五十年代出生的人，经历了新中国的各个发展阶段，有着改革开放前后的体会与比较，既看到中国的进步和前途，也看到存在的问题和危机。他们中不少人有热情和担当，特别是刚退休的党政干部和教师等知识分子，他们的经济收入和身体状况良好，且大多出生于农村，有乡村记忆和'乡

① 黄江平. 重视发挥乡土文化能人在文化建设中的积极作用 [J]. 毛泽东邓小平理论研究，2014（1）.

愁'情怀。其中有些人是现实和潜在的乡贤。"[①] 乡贤是农村潜在的重要资源，对于乡村文明发展具有很独特的功能，对于文化建设有着重要意义，必须给予他们充分的肯定和鼓励，激发他们的自觉奉献精神，使其发挥积极作用。

2. 积极培养专业化人才

要充分意识到人才在文化建设中的作用，加大投入，培养专业的人才专门从事文化建设工作。在人才培养方面，首先要有全面的规划，对于如何培养、培养周期等要有清晰的认识，尽可能快地培养优秀的人才。其次，要重视对文化工作人员的再教育，文化工作人员的优势在于有工作经验，若是能辅以专业知识的教育，则在一定程度上能缩短人才培养的周期。最后，也要重视培养年轻人才，为文化人才队伍注入新鲜的力量。

3. 引进外来优秀人才

面对农村当地优秀人才不足的情况，要致力于引进外来优秀人才。当然，这个过程需要解决的问题仍有很多。首先必须要解决文化单位的待遇问题，不仅要引得进人才，更要留得住人才。其次要建立合理的人才引进机制，以合理的指标考查，确保引进合适且优秀的人才。

4. 提高群众参与度，打造本土人才队伍

除去具备系统专业知识的人才，本土人才也是一种独特的力量。文化建设工作既需要具备系统知识的人才统筹工作，也需要具备实践能力的人才从事乡土文化的传承。具体到民间民俗文化的传承，往往是本土人才更具优势。正如十八大报告中提及，要开展群众性文化活动，引导群众在文化建设中自我表现、自我教育、自我服务。在各种群众性文化活动中提高群众参与度，在本土人才中打造可以传承乡土文化的人才队伍。

（四）加强乡土文化教育，提高文化自觉

费孝通教授提出"文化自觉"的观点，指出当地人应该对自己的文化有自知之明，了解本地文化的历史与未来，实现文化的自我觉醒、自我反省和自我创建，并在这个过程中不加强乡土文化教育。

加强乡土文化的宣传教育，将文化建设与村民日常生活相结合，从基层抓起，举办群众喜欢的文化活动。建立健全文化相关的普及和宣传机构，真正使当地特色文化深入每一个村民心中，使村民提高文化自觉和自信，提高了解文化的积极性和主动性，从过于看重经济利益转变为感受文化给自己带来的思想领域的提升，从而成为自觉的文化传承者和享用者。让文化在村民心中鲜活起来，而不仅仅是一棵摇钱树。

此外，政府要改变对村民的乡土文化教育，不能停留于"喊口号"的形式。定期举办诸如文化演出和本地文化知识竞赛等活动，增强群众意识，促使村民主动了解并真正感受到乡村文化的魅力，如五夫镇的朱子文化和坑仔口镇的红色革命文化。还要以各种大众化、文娱性的活动来加强乡土文化教育。也可以在各村选拔有文艺爱好、文艺特长的优秀人才进行宣传教育，鼓励群众广泛参与。

要加强教育，树立正确思想观念。一方面，政府要端正指导思想，避免乡村文化传承过

① 吕福新. 激发培育乡贤　发展乡村文明 [N]. 浙江日报，2017-02-28.

程中的形式主义，树立正确的文化发展观念，做好正确的思想舆论引导，防止拜金主义腐蚀群众思想。在响应国家产业政策调整时能够合理安排，在文化开发、传承、发展过程中都能够起到“领头羊”的作用。同时，民众也要努力摒弃功利思想，不为其所累，发掘乡土文化的真正内涵与价值。

乡村学校要加强乡土文化教育。青少年是乡土文化的主要传承者，在学校教育中，乡土文化的教育必须加强，使青少年对本地乡土文化逐渐产生认同与兴趣，并逐渐养成乡土教育的文化氛围。同时，将乡土文化教育纳入教育体制之内，制定课程设置标准和考试要求，将其纳入考试范畴之中。

（五）扩大当地乡土文化的知名度

1. 制订宣传长期规划

根据当地实际情况，制订相应的宣传规划，扩大知名度。进行乡土文化的对外宣传，要注重实效性、科学性和创新性。实效性指必须取得一定的宣传效果，若仅仅限于形式，往往达不到长期有效的效果；科学性指必须根据实际情况，考虑受众，制订合理的规划；创新性则指宣传方法手段上的创新，包括对媒体网络的应用等。以制作宣传片、广告图在央视频道播出为例，这种宣传方式受众广，影响力大，对扩大知名度有着较为显著的效果。然而这种宣传方式也意味着高成本、高花费，在短期内较难直接实现获利的目标。而成本相对较低的宣传方式，例如在本县、本市电视台制作宣传广告，可开拓市场小，影响力小，对长期知名度的建设贡献较小。然而两者各有所长，如何搭配、如何交叉则需要乡镇政府详细制订规划，并科学落实。

2. 与竞争对手实现合作互利

面对竞争力较强的对手，政府之间协商实施一定程度的合作，例如进行捆绑宣传和资源的互通互享。捆绑宣传要针对外部宣传各自的差异，并充分发挥距离近的优势，一方面扩大乡土文化的知名度，另一方面产生“1+1>2”的效果，实现互利共赢。

第四章　全面深化改革背景下的农村社会发展

第一节　新型农村养老保险

一、新型农村养老保险制度概述

社会保障制度作为近现代社会文明的重要标志，是国民幸福感的重要源泉。所谓养老保险制度，是指国家和社会根据一定的法律和法规，强制征集社会保险费（税），并形成养老基金，当劳动者退休后支付其退休金，以保证其基本生活需要的社会保障制度，它是社会保障制度最重要的内容之一。十九大报告再次强调要加强社会保障体系建设，“按照兜底线、织密网、建机制的要求，全面建成覆盖全民、城乡统筹、权责清晰、保障适度、可持续的多层次社会保障体系”①。

我国长期以来形成的城乡二元结构，造成农村的经济发展相对缓慢，在农村还未建成具体的养老保险制度。我国的农村养老保险制度于 1986 年开始探索；1991 年，根据《国务院关于企业职工养老保险制度改革的决定》，我国开展了建立县级农村养老保险制度的试点；1997 年 7 月，国务院决定对已有的业务实行清理整顿，停止接受新业务，提出有条件的向商业保险过渡；1998 年，农村养老保险由民政部转交给劳动和社会保障部，开始进入清理整顿阶段，一直持续到 2002 年，这一时期，参保人数下降，农村养老保险出现倒退的现象；十六大以后，中央高度重视“三农”问题，在这种大背景下，农村养老保险得以恢复发展。在这二十几年的探索中，农村养老保险发展缓慢，试点地区主要集中在东部发达地区，在实施过程中遇到很多困难，农民工的退保现象频繁发生，农保机构管理效率低下。目前正在朝着深度老龄化社会快速迈进，农村出现了“未富先老”、多种困难并发的现象。②在此背景下，我国开始探索建立新型农村养老保险模式。

我国于 2009 年出台了《关于开展新型农村社会养老保险试点的指导意见》，确定了首批 320 个新型农村社会养老保险国家级试点县，启动“新型农村社会养老保险”（以下简称“新农保”）试点工作。在制度设计上，新农保实行农民自愿参保的原则，采取个人缴费、集体补助、政府补贴相结合的筹资方式。养老待遇由社会统筹与个人账户相结合。新农保是

① 习近平. 决胜全面建成小康社会 夺取新时代中国特色社会主义伟大胜利 [M]. 北京：人民出版社，2017: 47.

② 杨皖苏，胡庆玲. 我国农村养老保险现状分析与对策研究 [J]. 科技与产业，2008（2）.

由政府组织实施的一项社会养老保险制度，与家庭养老、土地保障、社会救助及其他社会保障政策措施相配套，是国家社会保险体系的重要组成部分。

作为一项惠及民生的国家政策，一方面，新农保有利于农民生活水平的提高。具体来说，新农保在一定程度上减轻了农村居民在赡养和照顾父母方面的经济负担，消除了农村居民养老的后顾之忧，提高了农民的生活质量，为老年人的日常生活提供了一定的物质保障。另一方面，新农保有利于破解我国城乡二元化结构。由于地域分布、历史、文化风俗等多种原因，我国城市和农村在经济发展水平和社会发展程度等方面存在着巨大差异，长期“重城市、轻农村”的经济政策导向和政策倾斜，使我国形成了显著的城乡二元化结构。基于城乡户籍制度的养老保险制度，从建立之初就按照“一国两策”的目标分设和差别化的模式分治，结果造成了我国城乡社会养老保险制度的非均衡发展，这严重影响到我国经济和社会的全面可持续发展，影响到全面建成小康社会目标的实现。新农保政策的出台，是国家养老保障体系在城乡一体化目标实施过程中的重要一环。它把人人享有养老保险的国民待遇作为基础性目标，并在城乡基本公共服务均等化条件下，通过制度的“并轨”和“整合”，逐步把城乡分设的养老保险制度演变为“制度统一、对象统一、水平衔接、管理统一、服务配套”的保障体系。[①] 可见，新农保有助于减轻农民的生活负担，亦有助于实现城乡一体化的改革目标，更有助于全面小康社会的如期建成，是一个互利共赢的好政策。

新农保与之前各地区开展的传统农村养老保险相比，区别主要有以下两方面：

第一，筹资结构不同。《县级农村社会养老保险基本方案（试行）》（该方案已由民政部于 1992 年 1 月 3 日印发）第三条规定：传统的养老保险资金筹集，坚持以个人缴纳为主，集体补助为辅，国家给予政策扶持的原则。个人缴纳要占一定比例；集体补助主要从乡镇企业利润和集体积累中支付；国家予以政策扶持，主要是通过对乡镇企业支付集体补助予以税前列支体现。而新农保的筹资渠道有三种：个人缴费、集体补助和政府补贴。这在一定程度上初步形成了农村养老保险的参保奖励机制，提高了农村居民参保的积极性。

第二，支付结构不同。“老农保”是由政府部门管理运作，农民自愿参保、缴费确定型的个人积累方式的养老金制度。相比而言，这种制度缺少社会性和福利性，不如新农保更具基础性、公平性和普惠性。

二、农村养老保险现状及存在的问题

自 2009 年开始实施新型农村社会养老保险制度，农民参保率大幅度上升，农民养老问题基本得到解决。据《2011 年度人力资源和社会保障事业发展统计公报》，至 2011 年末，全国有 27 个省、自治区的 1 914 个县（市、区、旗）和 4 个直辖市部分区县开展了国家新农保试点。[②] 参保人数为 32 643.5 万人，试点基金收入为 1 069.7 亿元，试点基金支出为 587.7 亿元，试点基金累计结余为 1 199.2 亿元，达到领取待遇年龄的参保人数为 8 921.8 万人。[③]

① 王晓东. 社会养老保险制度城乡统筹的路径研究：以内蒙古为例 [J]. 电子科技大学学报（社科版），2012（2）.

② 2011 年度人力资源和社会保障事业发展统计公报 [EB/OL].[2017-12-22].http://www.gov.cn/gzdt/2012-06/05/content_ 2153635.htm.

③ 国家统计局 . 国家数据 [EB/OL].[2017-12-22].http://data.stats.gov.cn/easyquery.htm?cn=C01&zb=A0S12&sj=2014.

以福建省各市区为例，福州的福清市，厦门的同安区、翔安区，以及漳州的芗城区等共计29个县（市、区）被纳入2011年福建省新农保试点，参保人数为767.22万人，试点基金收入为18.75亿元，试点基金支出为9.71亿元，试点基金累计结余为15.69亿元，达到领取待遇年龄参保人数为182.63万人。[①] 与新农保实施之初相比，无论是筹资金额、基金支出还是参保人数在全国均是成倍的增长（2010年新农保试点参保人数为10 276.8万人，试点基金收入为453.4亿元，试点基金支出为200.4亿元，达到领取待遇年龄参保人数为2 862.6万人[②]）。这充分表明我国的新农保自实施以来取得了令人瞩目的成就，但同时也存在一定的问题，例如农民参保积极性不高、养老金待遇偏低等。因此，我们主要是通过社会调研的形式，调查深化改革背景下的新农保的实施情况，从而发现其中存在的问题，并分析探究其深层次的原因，提出我们的一些想法和相应的政策建议。

受厦门大学马克思主义学院派遣，课题组成员带领暑期社会实践队于2016年7月中旬前往福建省L市，对其下辖的两个镇以及四个村和社区，进行了各个层面的调查，主要调查方法是问卷抽样调查法、访谈法。

（一）农村养老保险现状

此次调研的样本是福建省L市及其下辖的两个镇以及四个村和社区。L市属于福建省漳州市辖市，是国家持续高效农业示范区、海峡西岸对台农业合作试验区、福建省重要的农产品出口创汇基地之一，素有“鱼米花果之乡”的美称。L市历史悠久，繁荣富庶，自古以来就有“海滨邹鲁”“文献名邦”的美誉。南北朝时期，梁武帝萧衍于540年始建龙溪县，1960年原龙溪县和海澄县合并为L县。1985年，L县被国家确定为沿海首批开放县，1993年撤县设市，1996年划出郭坑、步文两镇成立龙文区。2009年，新农保制度在全国范围进行试点，L市更是于2011年被选入新农保在福建省施行的第一批试点名单。我们通过采访L市养老保险的主要负责人，进一步深入了解农村养老保险制度在L市及其辖区的实施现状。

据调查，养老保险根据时间划分为老农保和新农保两种类型。老农保于1992年在L市开始实施，开展到2007、2008年就基本停止了。2010年国务院出台新农保试行办法，在全国选取了一批试点县市，L市是福建省首个试点县市。最初，新农保基本的政策是，参保对象为年满16周岁（不含在校学生）、未参加城镇职工基本养老保险的农村居民和城镇居民。缴费档次分为12个档次，从100元到1 200元，居民可以根据自己的实际情况选择不同的档次；养老金待遇由基本养老金和个人账户两部分组成，按月支付，直至终身。国家规定每人每月发放55元的养老金，L市政府每个月增加10元，由市政府财政自行承担，因此，L市参加新农保的退休人员每月可领取基本养老金65元。在国家规定的每人每月55元的养老金中，由国家承担50%，福建省政府承担30%，剩下的20%由L市财政承担。这一新政策实施后，取得了比较好的社会效果。2014年，缴费档次调整为100～4 000元，其

① 国家统计局. 国家数据 [EB/OL].[2017-12-22].http://data.stats.gov.cn/easyquery.htm?cn=E0103&zb=A0S08®=350000&sj=2014.

② 国家统计局. 国家数据 [EB/OL].[2017-12-22].http://data.stats.gov.cn/easyquery.htm?cn=C01&zb=A0S12&sj=2014.

中福建省政府规定先前的 12 个档次不变，12 个档次以上的缴费空间可以由各地区酌情增加，国家对于缴费的居民都有对应比例的补贴。值得一提的是，2014 年 1 月 1 日，L 市首次实行了丧葬补助的政策，即 60 周岁以上去世的老人，一次性补助 20 个月的基本养老金。据调查，目前 L 市新农保的参保人员有 39 万余人，覆盖率达 90% 以上，60 岁以上的老年人有 10.2 万人，他们都享受了新农保的待遇。

我们还对 L 市紫泥镇的仁和村、巽玉村和海澄镇的大埕社区、溪头社区和海澄镇政府进行采访调查。通过与相关负责人进行座谈、对当地居民进行采访和问卷调查的形式，我们基本掌握了各个村与社区新农保的基本运行情况（如表 4.1 所示）。

表 4.1　各村、社区新农保基本情况

村 / 社区	人口（人）	经济来源、经济水平	参保率	养老观念：社会养老 / 家庭、儿女养老	反映的主要问题
仁和村	3 800	水产养殖，中等经济发展水平	89%	家庭、儿女养老	养儿防老观念根深蒂固；养老金待遇偏低
巽玉村	2 508	养殖、捕鱼和外出打工，经济水平较高	90% 以上	家庭、儿女养老	养老金待遇偏低
大埕社区	2 668	外出打工，经济水平较低		家庭、儿女养老	人口老龄化严重
溪头社区	3 200	外出打工		家庭、儿女养老	养老金待遇偏低
海澄镇	82 000	经济水平较高	90% 以上	家庭、儿女养老	养老金待遇偏低

仁和村：仁和村有村民 3 800 人，主要产业是水产养殖等，经济发展水平处于中等。新农保参保率为 89%，每人每年缴费 100 元，年轻人参保的积极性不高。通过对村民的采访，我们得知：更多的老人选择居家养老，不愿选择养老院等其他方式养老，养儿防老的观念根深蒂固，短时间内难以彻底改变；大多数的子女都是愿意赡养老人的，只有极个别表示不愿意；村民普遍反映每月 100 元的养老金太少，根本无法满足老人不断增长的养老生活需求。

巽玉村：巽玉村村民共计 2 508 人，村民的主要经济来源是养殖、捕鱼和外出打工，因此经济条件较好，居民的家庭收入和生活质量较高。新农保覆盖率在 90% 以上。村中老人一般都是居家养老，有的依赖子女赡养，赡养费依各自经济情况而有所不同，从每月几十块到几百块不等。有的依靠自己年轻时的储蓄进行养老。虽然村民都接受了新农保这种新型的养老方式，但是由于观念、历史、文化等原因，新农保仍无法成为村民主要的养老方式。

大埕社区：大埕社区地处 L 市旧县城、海澄镇镇区的南部，既没有城市中那样正规的街道社区，也不像农村村镇那样有农田和土地，是比较典型的城乡接合部。概括起来主要有以下三个特点：第一，人口 2 668 人，居民 1 008 户，属于中上较大的居委会。一条街道里既有社区居民也有农民村民生活居住。居委会财政收入年均 25.1 万元，在整个海澄镇内处于中上水平。第二，劳动力流出比较严重。大埕社区居民以前多是以经营手工业、小吃等谋生。后来随着科技发展，以前由竹器制作的家居生活用品都被塑料以及相关新兴材料取代，导致手工业行业式微甚至消失，很多人失业，因而只能选择外出去城市里务工。多数青壮年劳动力流出，因此社区老年人口较多，老龄化程度严重。第三，家庭收入水平较低。居民多是以前响应国家号召“上山下乡”回城的人，大多居民没有土地和产业，也没有固定的工作，有的家庭只能靠政府的救济维持生计，经济条件较差。大埕社区比较关心老年人的生活，社区干部和志愿者会为空巢老人解决困难，为居家养老模式提供必要条件。

溪头社区：社区居民人口 3 200 人，居民主要都是外出打工，因此人口流动性大。社区老人比较多，且都是居家养老，80% 以上的老人都有退休金，每个月 2 000 元左右。此外，据海澄镇镇长介绍，海澄镇目前有 3 个居委会，总共 8.2 万人。新农保参保率达到 90% 以上。

在对村民的采访中，我们注意到了一种两极分化的现象：退休职工与普通农民在养老金待遇上存在显著差异。大多数退休职工均有退休金，1 000～4 000 元不等，能较好保障老人的基本生活，但对于农民来说，每月 100 元的养老金根本无法满足其养老的需求。

此次调研，我们还通过问卷调查法，深入了解新农保在 L 市的实际发展情况，以及村民对新农保在实施过程中的意见和建议。调研结果如图 4.1、图 4.2、图 4.3、图 4.4 所示。

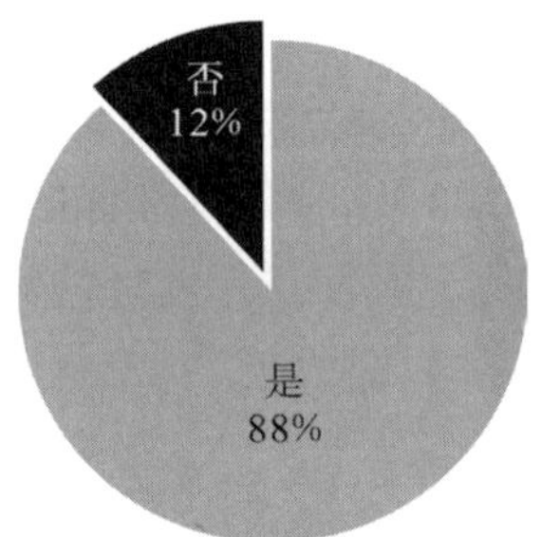

图 4.1　L 市村民参加养老保险的比例

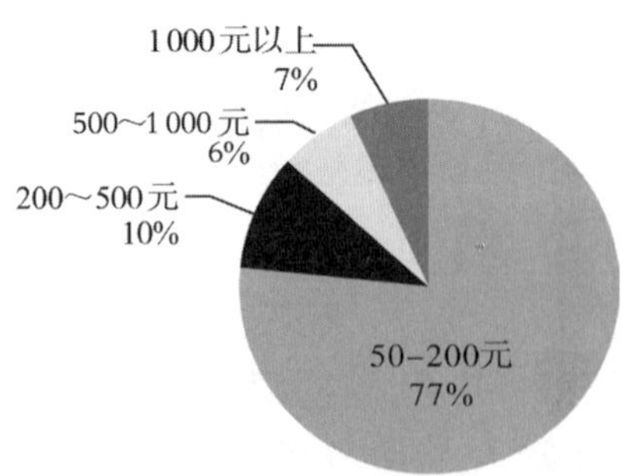

图 4.2　L 市村民每年缴纳的养老保险费用情况

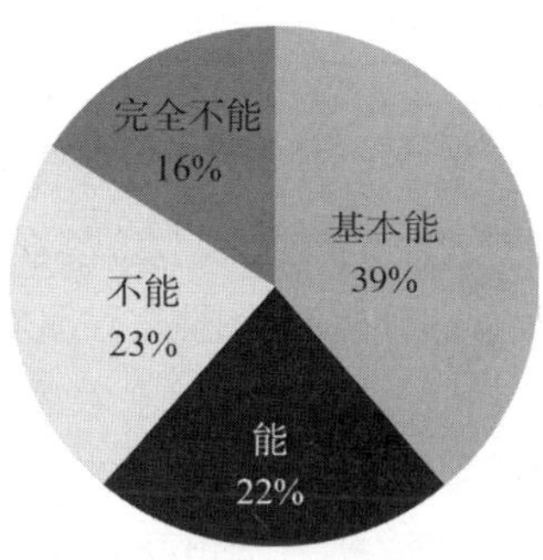

图 4.3　L 市村民对养老保险能否满足养老需要的判断情况

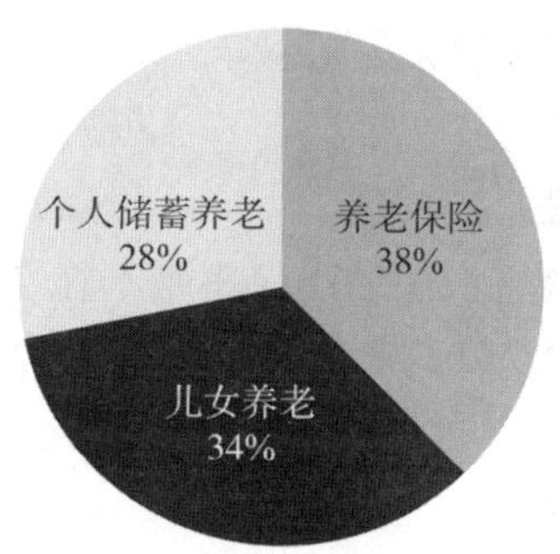

图 4.4　L 市村民希望的养老方式

从调查的结果可以看出，L 市参加新农保的人数占总人数的 88%，未参加的占 12%，参加新农保的时间主要集中于 2000 年、2009 年和 2014 年。其中 3/4 的村民每年缴纳的养老保险费在 50～200 元之间；对于新农保的实际保障效果，只有一半的村民认为新农保能满足他们的养老需求，并且只有 1/3 的村民选择通过农村养老保险的方式进行养老。

（二）新农保存在的问题

（1）制度碎片化严重。新老农保条例衔接出现断层，从而造成农民在缴纳养老保险过程中出现“空档”期。主要原因在于：政府的整体统筹力度不够，使得地区间基金收支余缺无法相互调剂。在 L 市，老农保于 1992 年开始施行，到 2007 年停止，且参保率较低，新农保于 2009 年末开始推行。在 2007—2009 年间，农村社会养老保险几乎处于停滞状态，在此期间的农民未能得到有效的养老保障。

（2）养儿防老的养老观念根深蒂固。家庭养老是现在农村居民养老的基本方式，大多居民还停留在儿女养老、储蓄养老等方式上，现代化的养老方式难以推广。在此次问卷调查中我们发现，有 34% 的农民愿意选择儿女养老，28% 的农民选择个人储蓄养老，只有 38% 的村民选择通过参加农村养老保险的方式养老。

（3）新农保保障水平偏低，居民参保积极性不高。尤其是青年人参保意愿很弱，村民对未来养老形势普遍认识不足。新农保的首要问题是保障水平低，无法满足老年人养老的基本需求，由此造成百姓的参保积极性不高。我们在调查中发现，近80%的人每年缴纳的养老保险费为50～200元，2014年以前可领取的养老金最低仅为65元/月，2014年调整为最低100元/月，78%的农民认为该养老金水平无法保障他们的基本生活。此外，新农保的参保率较低。青年人对未来养老形式普遍认识不足，参保积极性较低，也成了新农保参保率低的原因之一。从全国范围来看，新农保制度受到60岁以上的农民的青睐，而农村年轻人参保积极性普遍不高。国家审计署对全国各省新农保实施情况调查发现，全国44岁以下中青年参保率只有36.21%，远低于45岁以上农民的参保率，这一形势严重损害了新农保制度的可持续发展。

（4）政府宣传力度不够，村民对新农保了解不足，没有真正意识到新农保能给自身带来实惠。在此次调查中我们发现，很多村民对于新型农村养老保险制度缺乏最基本的认识，新农保的基本政策、参保与领保条件、缴费标准以及政府补贴等政策，农民甚少了解，这给新农保相关政策的实施带来了较大的阻碍。

三、原因分析

根据我们的调查，目前L市新农保的参保率基本在90%左右。具体而言，40岁以上中老年人的参保积极性较高，30岁以下青年人参保率低且积极性不高。造成该问题的原因主要有以下几点。

（一）缺乏完整有效的制度保障

我国农村养老保险法律体制不够健全，相关的立法程序和立法效应滞后。地方性的养老保险办法普遍缺乏法律效力以及可持续操作性，养老保险制度的具体实施得不到有效保障，在基层缺乏强制力。虽然国务院在2010年出台了具有全国统筹性的《社会保险法》，但由于各地以前所推行的政策法规不一致，具体实施办法亦不相同，现有法律无法完全发挥出其应有的效力。

目前养老金的发放是国家承担50%、省级政府承担30%、县级政府承担20%，主要是县级部门自行统筹，力度较小，基金管理和使用的空间较小，互济性不强，管理失范等现象严重，且政策缺乏前瞻性与可连续性。新农保目前实行多档次的缴费方式，这种方式主要是针对中国农村各地区发展极不平衡的现实。但是，这种缴费方式在设计时忽略了农村的另一现实，即相当部分农民养老观念落后，对养老保险制度缺乏认同感。①绝大多数的村民仅仅是为了家里的老人能够领取养老金而选择按最低标准投保（到时即按最低标准领取养老金），因而可领到的养老金远不能够满足居民最基本的日常生活开支。

（二）新农保推广难的原因

新农保难以推广主要是由以下四个原因造成的。第一，村民整体上文化水平较低。从我们的调研来看，在L市的乡镇一级，具有高中以上受教育程度的人口比例不足40%，大多数的村民对养老政策的合理性和有利性认识不足，对养老保险普遍存在怀疑和不信赖的

① 胡文卿. 关于中国农村养老保险问题的研究[J]. 经济研究导刊，2010（5）.

心理。第二，村民的传统养老观念难以转变：一方面，老人们认为生养子女就是为了能够老有所依、老有所养；另一方面年轻人受中国传统文化影响较深，一直坚守和继承着赡养父母的传统美德，遵守孝道，养儿防老、子女赡养父母仍旧是农村社会的主流思想。第三，我国是储蓄大国，居民消费观念较为保守，他们习惯于将平时结余的钱存储起来用于养老。第四，在我们所调查的L市，青壮年大多在附近的城市打工，没有长期在外地生活，L市当地的空巢老人、留守儿童现象并不严重，因而当地依靠子女养老的风气更为盛行。

（三）保障资金面临紧缺压力

造成新农保保障水平低的因素主要有两个。一方面，这主要源于政府资金面临较大的压力，保费来源不稳定。近年来我国的医疗水平、公共卫生程度和个人健康意识逐步提高，死亡率降低，居民的生存状况有了较大改善，居民的平均寿命显著提高，人口老龄化趋势日益严重，这些都加剧了年轻人的养老成本，政府是未来几十年社会养老的主要承担者，如若没有较稳定的筹资渠道和来源，其资金压力将越来越大。另一方面，在当前的政策条件下，政府总体投入低，现有的养老金无法满足农村养老的基本生活需求，缺乏社会保险中应有的社会性和普遍性。按照现有政策要求，新农保多交多领、少交少领，参保的大多数是经济水平比较好的农民①，属于“保富不保穷”的情况。《县级农村社会养老保险基本方案》规定：“凡达到了全国和全省农民人均收入的农村居民，必须坚持养老保险；凡是已经解决温饱，且基层组织较为健全的地方，坚持政府积极支持引导和群体自愿参加相结合；凡是温饱问题没有解决的地方，暂缓开展这项工作。”对于真正需要保障的穷人来说，新农保对他们的生活并没有很大的保障和帮助。

（四）缺乏激励机制

除了保障水平低而造成的百姓参保意愿不强，我国的社会养老保险缴费政策还缺乏一定的激励机制。我们的调研显示，年轻人参保的意愿较低，未参保的年轻人大多对政府的养老保障制度持观望的态度，或是认为自己可以自行养老，因此参保的积极性不高。另外，政策并没有强制性规定年满16周岁以上的居民必须每年上交养老保险费，允许一次性补交，但没有政府补贴，即100元养老金中取消30元的政府补贴。对于数额较少的养老金来说，少交30元对年轻人影响并不大，他们更愿意选择在将来一次性补齐所有的养老金。新农保规定“新农保制度实施时，已年满60周岁、未享受城镇职工基本养老保险待遇的，不用缴费，可以按月领取基础养老金，但其符合参保条件的子女应当参保缴费”，这也是制约“逆向选择”的办法。再者，新农保多偏重于农村留守人员，对于被征地农民和进城务工人员，保障的水平较低，使得该类人员对政策的认识不够、认可度低，大大减少了制度的有效覆盖面。

（五）养老保险制度本身的问题

缴费制度的不合理以及参保程序的复杂烦琐，也是造成农村人口参保积极性低的重

① 齐会兰，张红梅. 关于中国农村养老保险的认识[J]. 经济管理，2015（9）.

要原因。定额缴费制度中存在不合理因素。据调查，新农保实行的是每年100～500元5个档次的定额缴费，地方可以根据实际情况增设缴费档次。例如我们此次社会实践调查地——L市，其最高缴费为800元。这种模式虽然比较直观，便于农民接受，但有悖于"多缴多得""长缴多得"的保险原则。这导致的后果是：如果个人账户缴费金额固定不变，在收入水平以中速或高速增长时，参保人延长缴费年限、增加个人账户积累额并不一定能提高其养老金待遇水平，反而有可能使养老金替代率下降。根据计算，16岁参保时平均替代率为3.1%，40岁参保时替代率增加到4.3%，50岁参保时替代率下降到3.5%，这大大有碍于养老保险制度的公平性，并在很大程度上挫伤参保人的积极性。此外，参保手续十分复杂。符合城乡居民养老保险参保条件的居民，需要带本人的身份证、户口簿到村委会办理参保登记手续，然后凭城乡居民养老保险银行存折至指定银行缴费。由于大部分老人的身体情况不好，文化水平较低，参保手续对于农村老年人而言过于烦琐。

（六）村民对新农保认识不足

现行农村社会养老保险制度缺乏社会保障应有的强制性和国家责任性，还不具有社会保险的基本特征。据调查，前期有的村将新农保和新农合（新型农村合作医疗）强制绑定，规定当年未交新农保的村民，来年不能享受新农合；或是将一户居民的养老保险相互绑定，要是家里的年轻人没有缴纳养老保险金，那么他们的父母就无法领取养老金。这些规定显然与国家政策不符，且未获得上级部门的批准。这种方法虽然有效地增加了新农保的参保率，但是这也更加使得村民对新农保有了误解性的认识。现阶段，村镇宣传形式大多以广播宣传、干部入户宣传、少数重要的事情通过村民代表大会通知为主，宣传方式较为传统和简单，影响范围有限，宣传程度也较低。至今仍有部分村民并不了解新农保政策的具体作用及其意义，无法切实体会到新农保给居民养老带来的实际好处。

四、对策建议

（一）完善社会养老保险制度，加强统筹力度

科学、合理的农村养老制度是农村养老保障能够持续健康发展的前提性基础，在这种情况下，国家的顶层设计就显得尤为重要。参考一些西方发达国家的做法，它们基本上都通过立法手段建立了社会保障制度，比如，德国早在1889年就颁布了《养老和伤残保险法》，美国在1935年通过了《社会保障法》，规定联邦政府有义务解决年老者和失业者的生活问题，通过再分配为他们提供最基本的生活保障。虽然我国的《老年人权益保障法》和《社会保险法》也对农村社会养老保险制度的建立做了原则性的统筹规定，但仍然没有一部专门针对农村养老的相关法规。宪法等相关法律的条款可操作性相对缺乏，而老农保和新农保指导意见和2014年的规定，都是国务院制定的指导性规章，约束力和执行力较弱。同时，这些规定对各地下放的权力较多，缺乏在政策执行中的监督管理。设计一套全面的、相对完善的农村社会养老保险相关法规和制度，通过立法，强制性要求未被纳入城镇养老保险范畴的居民均应参加农村养老保险，扩大参保范围，有利于农民转变养老观念，逐渐

接受社会养老保险并以此为主要的养老方式。

同时，应当强调政府的义务和责任。首先，通过制定相关制度和法规，明确规定农村养老保险基金管理和运作的责任，保障中央和地方政府对养老保险基金的投入力度。现阶段，中央政府应该因地制宜，对于新农保制度的养老金补助，根据地区经济发展状况以及养老基础设施建设的水平，更加合理地对各省、市、自治区予以分档补助，从而解决地方政府在新农保制度中财政负担失衡的问题。当我国养老制度发展到较高阶段时，就应该尽可能消除城乡差异，并在养老金和资金补贴方面一视同仁，争取在全国范围内实现基金的统筹，从制度上摆脱地区间基金收支余缺无法相互调剂的困境，使得养老基金能够在全国范围内合理分配，提高基金的使用效率。其次，提高新农保缴费标准的科学性和可操作性。新农保制度的缴费基数应随农村居民人均纯收入的增长而增长，并通过构建年龄有别的分档补贴标准，在提高制度保障能力的同时，进一步体现制度的公平性。最后，对农村社会养老保险基金的管理和运作明确相应的法律责任，并做出确切细致的规定。协调好与《社会福利法》《就业法》等法律制度的相互关系，做好法律衔接工作。针对不同职业和收入的农民对象，规定不同的缴费标准和档次（其中，务农农民可以适当多得补贴），并规定具体的激励机制。

在制订养老保险方案时，加强其前瞻性和可持续性，仔细考量养老保险方案的可实施性，后续增加的养老保险条例要兼顾前面条例的基础和后面条例的衔接，避免出现前后条例衔接的断层，从而造成农民在缴纳养老保险过程中出现空档期。例如旧养老保险方案于1992年实施，到2007年终止，而新养老保险方案于2009年开始实施，其间出现了两年的空档期。养老保险缴纳不连续，会造成日后农民在养老金领取上的一些损失，也不利于养老金发放工作的记录和管理。

（二）转变农村居民的传统养老观念，建立现代化的新型养老模式

要想培养并推行农村居民现代化的养老方式，必须转变其“养儿防老”的传统观念，需要社会“养老兜底”。国家应适度提高新农保的保障水平，进一步提[illegible]低收入老年人的养老金水平，同时对高龄老人或是家庭有困难的老人给予额外[illegible]老年人能够“社会养老”，让年轻人愿意“社会养老”。

宣传形式多样化，使得养老保险惠民政策深入人心。[illegible]高农民参保意识。农村居民参加养老保险是基于自愿原则，很多没有意识[illegible]重要性和优惠性的村民就可能错过了养老保险的前期缴纳，后续必然影[illegible]金水平。因此，宣传工作尤为重要。宣传形式也需要多样化。农村的老人[illegible]受教育的程度不高，不能较好地理解一些条例措施，可以采用面对面的方式向村民宣传。村委会将宣传任务分配给每个小组，每个小组入户宣传，面对面地向老人讲解新农保的相关知识，或是将宣传文案拍成宣传片，等等。各地政府应当借助各种媒体渠道和实践活动，使用通俗的语言对这一政策进行宣传，引导城乡居民踊跃参保，持续缴费。参保人数越多、缴费越多则保障机制越稳定，保险基金越安全。就目前情况看，参保率比较高，但缴费档次较低，各级政府应当出台相应的激励机制：一是形成动态化的缴费机制，个人根据收入情况选择不同的缴

费档次；二是改进政府补贴标准，建立适用地域、人群的更加广泛的统一补贴标准。

同时，还应鼓励更多的农村青壮年参加新农保。根据养老金的政策规定，60岁以上的老年人可以直接领取养老金，而四五十岁的居民也可以短暂地缴纳保险费用后领取到养老金。青年人知识文化水平较高，乐于接受新鲜的事物。因此，相较于对老年人采用面对面的宣传方式，对青年人可以利用微信、微博等网络媒体平台，定期为他们推送一些关于新农保的基本知识和基本政策，以及新农保未来的改革方向和发展趋势等，增加他们对新农保的了解和信心，使他们自愿参保，积极缴费。

（三）扩展筹资渠道，加强资金管理，提高保障水平

新农保政策的执行效果在规模上有限，其根源在于当前较低的养老保障水平。尽管各级政府积极推动和大力支持，使新农保制度建设在短期内取得了巨大成就，在短短四年间就覆盖了全国所有县（市），但不可否认的是，养老金支付水平仍然很低，政策覆盖面不广，能够发挥的作用仍然非常有限。随着社会老龄化问题越来越凸显，养老基金的支出压力将会越来越大。于是扩展筹资渠道，加强资金管理就成了新农保改革的核心任务。

首先，要理顺各级政府之间的筹资责任，明确筹资的责任主体。社会养老的主体是政府，新农保的资金来源主要依靠政府财政投入。这就需要明确中央政府与地方政府的投资比例，合理分配中央与地方政府的财政关系。目前较为突出的问题在于地方政府对农村养老保险承担的资金支出比例较大，因此地方财政压力较大。这就需要中央政府在财政支出中承担更多的责任，从而减轻地方政府的沉重压力。其次，地方政府包括村委会、社区居委会也要发挥自身的聪明才智，扩展新农保的筹资渠道。经济发展较好的村镇可以加大对新农保的支持，也可以鼓励和引导当地企业、慈善公益组织和有能力的个人对农村养老保险进行资助。对于经济较为贫困的地区，上级政府应该加大投资力度，以补贴的形式弥补地方政府在筹资方面的缺位。最后，要鼓励农民早参保、多缴费，从而提高个人账户养老金支付水平。目前，由于缴费水平偏低，养老金个人账户积累不足，养老金待遇偏低。因此，如何调整新农保政策实施方案，鼓励农民早参保和多缴费，应当是未来新农保政策调整的重点之一。另外，基于对新农保基金安全性和规模收益的考虑，改变新农保基金管理和运营模式，在确保基金安全的前提下积极开展商业化运作，提高个人账户基金收益率是为农民提供参保缴费激励的重要途径之一。基础养老保障待遇应通过与缴费基数和缴费年限挂钩而体现其激励机制，个人账户养老保障待遇应设立弹性领取机制，从而提高保障水平并规避长寿风险。

在基金监督方面，各级政府可以加大审计部门对资金运行的监管，建立健全内控制度、基金稽核制度、披露信息制度、参保档案制度等规范制度，定期公开基金的相关运作情况并接受社会监督。

（四）简化复杂的参保、缴费、领款程序，提高服务效率

参保和缴费手续烦琐以及养老金领取不便也是造成新农保参保率不高的原因之一。因此，我们需要建立一个灵活便捷的参保和缴费机制。考虑到老年人年老体弱，行动不便，

可以由新农保的基层工作人员，到老年人家里获取相关证件为其代办养老保险，并定期收取老年人的缴费，同时为老年人办理社会保障卡，定期将政府发放的养老金打入卡内。对于那些就业地点不固定的农民来说，可依托国家大数据战略，建立全国范围内的养老信息服务系统，让外出务工的农民在异地缴纳养老金，并简化社会保险关系转移手续。缴费方式也可以灵活处理，参保人员可以根据自身情况，按月、季度、年来缴费。

（五）建立和完善基础设施，改善养老环境

除了从健全制度上满足农村居民的养老需求，中央和各级政府包括社区，应该加大公共财政投入，建立和完善基本的养老设施。比如在农村和社区新建一些低价位但设备齐全的养老机构，为空巢老人、孤寡老人以及家庭中存在特殊困难的老人提供养老服务，并且在此基础上引入市场机制，以国家为主导建立具有一定规模的养老服务产业，通过对民办养老机构给予奖励或补偿等优惠政策，鼓励他们将养老服务产业做大做强。同时，利用科技与信息优势，大力研发适合老人的智能居家养老产品和系统，为老人创造一个活动便捷、无障碍的居住环境。

此外，随着经济社会的发展，人民生活水平不断提高，老年人已经不仅仅满足于物质上的需求，他们还要追求精神生活上的享受。如何丰富老年人的精神文化生活，需要政府、集体、个人三方面共同的努力。社区应该为老年人定期举办内容多样的集体活动，开办老年大学等，子女应常去探望老人和关心老人，这些措施都将使老年人的生活变得更加幸福美好。

总之，养老保险制度是国家真正为百姓办实事、谋福利的惠民政策，因此大力推广农村养老保险是一件对社会发展具有正能量的事情，我们每一个人都应该参与其中。只有不断改进和完善新农保制度，不断加强日常的实施管理，才能促进农村养老保障的可持续发展，为农村居民的养老排除后顾之忧。

第二节　新型农村医疗保险

当前，在 2020 年全面建成小康社会是我们最为迫切的奋斗目标，这是“新三步走”的关键一步。从人民福祉视角看，没有全民健康，就没有全面小康。生命健康权是个人最基本的权利，它是个体享有其他一切权利和自我发展的前提和基础，也是一个合乎正义的社会必须为其成员提供的基本保障。因此，建立具有中国特色的合理、完善的医疗保障体系就成了关系国计民生的大事。习近平总书记在 2016 年 8 月 19—20 日于北京召开的全国卫生与健康大会中指出：“在推进健康中国建设的过程中，我们要坚持中国特色卫生与健康发展道路，把握好一些重大问题。要坚持正确的卫生与健康工作方针，以基层为重点，以改革创新为动力，预防为主，中西医并重，将健康融入所有政策，人民共建共享。”[①] 历史

① 习近平出席全国卫生与健康大会并发表重要讲话 [EB/OL]. [2017-08-21]. http://www.wxyjs.org.cn/zyldrhd_547/201608/t20160821217446.htm.

地看，我国自1949年新中国成立以来就积极推行各种形式的城乡医疗保障制度并取得了一定的成就，显著地提高了全民的卫生与健康水平以及人均寿命。然而，长期以来，由于地区经济发展不平衡以及城乡户籍制度限制等因素，我国占人口绝大多数的农民群体一直处于“看病难”“看病贵”的现实困境中，这反过来造成了“因病致贫”“因病返贫”的社会现状。解决这一民生难题既关系到我国国民经济健康持续的发展，又关系社会公平正义的实现。在此背景下，我国于2003年初正式试点新型农村合作医疗（新农合）制度。卫生部、财政部以及农业部在2003年1月联合发布的《关于建立新型农村合作医疗制度的意见》中指出：“新型农村合作医疗制度是由政府组织、引导、支持，农民自愿参加，个人、集体和政府多方筹资，以大病统筹为主的农民医疗互助共济制度。”[①]该意见要求各省、自治区、直辖市要选择2～3个县（市）先行试点，取得经验后逐步推开，并且制定了到2010年新农合制度实现在全国农村基本覆盖的目标；主要遵循“自愿参加、多方筹集”“以收定支，保障适度”“先行试点、逐步推广”的基本原则；通过卫生部门设立相关的组织管理机构（合管委）进行县市级统筹，并实行个人缴费、集体扶持和政府资助相结合的筹资机制。自2012年党的十八大以来，农村医疗保障制度改革成为我国全面深化改革的重要内容，而新农合制度则构成了我国农村医疗保障体系改革的主题和核心。有效推进我国新型农村医疗保险，事关人民福祉，事关全面小康社会如期建成，事关中国特色社会主义事业成功。

新农合制度自推广以来，实施情况如何，存在哪些问题，问题的深层原因是什么，这些将构成本节的主要研究内容。围绕这些问题，我们带领学生走进农村，走进城镇，深入基层进行调研，力求在充分掌握第一手资料的前提下，对中国社会发展中的新型农村医疗保险进行深入研究，这也是面向中国问题，重视社会实践，在实践中育人的重要探索。

一、新型农村医疗保险现状及存在的问题

问题是时代的声音，直面问题是理论研究的重要出发点。如今，农村医疗保险制度正逐步成为减轻农民看病负担，提高农村医疗卫生水平的惠民政策，这一政策总体上得到人民大众的肯定。但是，我们应该清楚地认识到，我国新农合制度的发展还处于起步阶段，面对中国城乡差距扩大、老龄化等新形势，面对广大民众的新需求和新诉求，我国农村医疗保障制度的改革依旧是“时代最强音”。我们课题组立足福建，通过选择有代表性的调研地点，遵循解剖麻雀的方式方法，以点带线、以线带面，争取能够把握中国农村医疗保险的现状及存在的主要问题，从“基本面”上反映实践探索中的理论问题，进而探求问题的破解之道。

（一）新型农村医疗保险的现状——以福建省L市为例

毫无疑问，我们生活在高风险社会。农村合作医疗本身就是“通过自愿基础上的互助

① 国务院办公厅转发卫生部等部门关于建立新型农村合作医疗制度意见的通知[EB/OL]. [2017-08-12]. http://www.gov.cn/zwgk/2005-08/12/content_21850.htm.

共济来共同抵抗疾病风险的一种医疗保险制度安排”[①]。农村合作医疗是农民有效抵抗风险的新探索，这一新探索可以从宏观、中观和微观三个层面来理解和把握。

从全国的层面看，相较于2003年以前的传统农村合作医疗制度，新农合制度直接通过政府预算内的资金安排进行专项补助；同时，卫生部设立了专门机构对新农合的政策制定以及监管实施进行管理，改变了2003年以前通过政府预算外收入对农村合作医疗进行少量扶持的财政支出方法以及以民营民办为主的运行管理模式，直接由国家参与顶层设计与宏观调控。自2003年至今，新农合制度的推行已经走过了13年，在此期间，政府持续加大新农合的财政支出力度，自2004年的26.4亿元增至2014年的2 890.4亿元，增长近108倍，且新农合的参合率从2004年的75.2%增至2014年的98.9%，越来越接近新农合制度全覆盖的目标；同时，新农合的筹资标准也在稳步提高，从2004年人均筹资50.36元到2014年人均筹资410.89元，提高了7.2倍，受益人口从2004年的0.76亿人增加至2014年的16.52亿人，提高了近21倍。[②]随着人均筹资额成倍增长，受益人数也大幅度增加，这有效地减轻了农民因疾病带来的经济负担，很大程度上解决了农村“看病贵”“看病难”的问题，提高了农村人口的医疗健康水平。表4.2记录了2004—2014年新农合的相关数据。

表4.2　2004—2014年全国新型农村合作医疗基本情况

年份	县级区划数	开展县（区、市）数	参加人数（亿人）	参合率（%）	人均筹资（元）	当年基金支出（亿元）	筹资总额（亿元）	受益人次（亿人次）
2004	2 862	333	0.80	75.2	50.36	26.37		0.76
2005	2 862	678	1.79	75.7	42.09	61.75		1.22
2006	2 860	1 451	4.10	80.7	52.10	155.80		2.72
2007	2 859	2 451	7.26	86.2	58.95	346.63		4.53
2008	2 859	2 729	8.15	91.5	96.30	662.30	784.58	5.85
2009	2 858	2 716	8.33	94.2	113.40	922.90		7.59
2010	2 856	2 678	8.36	96.0	156.60	1 187.80	1 308.33	10.87
2011	2 853	2 637	8.32	97.5	246.21	1 710.19	2 047.56	13.15
2012	2 852	2 566	8.05	98.3	308.50	2 408.00	2 484.70	17.45
2013	2 853	2 489	8.02	99.0	370.59	2 908.00	2 972.48	19.42
2014	2 854		7.36	98.9	410.89	2 890.40	3 025.28	16.52

从福建省的层面看，福建省新农合试点工作从2004年开始实施，并于2007年全面施行，截至2014年，参与新农合的县（市、区）共计85个，参加人数达0.25亿人次，人均筹资

① 毛翠英.新型农村合作医疗研究：基于财政的视角[M].北京：中国物资出版社，2011.

② 国家统计局.国家数据[EB/OL].[2017-12-22].http://data.stats.gov.cn/search.htm?s=%E6%96%B0%E5%86%9C%E5%90%88.

400元，共计0.18亿人从新农合补偿中受益。[①] 本课题组通过实地调研，深入乡镇、社区和村，考察农村医疗保险制度的实际实施情况，调研地点为福建省L市以及该市的部分村镇和社区。

从L市的层面看，截至目前，新农合参合人数为72.4万人次，人均筹资金额540元。其中，各级政府承担420元，个人承担120元，总计3.7亿～3.8亿元；L市的新农合参合率超过95%。根据L市新农合的相关负责人介绍，该市的新农合制度从2007年开始启动。当前，L市医疗报销主要采取的是"普通门诊补偿+特殊门诊补偿+住院补偿"的基本模式，其中，农村居民重大疾病保障病种由原来的10种扩展到22种。可见，随着实践的不断发展，制度、体制和机制也不断优化，朝着更加规范、合理、公正的方向发展。这些鲜活的实践探索，需要我们理论工作者认真收集、整理、概括和提炼，这既是学术研究服务社会的重要方向，也是实践育人的重要方向。

此次调研中，我们走访了L市的紫泥镇仁和村、巽玉村以及海澄镇大埕社区、溪头社区四个村和社区，其基本情况如表4.3所示。

表4.3　L市参与调研各村、镇基本情况

<table>
<tr><th>地区</th><th>人口构成</th><th>经济状况</th><th>医疗水平</th><th>医疗保险发展状况</th></tr>
<tr><td>紫泥镇仁和村</td><td>3 800人</td><td>处于紫泥镇的中等水平，村民收入来源主要依靠水产养殖、蘑菇种植以及青壮年外出打工</td><td>当地没有具有医疗报销资格的卫生院，有四个卫生所，卫生所医疗设施落后，服务条件差，不能满足居民的就医需求</td><td>发展状况良好，参合率100%</td></tr>
<tr><td>紫泥镇巽玉村</td><td>2 508人</td><td>处于紫泥镇的中等偏上水平，村民的主要收入来源于水产养殖、外出打工以及造船</td><td>当地没有卫生院，有几个私人开设的卫生诊所。重大疾病必须到镇里的卫生院和市里的医院治疗</td><td>发展良好，村民的参与积极性较高，参合率接近全覆盖</td></tr>
<tr><td>海澄镇大埕社区</td><td>居民有1 008户，共计2 668人，三口之家为主，居民多是过去"上山下乡"后返城的青年，以及国有企业倒闭后的失业工人，现阶段老年人居多</td><td>典型的城乡接合部，居民以前多是以售卖手工业品、小食品等来谋生，现多被塑料以及相关新型材料产业取代。现阶段，大多数劳动力转移，青壮年都去城市里打工，做生意，并将孩子带到城里学习和生活</td><td rowspan="2">社区里有个体经营的药店，类型齐全，卫生所的条件良好，基本能满足居民看一些日常小病</td><td>职工享有企业为他们缴纳的职工医疗保险，没有单位的企业和农民参加新农合，农民参与积极性高，参合率为100%</td></tr>
<tr><td>海澄镇溪头社区</td><td>居民和农民混居，大部分是独生子女家庭，并且以老年人口居多</td><td>每个家庭一个月的收入大致为4 000～5 000元，一年6万元左右。主要收入来源是经营个体经济以及外出打工</td><td>有工作的居民，企业为他们缴纳职工医疗保险；没有单位的企业和农民参加新农合，参合率超过95%</td></tr>
</table>

① 国家统计局.国家数据[EB/OL].[2017-12-22].http://data.stats.gov.cn/search.htm?s=%E7%A6%8F%E5%BB%BA%E6%96%B0%E5%86%9C%E5%90%8814.

历史地看，在没有推行新农合制度之前，村民和社区的居民看病得由自己承担所有的医疗费用。因此，医药支出便成为当地本不宽裕的农民和居民最大的经济负担，直接导致了他们更大程度的贫困。新农合的实施，逐步将公共卫生资金与医疗基础设施的投入向农村倾斜，在满足农民基本的卫生医疗需求和减轻农民医疗负担方面发挥了重要的作用。同时，新农合的基金支出逐步扩大，群众受益范围不断扩大，受益程度不断提高，逐步走出了前几年统筹基金花不出去的窘境。如今，到位基金使用率明显提高。随着新农合政策的实施，主要管理和运行部门大力宣传和推广，农民从中切身得到实惠，因此越来越多的村民自愿参合，新农合的参合率逐年提高。可以说，新农合正成为保障农民身体健康的最主要惠民政策，成为党的惠民政策的一面镜子，同时也加速了农村地区摆脱贫困的历史进程。

现实地看，L 市下辖的村镇和社区也根据本地实际情况，在新农合制度推行以及群众动员过程中进行了改革和创新，取得了积极成效。据我们的调查，大埕社区在新农合制度推行之初就面临着居民和农民参合意愿不高、参合率低等问题。为了提高参合率，社区居委会被迫强制规定参合人数，任务下达后如果出现参保费用没有交齐的情况，就由村财政代为缴纳。这不仅使得农民的基本健康没有得到实质性保障，也阻碍了新农合制度的可持续发展。随着新农合制度的不断推行以及大埕社区领导班子的大力宣传与动员，这样的情况得到了根本的改变。基层工作只有从问题和实际出发，才能取得好的效果，关键是切实维护群众的利益。考虑到该社区城镇居民与农民混居的现实情况，大埕社区委员会“对症下药”，对居民和农民采取了不同的管理和动员方式。一方面，由于城镇居民参加新农合意愿较高，居委会建立了一个微信平台，通过微信平台推送新农合制度的相关政策和信息，通知居民具体的交保时间和交保地点，他们便会自觉上交参保费。另一方面，针对农民人口居住较为集中但参保意愿不高的现实情况，居委会就将任务分配给每个居民小组，居民小组走村访户进行面对面的宣传和动员，收取农民的参保费，这样的做法取得了显著的成效，老百姓都自愿自觉地参与到新农合制度中。如今，大埕社区已经实现了新农合制度 100% 全覆盖目标。

对于新农合制度，L 市现阶段最主要的改革任务就是控制以及精细化管理统筹基金的支出。过去，医院医生为病人开什么药方，新农合就给予相应的报销，不限支出。这样的管理方式和运行模式造成了一方面医疗资源的浪费、另一方面统筹资金紧张的双重困境。走出这一双重困境需要深化改革。现阶段新农合主要的改革任务是：明确新农合医疗报销药品的范围，不在新农合医疗报销药品目录中的药品，病人自行承担其费用；同时进行病种改革，超过病种所规定的报销范围或标准，就由病人自己支付剩余的费用。为了改善村民看病向大医院拥挤的现状，鼓励村民“小病不出乡、大病不出县”。L 市遵循住院报销起付线的原则，以及报销比例从乡、县、市三级医疗机构逐步降低的报销标准，并逐步推行将村卫生院纳入新农合普通门诊定点医疗架构的管理办法，取得一定成效。如今，L 市石码各社区正在试点推行“乡村签约医生”的新农合政策，每一个社区卫生院的医生与当地 100～200 个家庭“签约”，采取与主流新农合制度同样的筹资模式，每年人均筹资金额为 100 元，其中个人缴费 40 元，县市统筹基金负责 40 元，国家资助 20 元。医生与社区居民签约以后，每年定期到居民家里随访，对居民开展日常的健康检查，制订专门的健康方案，指导居民进行日常的疾病预防和护理。这种重心下移的探索实践，对于破解大医院"人满为患"和乡村医生和诊所"吃不饱"的难题提供了初步经验。

在调研期间，我们通过发放和收集调查问卷的形式，进一步了解了新农合在当地的实际发展情况以及村民对新农合政策实施的看法。我们了解到，在此次调查的农村和社区中，有 85% 的村民或居民参加了新农合。其中，53% 的农民的医疗费用来自新农合，其余费用来自农民个人的储蓄或者由农民的子女承担。认为新农合能够或者基本能够满足其就医需求的人数占 63%，还有 37% 的人认为新农合制度不能满足其就医需求，其中 6% 的人甚至认为新农合完全不能满足他们的就医需求。具体情况如图 4.5、图 4.6、图 4.7 所示。

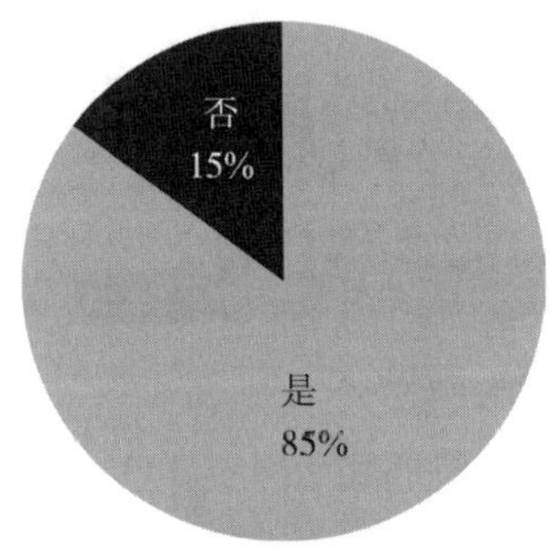

图 4.5　L 市农村村民参加医疗保险情况

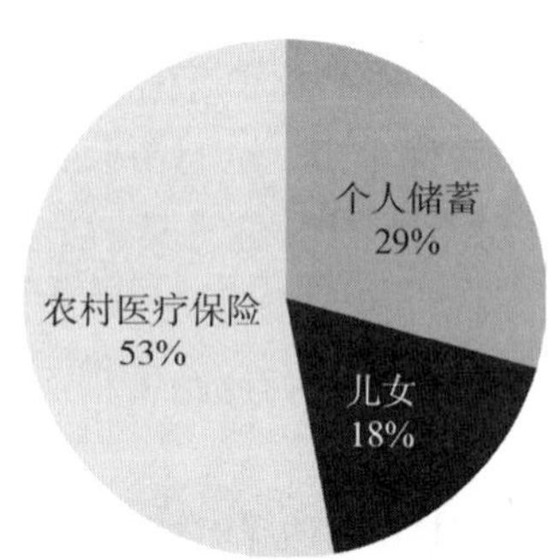

图 4.6　L 市农村村民医疗费来源

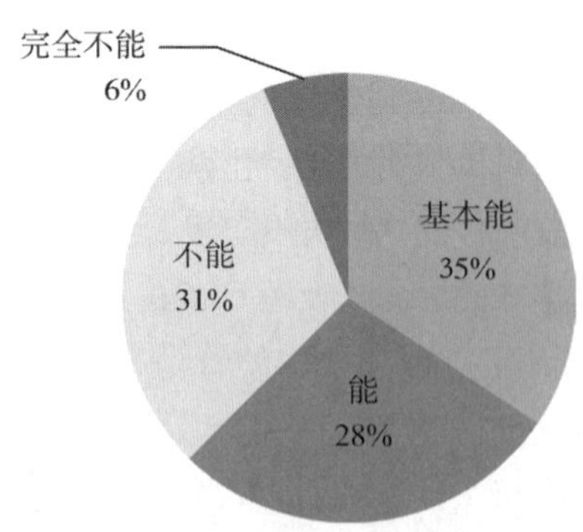

图 4.7　L 市农村村民对医疗保险能否满足就医需要的判断

（二）新型农村医疗保险存在的问题

新农合在很大程度上减轻了农民看病的经济负担，从性质上实现了从传统农村合作医疗的社区统筹保障制度向国家社会保险福利制度的基本转变，但是在新农合的实施过程中仍存在一些制约其发展的问题，从整体来看，新农合主要存在以下问题：

（1）新农合区域发展不协调，严重阻碍了在全国范围内的统筹发展。

（2）缺少一个在全国范围内的新农合信息共享平台，“异地看病报销难”依旧是亟待解决的重大民生问题。

（3）比较而言，农村医疗服务相对落后且存在漏洞，新农合虽然减轻了农民看病的经济负担，但无法从根本上转变中国农村医疗服务水平整体落后、城乡医疗资源分配差距过大的现状。

（4）农村医疗保障水平低，医疗费用报销比例较低，报销程序繁杂。这成为许多农民放弃参合的主要原因，因而新农合无法真正成为农民生命健康最有力、最有效的保障。

（5）部分地方的资金管理及监管不力，导致一方面国家医疗资源的大量浪费，另一方面农民没有从这种社会保障制度中得到应有的实惠。

从调研的结果来看，L 市所管辖的各乡镇和社区在发展和推行新农合过程中存在着一些具体问题：

（1）新农合刺激了农民的看病需求，但并没有提高基层的整体医疗水平。虽然 L 市政府高度重视农村医疗发展，对新农合制度投入大量资金，人均筹资金额每年都在增加，从 2007 年的人均每年 70 元至 2016 年的 540 元，但由于新农合起步较晚，保障力度不足，加上本地经济相对落后等因素，农村基层的医疗水平并没有得到根本改善。

（2）报销的比例和程序仍存在一些问题。虽然 L 市的新农合于 2015 年实现了市内公立医院即时结算报销，一定程度上减轻了农民先付费后报销所带来的经济压力，但其依然存在报销比例和报销程序不合理的问题。具体而言主要是，新农合医药费用报销比例偏低，无法实现跨地区直报，且对可报销病种和药物的规定不清晰。

（3）很多农民还停留在以前的就医观念和传统思维中，因此当地村民的就医观念和思维方式仍有待变革。这需要经济社会整体发展的推动。

（4）上级在新农合制度的顶层设计上还需增强科学性，人性化，各项制度的制定和实施方法还处于不断探索中，缺乏持续稳定的大政方针作为指导。

二、原因分析

（一）国家层面

1. 区域差距明显

由于东、中、西部地区经济发展不平衡，各地区的新农合在资金配备、医疗服务、管理水平等方面存在显著的差距。以国家统计局提供的“2014 年各地区农村居民人均纯收入”为例，排名第一的上海，其农村居民人均纯收入高达 19 208 元，排名第二的北京，其农村居民人均纯收入也为 18 337 元。但是，排列倒数第二的贵州和排列倒数第一的甘肃的农村居民人均纯收入仅分别为 5 434 元和 5 108 元。[①] 据国家统计局提供的《国家统计年鉴》，2014 年新农合实施过程中上海、北京、贵州和甘肃地区的人均筹资金额分别为 1 710 元、1 090.9 元、393.6 元和 514.6 元。在各地区医疗保险缴费差距不大的情况下，东部富裕地区的医疗资金配备显然远超过西部地区，医疗服务和管理水平也比西部贫困地区先进。如此，西部地区农民对于新农合政策的受益程度远不如东部发达地区。这也使得西部地区农民参合的积极性大打折扣，从而加剧了东西部制度运行差距和城乡医疗保障差距，结果导致社会保障制度的扭曲和变形。

2. 信息共享不畅

虽然新农合制度已经在全国范围内实施，但是新农合信息仍局限在省内共享，部分地区甚至还未能达到省内共享，这就产生了外来务工和随迁人员异地就医报销困难的情况。此外，不能跨省报销以及报销比例太低给外出务工的农民带来了异地就医的困扰。例如，对于遇特殊情况必须转院异地就医的病患，其就医报销过程就十分烦琐，缺少人性化的制度设计。通常情况下，必须由医院或者当地新农合管理中心开出转诊单，需先经医院审核盖章，然后到当地新农合管理中心审核；带上转诊单去异地治疗，转诊单需经外省治疗医院盖章；出院时，从住院医院获取出院证、发票、总清单、诊断证明书、出院病历，并带回当地新农合管理中心报销。患者在异地治好了病，为了能报销部分医疗费用还要到各个部门开具各种证明资料，最后得到的报销费用却不多，这一定程度上降低了农民参与新农保的积极性。

3. 农村医疗服务水平整体相对落后，且存在较多漏洞

阻碍新农合顺利实施的因素主要是医疗卫生资源的配置在农村相对紧缺、基层医务人员素质较低和医疗市场中暗箱操作等。乡镇卫生院等基层医疗服务机构存在设施、设备配置不足，部分设备老旧等问题，基本医疗服务条件落后，无法满足医治重病的需要。据统计，我国城乡医疗卫生机构床位总数差别不大，但人均床位数城市约为乡村的 3 倍。与医疗资源配置不足相比，基层医务人员的医疗水平也令人担忧，多数乡镇卫生院卫生员的医疗诊治水平不高且存在年龄老化的现状。截至 2014 年，每万人拥有农村执业（助理）医师数量仅为 15 人，与近十年相比，该数据几乎停滞不前，且仅占每万人拥有城市执业（助理）医师数量的 1/2。[②] 医疗水平的落后使农民有小病不愿治，有大病不敢在乡镇的卫生所医治，新农合政策预期缩小就医范围的目标难以实现。此外，部分医院、卫生所存在暗箱操作，故意抬高就医挂号费、治疗费和基本用药费用，表面上看是为农民排忧解难，实则增加他们的经济负担。

4. 农民医疗保障水平低

“新型农村合作医疗以大病统筹为主，保障目标定位为‘保大病’。”[③] 同时，“为使有限

① 国家统计局．国家数据[EB/OL].[2017-12-22].http://data.stats.gov.cn/easyquery.htm?cn=B01&zb=A0501&sj=2014.

② 国家统计局．国家数据 [EB/OL].[2017-12-22].http://data.stats.gov.cn/easyquery.htm?cn=C01&zb=A0O03&sj=2014.

③ 马跃如，等．偏远贫困地区新型农村合作医疗实证研究 [J]. 卫生经济研究，2007（4）.

的基金发挥最大效益，新农合通过设定起付线、封顶线和补偿比例的方式，对住院的大病医疗费用补偿”[①]。但是，这种自付比例高而封顶线过低的补偿水平和给付结构无形中就降低了村民的医疗保障水平。目前，新农合仅对20种大病提供报销，对农民开放的大病报销医疗点相对较少，且报销比例较低，农民无法从中得到更大实惠，并且各级医疗单位的报销比例各有不同。数据显示，在2016年新农合大病报销比例中，门诊统筹的乡、村补助比例分别为65%、75%，二级医疗机构补助比例为75%～80%，三级医疗机构补助比例为55%～60%，省三级医疗机构补助比例为55%。[②]就医范围越大，医疗水平越高，就医费用也越高，但是报销比例越低。这样的报销比例和标准使得许多农民因为医疗保障水平低而放弃参保。

5. 资金管理及监管不足

“过度依赖高投入而忽视对产出和结果的追踪问效，已经被证明是医疗保障体系效果不佳的根源之一。”[③]国家在加大新农合资金投入的同时，忽略了资金的严格管理而降低了其使用效率，“在新农合实践过程中，一些定点医疗机构出现了诱导农民医疗需求的违规行为，严重影响了新农合的实施效果，也对新农合健康可持续发展产生消极影响”[④]。这主要表现在以下三个方面：第一，在办理住院手续时，部分新农合医疗机构假借其他参保农民的名义虚构因病就医，以此骗取医疗费用报销金；第二，故意夸大患者病情或者强制性要求患者住院治疗，以此骗取更多补助资金；第三，盗用参保农民医保卡为未参保的农民看病，并告诉患者没有报销内容，以此骗取补助资金。此外，在政府监管方面，未制定详细的法律法规对各部门进行约束和监督，导致骗保事件时有发生，这严重损害了新农合的形象。

（二）地方层面

从L市的调研来看，新农合政策实施过程中存在一些问题，概括起来其主要原因有以下几点：

第一，新农合刺激了农民的看病需求，但基层医疗水平并未得到相应的提高。在L市，基层医疗地点的硬件设施普遍较差，医疗人员的专业水平较低，无法满足农民看病的需求。大多数农村没有开设具有医疗报销资格的卫生院，只有私人开设的卫生所。村民在卫生所看病，不仅费用较高，而且疗效得不到保障。究其原因，主要在于国家对基层医疗设施、设备建设的投资力度不大，没有相关的标准来规范基层医疗设施、设备，且基层医疗人员的福利待遇差，高水平的医疗人员不愿意待在基层。

第二，报销规定不清晰，报销的比例和程序刚性有余而人性化和灵活性不足，村民医疗报销困难。首先，新农合从2009年启动到现在只是一个初步探索的阶段，相关制度规定仍不完善。例如，目前新农合并未完全清晰地规定哪些药物是可以报销的，不同地区不同

① 孟宏斌. 利益主体视角下的西部新农合制度运行困境分析 [J]. 中国人口・资源与环境，2011（8）.

② 新农合最新政策：2016年新农合报销比例范围 [EB/OL]. [2017-12-22]. http://www.bjzq.com.cn/dpfx/ShowArticle.asp?ArticleID= 827250.

③ 李亚青. 医保财政补贴的可持续性发展问题及建议 [J]. 中国医疗保险，2016（1）.

④ 邢俊. 新农合实施中存在的关于医疗机构方面的问题及建议：基于武汉地区的调查研究 [J]. 时代金融，2013（9）.

医院可报销药物都不尽相同，一些特殊的、需要用到新型高级医疗手段或者进口药物的医疗费用，没有被纳入报销项目中。导致这些现象的原因可能是：医学是非常复杂的领域，不同疾病的用药需相当谨慎，即使同一种疾病，也可能是不同因素导致的，因而在治疗过程中需根据不同情况采取不同的治疗方案和用药，新农合在制定相关疾病可报销医疗费用的规定时，无法兼顾各种情形，做到清晰界定可报销范围。其次，越往上级医院就医，其报销比例越低。一方面是为了体现鼓励村民“小病不出村，大病不出乡”的原则，且县、村级卫生医疗机构均是使用一些基本药物，看病费用较低，城市大型医院医疗技术发达，药物种类丰富且设备较先进，看病费用高，上级医院报销比例降低的规定可降低贪污腐败的可能性；另一方面，由于地区差异，国家目前还无法在全国范围内统一制定可报销疾病和药物的范围。最后，L 市目前还无法实现跨地区直接报销。因为跨地区报销程序多，手续复杂，耗费时间久，需经历逐级传达、回馈、报销、发放等程序，至少需要一年时间。如果一年内有较大金额的跨地区报销，一些小诊所将无法承受，就会有倒闭的风险。

第三，村民的就医观念比较落后。由于农民收入水平低、文化素质不高、新农合政策实施晚等因素，农民的就医观念落后，“小病不用治、大病拖延治”的思想根深蒂固。村民往往缺乏基本的健康卫生知识，对小病不够重视，尤其是老人，身体免疫力较差，为了不给孩子增加负担，将小病拖成大病，错失了就医时间。

第四，新农合政策存在一定的缺陷，制度设计缺乏科学性、人性化、持续性和稳定性。在 L 市地区，新农合制度实施之初是以大病保障、住院补偿为主要原则，2007、2008 年主要推行特殊门诊政策，2010 年左右开始实施普通门诊，之后又转而注重重大疾病的保障。有的政策还没有完全实施或仅仅是初见成效就要被其他的新政策取代。例如现阶段在石码地区，新农合有关部门正在积极推行“乡村签约医生”的制度。但是，这种新型制度的目的是提高公民的“大健康”，属于国家公共卫生的职责，并不符合新农合政策设计的初衷，然而却把它归为新农合的负责范围，并由统筹基金支付费用。这样做的结果是，农民的健康水平并未得到真正的提高，而国家医疗资源受到浪费，且受到统筹基金压力过大，财政上出现赤字等。由此可见，制度设计的模糊严重影响了新农合制度实施的可持续发展。

三、对策建议

习近平总书记在全国卫生与健康大会中强调：“当前，医药卫生体制改革已进入深水区，到了啃硬骨头的攻坚期。要加快把党的十八届三中全会确定的医药卫生体制改革任务落到实处，任重道远。当前要着力推进基本医疗卫生制度建设，努力在分级诊疗制度、现代医院管理制度、全民医保制度、药品供应保障制度、综合监管制度 5 项基本医疗卫生制度建设上取得突破。”[①] 其中，针对新农合政策实施过程中存在的问题及其原因，我们提出以下政策建议。

① 习近平出席全国卫生与健康大会并发表重要讲话 [EB/OL]. [2017-12-22]. http://www.wxyjs.org.cn/zyldrhd_547/201608/t20160821217446.htm.

（一）创建信息共享平台，实现异地结算

随着城市化、城镇化和农业现代化进程的加速，人口流动性逐渐增大，农民工不得不选择异地就医，异地就医结算的需求越来越大，各平台的信息共享便成为大势所趋。新农合政策应积极主动满足这种需求，建立各地医疗信息共享的网络平台。

首先，应尽快建立新农合各级网络平台，主要建立省、县两级平台，并实现多级业务网络信息共享的模式。通过省级平台，建立市级信息管理平台及其辖区虚拟信息管理平台。作为全省新农合管理信息系统的核心部分，省级信息平台必须为各地新农合信息系统提供数据交换、存储、备份等功能，联系全省各级新农合信息网络，保证省内各级信息交流畅通。同时，新农合的审核、报销等业务由县级平台实现。逐步建立统一的信息平台和数据库存，即国家、省、市、县等多级新农合的数据中心。省级平台存储全省的新农合数据，为相关管理部门提供数据监管、查询、分析等功能，并对全省新农合业务信息实行集中的管理和维护，保证各级各类新农合管理机构、经办机构、医疗机构相互间的数据共享和信息交换得以实现。县级平台负责新农合组织、管理与运行的基础信息的收集和业务管理，即参合、补偿、基金管理以及会计核算、统计查询等，确保实现以县为单位的在线费用的审核、结算、实时监控以及数据上传等功能。

其次，建立统一的数据、业务、数据交互规范，进行各级新农合网络平台的信息收集、汇总和分析，并提供数据接口标准，从而实现与公共卫生信息系统中各应用系统的信息交互。同时，应与金融机构进行探讨合作，在农村进行合作医疗金融服务试点，例如利用金融机构服务网点范围广、服务专业、使用便捷等优势，设立新农合银行账户，给群众缴费带来极大便利。另外，探索用银行卡取代参合证的方式，实现异地参合、异地结算。

最后，建立信息安全平台，提高费用核查效率。应确保新农合各级系统的安全性，为系统和数据的安全提供技术保障，在安全的前提下全面跟踪新农合资金流向、就医流向、就医补偿情况和疾病负担等信息，增强对新农合资金的监管核查力度。

（二）建立科学的筹资模式，提高新农合筹资水平

一直以来，报销比例低、保障水平低是农民不愿参保的根本原因，也是新农合最突出的一个问题，其根源在于筹资水平低。虽然政府一直加大对新农合的资金投入，但是仍然无法有效地满足农民的就医需求，从根本上解决农民“看病贵”“看病难”的问题。因此，建立科学的筹资模式是提高新农合的报销比例和保障水平的首要任务。

首先，应明确筹资主体的责任。国家规定，新农合采取并实行“个人缴费、集体扶持和政府资助相结合”的筹资机制。但是，关于“集体扶持”的筹资模式缺乏具体明晰的规定，无法得到有效保障。在一些经济落后的乡村，“集体扶持”的部分几乎为零，这必然将增加政府以及个人的筹资压力。因此，政府必须明确“集体筹资”主体的责任，对其职责范围进行法制化规定。对于经济较为发达的村镇，必须承担起“集体扶持”的筹资责任；对于经济极端贫困落后的地区和农村，政府可以适当采取额外补贴的方式，增加新农合的统筹基金，以弥补地方政府和村委会在“集体扶持”中的责任缺失。

其次，根据各地区经济发展状况，设立不同的筹资标准，建立与经济发展水平相和谐的筹资模式。我国区域经济发展极不平衡，甚至同一地区城乡居民的经济状况也存在显著差异，这导致了区域之间、城乡之间居民的收入状况、医疗标准和医疗消费水平的差异。由此，需要根据各地区的实际情况设置具有梯度的新农合个人缴费标准。例如，在L市，城镇居民与农民采取的是同样的缴费标准，每人每年缴纳120元的个人参合费用，但是城乡居民的收入水平差异较大，建议应采用不同的缴费标准，以减轻农民的负担。

最后，政府要在新农合制度上大胆创新，积极引入市场机制，将新农合资金的部分份额投入市场，使其资金能够保值增值。2012年，国家发改委、卫生部等六部委出台了《关于开展城乡居民大病保险工作的指导意见》，旨在进一步深化城乡居民医疗保障制度改革，减轻居民对重大疾病的医疗支出，有效提高重特大疾病的保障水平。该意见最大的特点在于：采取向商业保险机构购买大病保险的方式，将政府主导与市场机制相结合，提高医疗保障的运行效率和服务质量。政府根据大病的筹资、报销范围、最低补偿比例以及就医、结算管理等要求选定承办大病保险的商业保险机构，中标后的商业保险公司与政府签订合同承办大病保险，遵循"收支平衡、保本微利"的原则，自行承担经营风险，自负盈亏。这是对基本医疗保障制度的拓展和补充，既发挥了市场机制在资源配置中的优势，实现各医疗产品的供需平衡，又利用私营企业和部门先进的技术和管理模式，有效地满足居民对社会医疗保险的需求。同时，政府作为主导者进行顶层设计和宏观调控，开展统筹兼顾、政策制定、行政监管的工作。

(三)加大新农合制度的宣传力度

在新农合制度的推行过程中应广辟宣传渠道，加大宣传力度，才能打破农民固有的就医观念和就医传统，让新农合政策家喻户晓，为农民所真正接受。新农合的宣传要落到实处，从基层农民的根本利益出发，全面、深入地向他们介绍新农合制度的优越性以及实惠性。政府可以采取以下几种方式进行宣传。

第一，多方位宣传。充分利用电视、网络、广播、手机短信、微信、集市、宣传栏、致农民朋友一封信等形式，积极向农民大力宣传新农合各项惠民政策，提高农民对新农合的认知度，并鼓励企业、志愿组织等社会力量参与新农合的建设，使村民真正认识到新农合给自身带来的益处，积极参与到新农合的制度中来。

第二，入户宣传。鉴于农村人口居住相对集中、文化水平低、接触的信息媒介较少等现状，宣传人员可以深入农村各户人家宣传新农合。由村委会或社区居委会将宣传任务下达到每个村和社区小组，指派干部走村入户，与村民面对面地交流、沟通，告诉他们关于新农合的就医制度、补偿政策和投诉电话，并将就医补偿的流程和医院保障的便民优惠政策告知他们，增强他们参合的主动性和积极性，也方便他们对新农合制度的实施进行民主监督。

第三，实例宣传。通过介绍新农合政策受益者典型事例来说服群众，大力宣传新农合出台的惠民、便民、利民的新政策、措施，让群众感受到参合的实惠性。任何一种制度，只有让人民切身感受到其带给自身的利益和实惠，才会被人民普遍接受。因此，这样的宣传效果最能打动人也最有效果。

第四，面对面宣传。各卫生院针对个别不愿参合的群众，采取片区承包负责的方式"重点突击"。由各村卫生院的医生上门进行面对面宣传，向农民耐心讲解新农合医疗政策和补偿优惠，打消农民的疑虑，积极引导农民主动参合。

（四）建立健全顶层设计以及管理运行机制

现阶段，新农合制度安排模糊、缺乏科学性成为新农合可持续发展的最大阻碍。新农合作为农村最基本的医疗保障制度，其首要任务就是明确保障范围，以医疗补偿和特殊门诊作为最主要的保障项目，保障农民的利益。同时，国家必须对新农合的筹资方式以及基金管理进行明确的法律保障界定，加强新农合的权威性和稳定性。也只有这样，才能明确分配各部门的职责，保障新农合的实施效果使其健康持续发展。

在农村医疗保障制度的实施过程中，一个高效健全的管理机构显得尤为重要。对此，应有内、外两种简明扼要的应对机制。具体如下：首先，外部监管需要国家建立健全有关合作医疗的法律法规，保证执法者有法可依，增强监管的约束性和可操作性。其次，对款项挪用、贪污等违法行为，可以在我国刑法内补充相关法律，在现有的惩罚机制的基础上制定针对性强的法律法规，加大对其的打击力度，提高监管效率。再次，内部需要加强领导机制，明确领导职能，成立新农合基金监管领导小组，并明确监管小组的主要职能。可以将新农合基金管理情况列入年度绩效目标考核机制，建立激励机制，推动基金监管工作的落实。最后，要明确各部门的职能和责任范围，加强各部门之间的协调与合作，保证新农合可以发挥出实效，对人民群众起到切实的社会保障作用。

（五）缩小新农合制度的地区差异，推进公平正义

我国东西部地区经济发展水平不同，医疗资源分布也存在很大的差异。在当前收入分配差距不断扩大的背景下，应多方面统筹有关农村社会保障资金的来源，通过政府再次分配，使新农合资源的配置比例得到不断优化，进一步提高新农合供给标准和保障质量，提高贫困地区的新农合保障水平，从而有利于调节收入不均，有效缩小因贫富差距造成的医疗资源分配不均。现阶段，新农合统筹仅停留在区（县）级与乡（镇）级统筹层次，存在不少弊端。为了解决这一问题，首要的任务是全面推进新农合的市级以上的统筹，避免各乡镇"各自为政"，解决新农合统筹层次较低的问题。考虑到地方政府具有较强的信息优势以及统筹能力，"在划分政府新农合事权时可将其作为第一层次"。[①] 地方政府必须充分发挥其宏观调控的作用，加强各地区医疗服务资源的整合和共享，以及新农合运行的协调配合。同时，由于全国大部分地区城居医保和新农合制度规定与该地区经济水平基本上成正比的现状，可以考虑大力推进城乡多元医保制度之间的整合，借此缩小各区域在城乡医保制度规定和医疗保障水平上的差距。制度整合的目标设定为将城居医保和新农合两项制度整合成城乡居民医保制度，待条件成熟时，再将城职医保与城乡居民医保制度发展成统一的国民健康保险制度，确保人人公平、便捷地享有医疗保障。同时国家也应加大对中西部贫困地区的资金扶持，提高当地经济水平和医疗资源水平，适当对贫困的地区进行新农

① 蔡社文. 政府间社会保障事权和支出责任划分的理论和国际经验 [J]. 税务研究，2004（8）.

合的政策优惠。例如采取增加补偿比率的措施，切实为贫困农民带来就医的便利和实惠。

（六）完善新农合基本药物制度，提高基本医疗水平

新农合药物报销清单混乱，农村基本医疗设施落后、医疗服务水平低等现状在一定程度上也影响了新农合制度的可持续发展。对此，我们认为可从以下几个方面进行完善：

第一，调整和完善国家基本药物目录，并及时更新。确定基本药物价格范围，对贫困地区进行适当的药物补贴。加强药物在生产和流通环节的监管，并统一采购、配送，避免医疗工作者的暗箱操作，保证新农合制度的长期良好运行。

第二，提高基本医疗服务水平。一方面可以加强基层医疗工作人员的教育培训，提高他们的业务素质；另一方面应该完善新农合医疗工作人员的薪酬分配制度和奖励政策，鼓励高水平的医疗从业者留在基层，增强他们服务农民的积极性。此外，适时引进先进的大型医疗设备和技术，定期选派高水平医务人员下基层进行交流指导，提高医务队伍的整体素质。

（七）调整新农合报销比例，改进余额清零制度

据我们的调查，医院等级越高，其报销比例越低。这样的报销标准不仅缺乏合理性，而且有违新农合制度的公平性和保障性。基于此，国家应加大对新农合的投入力度，适当提高大型医院的报销比例。此外，参合者对于余额清零制度表示不满。对此，可将未使用的金额累积到账户中，以供下一年度使用，这样也可避免参合者为用尽账户余额而购买与药物无关的物品。

个人是社会发展的主体和目标，也是一个国家最重要的财富。一个国家真正的富强在于人民，国家的富强与发展归根结底是为人民创设良好的条件过一种体面又尊严的幸福生活。十九大报告指出，要"完善统一的城乡居民基本医疗保险制度和大病保险制度……建立全国统一的社会保险公共服务平台"[①]。新农合制度是关系人民福祉、国家持续发展的头等大事，新农合制度的建设和完善必定成为全面深化改革和建设健康中国的重要一环，成为全面实现小康社会的重要一环，更是实现伟大复兴中国梦的重要一环。

第三节　农村留守儿童和空巢老人问题

改革开放以来，随着城镇化的不断推进以及城乡二元结构的不断扩大，全国大量的农村剩余劳动力涌入城市，由此产生的农村留守儿童以及空巢老人现象已经成为中国现代化转型期一个突出的社会问题。我们对"留守儿童"的界定参照段成荣等[②]的方法——父母中至少有一方外出的情况都被界定为留守儿童，"农村留守儿童"则是指留守儿童的户籍所在地为农村地区的情况。"空巢老人"一般是指"由于子女因工作、学习、结婚等原因离家

① 习近平.决胜全面建成小康社会　夺取新时代中国特色社会主义伟大胜利[M].北京：人民出版社，2017: 47.

② 段成荣，扬舸，马学阳.中国流动人口研究[M].北京：中国人口出版社，2012.

后，独守‘空巢’的中老年夫妇”[①]。随着社会老龄化程度的加深，空巢老人越来越多，已经成为一个不容忽视的社会问题。当子女离家后，独守“空巢”的中老年夫妇因此而产生的心理失调症状，称为家庭空巢综合征。

随着我国经济社会的发展，人口老龄化问题日益突出，“空巢老人”现象尤其引人关注。2012 年 10 月 29 日，据首届全国智能化养老战略研讨会介绍，到 2050 年，我国 80 岁及以上高龄老年人将达到 1.08 亿人，临终无子女的老年人将达到 7 900 万人左右，失能老年人将达到 1 亿人左右，独居和空巢老年人将占 54% 以上。[②] 空巢老人的养老问题也再次引发社会关注。同时，2013 年全国妇联发布了《我国农村留守儿童、城乡流动儿童状况研究报告》，此报告全面、准确地统计了农村留守儿童的数量以及地域分布等。调查显示：根据《中国 2010 年第六次人口普查资料》的样本进行推算，全国共有 6 102.55 万名农村留守儿童，占全国儿童人数的 21.88%，同时留守儿童年龄结构正在发生变化，学龄前儿童的规模不断扩大，留守儿童主要集中在四川、河南、安徽、广州、湖南等劳务输出大省，其中四川、河南留守儿童最多，分别占全国留守儿童的 11.34% 和 10.73%，部分东部省份比例也比较高。《我国农村留守儿童、城乡流动儿童状况研究报告》显示，从农村儿童中留守儿童所占比例来看，重庆、四川、安徽、江苏、江西和湖南的比例已超过 50%，湖北、广西、广东、贵州的比例超过 40%。可见，农村留守儿童广泛分布于中西部省份，同时也分布于江苏、广东等东部发达省份。[③]2005 年 5 月，首届中国农村留守儿童社会支援行动研讨会在郑州召开，这意味农村留守儿童问题得到普遍关注。自党的十八大以来，中央针对留守儿童的问题也提出了一系列相关的举措。2016 年 2 月，国务院发布了《国务院关于加强农村留守儿童关爱保护工作的意见》，致力于减少农村儿童留守现象，确保农村留守儿童的安全、健康、受教育等权益得到有效的保障，为他们提供一个优良的成长环境。

与农村留守儿童现象如影随形的一个问题是农村空巢老人的比例不断攀升。据统计，全国农村空巢、类空巢家庭中的老人占农村老年人总人口的 45% 左右。我国目前已经进入人口老龄化快速发展时期，已有老龄人口 1.69 亿人，占总人口数的 12%，据全国老龄办统计数据，有近一半的老人属于城乡空巢家庭或类空巢家庭。专家预计，到 2030 年我国老龄人口将近 3 亿人，而空巢老人家庭比例或将达到 90%，这意味着届时将有超过 2 亿的空巢老人[④]。也就是说，农村近一半的老人孤身一人或是和老伴生活，缺乏子女日常的照顾和陪伴。随着我国经济快速发展、医疗水平持续提高、中国人口平均寿命不断延长、老龄化程度日益加深以及城镇化进程推进，农村空巢老人的规模将越来越大，其带来的社会问题也将日益凸显。

为进一步分析农村留守儿童和空巢老人等社会问题，我们选取福建省 L 市及其所辖的

---

① 陈伙平，等. 福建省农村留守儿童问题调查研究 [J]. 福建师范大学学报（哲学社会科学版），2015（1）.

② 中国到 2050 年独居和空巢老人将占 54% 以上 [EL/OL]. [2018-09-10]. http://www.chinanews.com/jk/ 2012/10-31/4289923.shtml.

③ 我国农村留守儿童、城乡流动儿童状况研究报告 [EL/OL]. [2018-09-10]. http://new.060s.com/article/ 2013/05/10/753163.htm.

④ 中国空巢老人现状和未来调研报告 [EL/OL]. [2018-09-10]. http://www.cnrencai.com/diaoyanbaogao/9418.html.

乡镇为样本进行调研，对当地的农村留守儿童和空巢老人等现象进行分析，透过现象找出问题产生的深层次原因，进而提出相应的解决之道。

一、农村留守儿童和空巢老人现状及存在的问题

（一）农村留守儿童和空巢老人现状——以福建省L市为例

在福建省L市紫泥镇的仁和村和巽玉村，农村留守儿童和空巢老人现象并不常见，其主要原因在于：一方面，改革开放以来，仁和村改变了单一的农业经济模式，充分发挥水乡优势，积极发展多种经济，周边有一些造船厂和水上运输公司，为农村青年提供了较多的就业机会。此外，部分村民还会到周边地区打工，但大多是在附近的小城镇；抑或男性青壮年长期在外地打工，妻子留在农村照顾老人和孩子，因此很少存在留守儿童和空巢老人现象。但当地的教育资源有限，师资力量缺乏，且父母对孩子的教育重视程度普遍不高，限制了当地儿童的教育发展。另一方面，巽玉村的常住村民主要从事水产养殖业，一部分年轻人长期在外地打工，村里存在部分空巢老人，正因为如此，外出打工者大多把孩子带在身边，该村几乎不存在留守儿童现象。巽玉村是革命老区，党员较多，对村中空巢老人给予了较多的关怀与帮助。

相较于紫泥镇，海澄镇的空巢老人现象较为明显。海澄镇的大部分社区是典型的城乡接合部，农民和居民混居。一方面，由于周围没有耕地和池塘，农民无法进行农作物耕种和水产养殖，因而只能外出打工；另一方面，社区居民大多是20世纪六七十年代“上山下乡”后返城的青年，还有部分退伍军人，他们返城后大多没有固定的工作，为了生计，大多选择外出务工。且原国有企业改革后许多工人下岗，失去稳定的生活来源，这部分群体只能选择做点小生意或者外出打工，并携带自己的孩子外出。因此，溪头社区和大埕社区的空巢老人现象较明显，留守儿童较少。

（二）存在的问题

通过调研，我们发现农村留守儿童在成长过程中主要存在以下几个问题：

（1）农村留守儿童的基本生存条件和基本权利得不到保障，意外伤害发生率较高。在过去一年中，有49.2%的留守儿童遭遇过意外伤害，比非留守儿童高7.9个百分点，遭遇割伤、烧伤、烫伤、溺水、触电、中毒、火灾、自然灾害等各种意外伤害的留守儿童比例都高于非留守儿童，意外伤害的发生源于留守儿童安全防范意识和知识的缺乏，但更多的是父母及监护人履责不到位。

（2）父母与子女的分离导致家庭教育的缺失，留守儿童学习态度不端正，学习兴趣不高，缺乏基本的学习辅导，学习成绩通常较差。这一方面源于农村学校培养目标单一与留守儿童教育需求多元化的矛盾，学习知识一旦脱离自身的发展基础和需求，学习兴趣自然就会大打折扣；另一方面与留守儿童自身的情况有关，因为缺少有效监督和应有的学习辅导，加之自我约束和管理能力较差，势必影响学习的自信心。

（3）亲子关系较为疏离，社会对其关注较少，这对农村留守儿童的心理健康以及人格

发展产生了不利的影响。由于留守儿童与父母之间长时间缺乏必要的交流，孩子缺少对双亲的信任，亲子关系日益疏离，将影响孩子的成长、人格养成以及心理健康，甚至出现违法犯罪。

（4）留守儿童易受不良社会团伙的影响，同时缺乏有效的家庭、社会监管，容易走入歧途，犯罪的风险较大。留守儿童恶性犯罪一直是社会关注的焦点。据统计，近年来，刑事犯罪青少年中，超过 20% 是留守儿童或曾经的留守儿童。2006 年，记者在湖南调查被关押的未成年犯，结果显示：1 708 名在押未成年犯中有 654 人是农村留守儿童，所占比例接近 38.9%。2010 年，四川成都市中级人民法院少审庭对该庭当年审理的未成年人犯罪的分析显示：当前农村留守儿童犯罪率高达 41%，暴力犯罪与激情犯罪居多。最高人民法院研究室相关人员披露，从 2000 年以来，中国各级法院判决生效的未成年犯罪人数平均每年约上升 13%。[①]

农村空巢老人主要存在以下问题：

（1）老人的基本权益无法得到有效保障，经济困难并且缺乏足够的医疗、养老保障，生活难以自理，生活条件低下。根据《2015 年农村空巢家庭老年人状况调查报告》，农村空巢、类空巢家庭老年人从事生产劳动的比例为 47.4%，比非空巢家庭老年人高近 5 个百分点；获得子女经济帮助的比例为 59.5%，比非空巢家庭老年人低 6.6 个百分点；39.6% 的空巢、类空巢家庭老年人感到经济困难，49% 的人认为经济上缺乏保障，得到政府和集体救助的只占 13.6%。[②] 空巢、类空巢家庭老年人中健康状况差的占 27.2%，患慢性病的占 65.5%。57.8% 的人未享受任何形式的医疗保障。[③]

（2）缺乏子女和社会的关爱，内心孤独。空巢老人普遍都有一种孤独感，心情抑郁，行为退缩。他们大多深居简出，很少与社会交往。原因主要有以下几点：一是对离退休后的生活变化不适应；二是对子女情感依赖性强，子女却无法陪伴老人；三是由于本身性格方面的缺陷，对生活兴味索然，缺乏独立自主、重新设计晚年美好生活的信心和勇气。

二、原因分析

以上是我们走访的两村两社区关于农村留守儿童和空巢老人的基本情况，以及在调研中发现的一些问题。虽然 L 市各地区行政区域类别不同，经济发展状况也不尽相同，但就农村留守儿童以及空巢老人等问题，总体来说差异不大。究其原因，我们认为主要有以下几点：

（一）农村留守儿童

（1）父母与孩子长期分离导致诸多问题。农村留守儿童长期远离父母，在健康、心理、安全等方面无法受到应有的保护。在农村，留守儿童只能由祖辈或者亲戚照顾，属于“隔

① 杜立. 留守儿童高犯罪率的审思 [J]. 少年儿童研究，2013（12）.

② 2015 年农村空巢家庭老年人状况调查报告 [EB/OL]. [2015-09-10]. http://bg.yjbys.com/diaochabaogao/17852.html.

③ 2015 年农村空巢家庭老年人状况调查报告 [EB/OL]. [2018-09-10]. http://bg.yjbys.com/diaochabaogao/17852.html.

代抚养家庭"。在这类家庭中，老人们往往承担着家务劳动和一定的农业劳动，劳动时间的延长直接缩短了祖辈与孙辈的亲子互动时间，不利于良好亲子关系的形成。年迈的祖辈没有足够的时间和充沛的精力照顾儿童，导致儿童在安全、身体发育、心理发展等方面出现问题。

（2）从政府层面来看，针对留守儿童的相关立法较少，且执行力度较弱。虽然我国制定了《流动人口子女就学暂行规定》《关于进一步推进户籍制度改革意见》《义务教育法》《未成年人保护法》等相关法律，为农村留守儿童提供切实的保护和保障，但是在具体执行中却缺乏相应配套措施，存在实施不到位的问题。

（3）农村经济水平较低，教育资源缺乏，限制了留守儿童的发展。从我们的调研来看，村镇的经济发展水平较低，当地没有支撑产业，大多数青年人选择外出打工。祖辈们的思想观念仍比较传统，限制了留守儿童在思想、教育等方面的自主发展。同时，农村师资力量薄弱，造成班级过大，无法顾及留守儿童的心理和感情需求。

（4）社会对留守儿童的关注不够，缺少相关的机构对其进行监管。留守儿童问题近几年才开始受到社会的关注，但关注度仍然不够。迄今为止，国家没有设立专门的机构对留守儿童进行监督和管理，缺乏相关的管理机制。这是留守儿童问题的体制性和机制性缺陷。国家、社会和家庭都要承担起对儿童的相应责任，使他们健康茁壮成长。

（二）空巢老人

（1）法律制度保障不足，空巢老人的基本权益得不到有效保障。老人本身就属于社会的弱势群体，需要国家从法律层面上给予其基本的生活保障与扶持。但是就现阶段而言，由于法律制度在建立和执行过程中的不完善以及老人自身条件等原因，他们的基本权利得不到切实有效的保障。国家虽然颁布了《老年人权益保障法》等保障老年人基本权利的法律和举措，但是由于相关法律的普及不到位和子女的缺位给他们享有这些法定权益带来了许多的执行层面的困难。有的老人由于自身文化水平低，法律意识淡薄，自己的权益受到侵犯却不知情，有的老人知道自己的权利受到侵犯却只能忍气吞声，不会用法律的手段来维护自己的正当权利，还有的老人知道自身的权利受到侵害并希望维权，但是缺乏相关法律知识，因而自己的权利无法得到实质的保障。

（2）社会帮助缺位，专业的养老机构较少，缺乏专业的照顾。总体上看，社会上对空巢老人的关注度不高，社会帮助缺失。由于受到经济条件、居住环境、养老观念等客观因素的影响，专业的养老机构资源不足，养老方式单一，养老风险也较高。现今的农村大多还是居家养老，社会上专业的养老机构还没有完全被农民理解和认识，因此需要国家和社会积极进行引导。

（3）人口老龄化趋势加剧和少子女化，几代同堂的情况越来越少。受计划生育的影响，多数家庭多为核心家庭的三口之家，几代同堂的现象也随之减少。由于孩子长期在外打工，老人得不到孩子的日常照顾和陪伴，缺乏沟通和感情上的交流，内心容易产生空虚感和失落感。有的老人行动不便，或是忙于农活或家务，没有时间和精力到社区参加一些老年人活动，和其他老人交流聊天的机会不多，缺乏与外界的接触，因此容易产生孤独感，甚至抑郁症及相关症状。2011 年 1—12 月对河北省邢台市（沙河市、邢台县、内丘县、临城县 4 个县市区）山区农村空巢老人的抑郁状况进行调查，其中空巢老人抑郁症状的发生情况为：调查人群中男性 848 名（占 47.5%），女性 937 名（占 52.5%），年龄 60～90 岁；1 785 名空巢老人中有 353 例具有不同程度的抑郁症状，发生率为 19.8%，其中轻度抑郁 258 例（14.5%），中重度抑郁 95 例（5.3%）。分析原因时发现抑郁与子女关系密切程度有关，关系密切者抑郁率仅占 11.0%，独居老人抑郁率高达 32.2%。

（4）经济条件落后，缺乏有效完善的养老保险和医疗保险制度。现阶段新农保的保障水平很低，较低的养老金待遇根本无法满足广大农民基本的养老需求。同时，新农合的保障水平也很低，所报销的医疗费对于患病的老年人来说简直是杯水车薪。部分地区的医疗机构配备不完善，医疗人员专业程度有限，老人的医疗救治缺乏保障。且在许多农村地区，由于经济条件的限制，当地缺乏设备齐全、服务专业的养老院，即使有了养老院，老人们也会受到经济条件的约束或是传统观念的影响，不愿去养老院而选择在家里养老，这样他们就缺乏专业的照顾。

三、对策建议

十九大报告强调要加强社会保障体系建设，“完善社会救助、社会福利、慈善事业、优抚安置等制度，健全农村留守儿童和妇女、老年人关爱服务体系”[①]。针对农村留守儿童以及空巢老人现象及其存在的问题，我们提出了以下几点改进措施：

（一）留守儿童

1. 加强立法，保障留守儿童的基本权益

目前国家还没有专门针对留守儿童的相关法律法规，但是已经有相应的提议。在全国政协十届四次会议上，敬一丹等 24 名政协委员提交了《关于为农村留守儿童建立成长保障制度的提案》。提案称，在一些劳务输出大省，留守儿童在当地儿童总数中所占比例高达 18%～22%，农村留守儿童问题已成为不可忽视的社会问题。委员们建议，全国人大在修订《未成年人保护法》时，从法律上保障农村留守儿童的权益。要加快取消与户籍相联系的教育、医疗、住房等各种城乡隔离制度。建议教育部门针对农村留守儿童问题进一步研究和出台相应的政策和规定，强化农村学校对留守儿童的责任和管理，构建学校监护网，更加重视儿童的全面发展，保障留守儿童的基本权益。各级政府应加大教育投资，在劳动力人口输出集中的地区推进农村寄宿制学校建设。

2. 从制度上打破二元制的城乡户籍壁垒，缩小教育差距

城乡二元制的户籍制度一直是阻碍入城务工青年将孩子带到城市里生活的最大因素。由于没有城市户口，一些农村孩子无法在城市上学，无法在城市参加中考和高考。即使可以就读城市的子弟学校，但其教育资源以及教学水平与其他学校相距甚远，农村孩子无法真正享受高质量的教育资源。正是由于户籍制度的限制，农村留守儿童无法享受与城市孩

① 习近平. 决胜全面建成小康社会　夺取新时代中国特色社会主义伟大胜利 [M]. 北京：人民出版社，2017: 47.

子同等的权利。因此，必须深化户籍制度改革，彻底打破二元制的城乡户籍壁垒。除了加强制度建设和政策安排，还要为进城的孩子提供更加完善的保障设施，落实儿童流入地的基本公共资源配置。例如建立城市流入儿童关爱中心，为他们提供适当的学习、心理辅导，使他们能更好地融入城市。同时为他们提供基本的医疗保险和基本生活的保障，减小城市儿童与农村儿童之间的教育差距，缓解农村儿童的教育缺失问题。

3. 建立留守儿童帮扶机制，借助社会志愿服务机构力量为儿童提供服务

社区街道办的工会、妇联等相关组织应发挥自身优势，积极对农村留守儿童进行思想教育。提供假期日间照料、课后辅导、心理疏导等服务，提高留守儿童的生活自理能力。定期为孩子进行体检，密切关注他们的身体和心理健康。为留守儿童进行各方面的辅导。招募高校青年志愿者，利用闲暇以及寒暑假，为留守儿童辅导功课，开展课余活动，开办兴趣班，丰富留守儿童的生活、指引他们树立正确的世界观、人生观和价值观，减少留守儿童犯罪的现象。

4. 加强学校教育、管理和监督职能，为留守儿童营造健康的成长环境

一方面，政府应加大对当地教育资源的投入。招募师资，升级学校的硬件设施，注重学校的学习氛围建设，提高学校的整体教育水平。另一方面，学校应该给予留守儿童特别的关注。首先，建立健全留守儿童的教育管理档案，详细记录他们的资料，有针对性地进行引导和教育。其次，为留守儿童提供全面的照顾，例如为他们提供全日制的寄宿。这种集中式的管理有利于对留守儿童在物质上和精神上进行照顾，及时了解他们的现实需求，关注他们的思想变化，以便对其进行思想和心理疏导。最后，学校要加强对留守儿童的心理教育。由于长期与父母分离，留守儿童容易产生孤僻、自卑、冷漠等不健康的心理问题。因此，学校应该配备专业的心理辅导老师，开设相关的心理健康课程，对出现情绪异常的儿童进行合理的心理咨询和辅导，排解他们不良的情绪。

（二）空巢老人

1. 发展乡镇企业，为年轻人创造更多的就业机会

政府应大力支持乡镇企业发展，大力发展农村经济，为农村创造更多就业机会；出台相应的鼓励政策，鼓励外出务工人员回乡创业，参与新农村建设中，从而有针对性地减少空巢老人和留守儿童数量。

2. 加强立法，完善对老年人保护的相关政策

目前，老年人权益保障的内容非常广泛，涉及社会生活的各个方面，除了《老年人权益保障法》这部专门性的法律，在《宪法》《民法通则》《婚姻法》及相关的司法解释中均有关于保障老年人合法权益的。但比起法律法规的制定，更应该注重的是法律的实施和应用，这也是在完善政策里需要被重视的部分。这就需要社区及地方政府加以引导和普及，告知人们法律的用途，让群众更加重视法律的存在。

3. 加强新农保和新农合制度建设，完善农村社会保障服务

新农保和新农合制度运行时间不长，对农民的保障力度不够，仍然存在一定的问题。应加强制度建设，稳定农村社会环境，维护群众的根本利益。坚持以十八大，十八届三中、

四中、五中、六中全会，十九大精神为指导，以保障各类贫困人口基本生活为准则，从实际出发，完善现有贫困群众最低生活保障制度，做到与群众积极沟通，共同建设和谐社会。

4. 建立养老扶助机制，丰富老年人生活

村委会等基层组织应发挥积极作用，实施干部联系空巢老人制度。居委会积极发展居家养老模式。所谓居家养老服务，是指以家庭为核心、以社区为依托、以专业化服务为依靠，以为老年人提供以日间照料、生活护理、家政服务和精神慰藉等为主要内容的社会化服务。村委会要组织干部和志愿者定期上门进行个案服务，及时了解老人们的身体状况、生活情况和心理诉求。坚持定期走访、节日慰问，密切感情联系，增强空巢老人的归属感。大埕社区这一服务实施的效果显著。同时，社区应为老人们提供相互照应的平台，以农村老党员、老干部、退休职工为主体，以行政村或自然村为区域单位，成立老年人组织，组建文体队伍，开展各种兴趣班，一方面使他们自我服务，相互照应，另一方面协助村委会做好村级事务，使空巢老人从“空巢”中解脱出来，融入老年集体，丰富老年生活。

孩子是国家的未来，他们的成长关系到国家的前途命运，老人的生存状况是一个国家幸福指数和社会文明程度重要的衡量标志。因此，切实解决好农村留守儿童和空巢老人等社会问题是我国现代化建设过程中重要的一环，也是我国全面深化改革的重要内容。希望通过国家社会保障等举措的完善和实施，我们能生活在一个老有所依、幼有所养、老有所乐、幼有所教的美好社会中。

第五章　全面深化改革背景下农村生态文明建设

全面深化改革背景下的中国农村发展道路研究，有经济、政治、文化、社会和生态文明等五个方面，其中全面深化改革背景下的农村生态文明建设是本章调研的主题。生态文明建设也是影响中国社会发展的重要因素，“我们要牢固树立社会主义生态文明观，推动形成人与自然和谐发展现代化建设新格局，为保护生态环境作出我们这代人的努力”①！

2016 年 7 月下旬，厦门大学农村生态调研队在福建省 F 市就农村生态文明建设问题进行了实地考察。通过对龙井坑村、廉村、狮子头村等 10 多个具有代表性的村庄的走访、座谈，我们对当地的农村生态状况、新农村建设情况以及生态文明建设现状有了更加深入的了解。在此基础上，我们通过广泛收集相关的材料，以小见大，以点看面，逐步对福建省，乃至全国农村的生态农庄和新农村建设情况有了大致了解。

我们认为，目前我国的农村生态文明建设主要表现为宏观、微观、中观三个层面：生态农庄与新村建设、农村人居环境与日常卫生、农村生态产业与绿色生产。

第一节　生态农庄与新村建设

生态农庄主要是指在整体上具有某种生态特性的村庄，它的生态状况可以通过其自然生态状况、居住地的空间布局、排水系统建设、村道建设与村庄绿化等方面表现出来。生态农庄建设既是新农村建设的主要部分，又是农村生态文明建设的宏观层面。这里我们试图从村庄生态的基本状况、新村建设的生态问题和村庄生态文明建设这三个部分对其进行阐述。

一、村庄生态的基本状况

村庄既是村民生活的主要场所，也是农村生产的主要环境载体。村庄生态的好坏，直接关系到村民生活质量的好坏。在实际考察中，我们了解到我国广大农村地区的村庄自然生态整体为优，村内环境维持趋势向好，但在村内绿化方面还有待加强。

① 习近平. 决胜全面建成小康社会　夺取新时代中国特色社会主义伟大胜利 [M]. 北京：人民出版社，2017: 52.

（一）自然生态优良

自然环境是村庄环境的基底，水、空气和植被又是调节自然环境的关键要素，一个地区自然环境的好坏与其水、空气和植被的好坏直接相关。通过考察我们发现，与城市相比，我国农村的水质状况、空气质量都相对较好，植被覆盖率和植被多样化程度相对较高，农村自然生态环境整体优良。

1. 植被覆盖率高

与城市相比，我国农村植被覆盖率相对较高。以 F 市溪潭镇的廉村为例，森林的占地面积最大，全村森林覆盖率高达 71.3%，这一比例直逼全国森林覆盖率最高的城市——湖南郴州（其比例为 81%），同时遥遥领先于大多数城市的森林覆盖率（我国南方城市的森林覆盖率平均在 40% 以上，北方城市的森林覆盖率平均在 30% 以上）。再以龙井坑村为例，该村给人印象最深的就是青山环绕、古木参天，森林郁郁葱葱，置身其中，仿佛进入了一个天然氧吧，顿时让人神清气爽，身心轻松。

同时，农村对森林的保护意识不断增强，对森林的管护能力也不断提高。如 F 市在美丽乡村建设的过程中，坚持以不推山、不填塘、不砍树为原则，因地制宜，管护结合，既保持了村庄原有风貌，又能从整体上提升村庄的生态之美。在政府的带动下，村民们对森林保护的认识也逐渐提高。在与当地村民交谈的过程中，几乎所有村民都能认识到森林对维护生态平衡的重要性，并表示不会在生产生活中对森林滥砍滥伐，同时也愿意积极加入森林建设和维护的队伍中。

森林是陆地生态系统的主体，具有涵养水源、净化空气、调节气候、保持水土等功能，也是动物栖息的主要场所，对保护生物多样性意义重大。农村能保持较高的森林覆盖率，既有利于促进自然生态环境的良性循环，也反映出我国农村自然生态环境整体较优。

2. 水源清洁

水是生命之源，是区域内所有生命得以维系的基本条件。一个地区的水，特别是饮用水清洁与否，直接与区域内百姓的健康与生命安全息息相关。随着工业化和城市化进程的加快，我国水污染问题日益严重。受经济利益驱使，企业和公众将大量未经任何处理的污水直接或间接排入江河湖海中，对水资源造成了严重污染。据环保总局、水利部等单位统计，我国 80% 以上城市的水都受到了不同程度的污染，其中近 70% 无法达到国家水质标准。在整体水环境污染趋势加重的背景下，农村也无法幸免。农村水质下降主要是由农村生活污水的直接排放、农业生产中农药化肥和地膜等垃圾散落在土壤和水中、禽畜养殖污水的直接排放，以及乡镇高污染企业未经处理的废水、废渣的直接排放等因素造成的。据调查，我国 80% 的村庄无集中处理生活用水的公共设施，所用农药只有 10%～20% 附着在农作物上，其余都散落在土壤和水中。

近年来，随着新农村建设和美丽乡村建设的推进，农村环保意识不断加强，农村水质状况获得了较大改善。如在走访的十几个村庄中，所有村庄的溪水都清澈见底，这在前几年实属难见。农村水源清洁，水质不断改善与相关环境专项整顿计划的落实息息相关。如 F 市近几年便专门出台了村镇垃圾专项处理三年提升行动计划，在该计划中，政府不仅加大了垃圾处理的投入比例，还建立了村庄日常保洁和垃圾处理制度。在污水整治方面，政府通过一系列措施对农村生活污水和农业生产、养殖业生产以及乡镇企业生产污水进行集中处理，尽量使这些污水能够达标排放。如狮子头村的无害化厕所普及率已达 80%，粪便无害化处理率高达 90%。而溪塔村和廉岭村则通过修建下水道和污水处理池对村内污水进行有效处理。专项整顿计划的落实对村内水质改善至关重要。

3. 空气清新

在空气质量方面，与城市饱受雾霾、酸雨、温室效应等空气污染之苦相比，清新的空气是农村得天独厚的自然优势。近年来，随着城市化进程的加快，城市人口迅速膨胀，城市建筑日益密集，城市交通日益拥堵，城市的空气污染问题也日益严重。目前，许多城市都陷入了空气质量不断恶化的困局。环保部公布的《2016 年全国环境质量公报》显示，2016 年，全国仅有 84 个城市的空气质量达标，达标率仅为 24.9%。与之相反，农村的空气质量却整体达标。农村空气质量能够长期保持良好的状态既与农村先天具有的土地面积大、人口密度低、工厂废气排放量少和汽车尾气排放量小以及森林覆盖率高等优势有关，也与近年来农村整体环境保护意识的提高以及农村环境保护政策的落实有很大的关系。空气无色无味，对人而言，它是自然的公共物品。但随着我国空气污染日益加重，清新的空气却也成了一种稀缺资源。曾有新闻报道，城里人欲购买乡村新鲜的空气。一开始许多人以为这样的新闻只是一种炒作和噱头，但在这次考察中，当真正置身于农村，徜徉于农村山水田园间，呼吸着夹杂着花香和湿气的清新空气时，我们发现向农村购买清新空气在未来很有可能。

（二）村庄环境维持良好

村庄生态既包括由植被、水和空气等要素组成的自然生态，又包括由村庄道路、村庄排水系统、村庄房屋、村庄公园、绿地等与人的生产生活直接相关的人化自然或人工环境。人化自然既是人实践的对象，又是人本质力量的展现。人工环境状况直接关系到村庄整体生态的好坏。与自然生态相比，人工环境更需要人力的维护。通过调查，我们看到我国农村在生态维持方面逐渐改善，这不仅表现在农村生态环境能够长期保持良好，还表现在农村水利建设加强、水系安排得当，绿化管理到位等方面。

1. 长期维持良好的环境

随着时间的流逝，城市环境，特别是人化自然环境发生了翻天覆地的变化。在经济利益的推动下，城市曾不惜一切代价，甚至牺牲自然环境使经济进入高速发展的轨道。近年来，随着城市环境问题的凸显以及城市环保意识的增强，城市的环保力度正不断加大。如政府在城市道路改善、水利设施建设、污水处理设备安装和城市绿化等方面的投入正大幅度提高。显而易见，这些举措对城市生态的维持起到了一定作用。但冰冻三尺，非一日之寒。一方面，许多短、平、快的环保举措并不能起到立竿见影的效果，如通过移植大树来快速增加城市绿化面积并没有在根本上改善城市生态；另一方面，盲目追求经济增长，经济成本外部化的现象仍然十分严重，城市在环境保护方面存在着反复，甚至是倒退的现象。

但与城市相比，农村的环境能在较长的时间内保持良好的状态。在对农村的实地考察过程中，我们发现农村最大的特色就是古朴。如在整个廉村，最让人引以为豪的就是具有上百年甚至是上千年历史的古榕树。当地官方资料显示，廉村树龄超过 100 年的古树就有 73 株，这与城市许多树苗还未长大就因新工程建设等不得不移除，或被反复糟蹋形成了鲜明的反差。农村不仅具有茂密的森林，天然的公园，广阔的滩涂、绿地、湿地等得天独厚的生态优势，更注重对这些天然资源的保护与管理。农村重视对这些天然资源的养护一方面受其传统习俗的影响，如将古树视为村庄的保护神。另一方面与新农村建设和美丽乡村建设对农村生态意识的培养有关。如 F 市在美丽乡村建设中就发动村民开展房前屋后的绿化，保护古树名木，其中狮子头村在经济建设中就十分强调对村南侧白鹭栖息繁衍之地和村西侧赛江滩涂地的生态保护。在多方合力下，农村的环境长期保持良好，并为农村整体生态的改善打下了坚实的基础。

2. 水系安排得当

习近平在十九大报告中指出：要“统筹山水林田湖草系统治理”。水利是农业之本，水利的发展与农业的发展息息相关，而新农村的建设更需要重视水利工程，做好水系的规划和整治。在对 F 市十几个村庄的实地走访中，我们看到近年来农村水利设施建设正不断加强，农村的水系安排也越发得当。农村水系是农村储水、排涝、灌溉不可或缺的场所，更是农村物质的微循环系统，是农村美化和绿化的重要元素。农村水系大部分由沟渠、河道、河塘构成。近年来，在新农村建设和美丽乡村建设的过程中，政府尤为重视对农村水系的合理规划。在宏观层面，农村在水系规划过程中逐步树立了“全域生态水系、循环水系”的水系发展理念，并将积极调整农村经济发展模式，把水系建设与农林牧副渔的发展有机结合起来，从而使我国农村的水系建设逐步向科学化的方向迈进。在微观层面，通过控制污染源，污水截污、集中收集和处理，以及对河流进行生态修复等措施，对被污染或被损害的水系进行综合整治，以全面优化、合理安排农村水系。

3. 绿化管理到位

“绿水青山就是金山银山。”绿化对保持乡村田园风光，改善农村生产、生活条件，提高农民生活质量具有重要的意义，也是美丽乡村建设中的一个重要任务。在调查中我们发现，农村在绿化管理方面颇有成效。如在乡村建设中，F 市便发动村民开展房前屋后绿化花化，保护古树名木，推进“四旁四地”绿化；因地制宜，建设面积适宜、乡土气息浓郁的村民休闲活动场所和公园绿地；由村里提供树苗，有规划地分发给农户进行种植；整治和疏通河塘沟渠，绿化裸露地块，保护山水田林、水乡风韵和山村风貌。而在观念上，则加强对生态环保知识的宣传，积极引导村民树立环保意识，提高村民的环保意识。这些都是新农村建设过程中在绿化管理方面所做的努力。

（三）村庄绿化空间较小

就总体而言，我国农村在自然资源养护、生态环境维持等方面具有得天独厚的优势，也做了足够的努力，特别是在村庄绿化方面取得了巨大的成效。但也有部分农村存在企业占地过多、住宅高楼太密、村内空气质量欠佳的情况。这些村庄的绿化空间则需进一步改进和提升。

1. 企业占地多

企业是市场经济的主体，改革开放以来企业在我国如雨后春笋般迅速崛起，并不断从城市向农村蔓延。绿地与森林类似，具有涵养水源、保持水土、净化空气、调节气候、维护生物多样性等功能。但农村企业占地面积的扩大必然侵占原有绿地，使农村绿地面积急剧减少，农村生态环境遭到严重破坏。资料显示，我国的建成区绿地率与人均公园绿地率近年来严重失调，而失调严重区域基本是全国工业中心所在地。又由于大城市中的诸多企业向小城镇迁移，小城镇日益成为建成区绿地率和人均公园绿地率失调的重灾区。以福建南安蓉中村为例，目前该村已有福建莱克石化有限公司、蓉中电气设备有限公司等 20 来家大型企业在此落户，其他小微企业也星罗棋布，企业占地面积急剧增加，并有继续扩张的趋势。而不断扩张的企业用地严重挤占了该村的绿地空间，使该村的绿化率过低，从而严重影响了该村的生态环境。

2. 住宅高楼密集

随着农村改革的不断深化，农村的经济不断发展，收入不断增加，生活方式和生活水平不断提高，新建农村住宅数量也大幅增加。但受落后传统观念的影响，农民在建房时往往缺少整体规划，违规建房和无序建房的现象频繁发生。一方面，村民非法占用耕地，特别是把自己承包的责任田和自留地看作私有土地，并用于建私人住宅；另一方面，农民建房随意性大，沿乡村公路建房，沿河流建房，沿灌溉渠道建房，在自家承包责任田建房，建设用地与农用地杂乱分布的现象随处可见，且这些乱象在农村中日益普遍。[①] 村民新建住宅多而高，一是占用耕地和绿地，二是浪费能源。同时住宅高楼密集也会使村民活动空间缩小和空气质量受损。如在狮子头村和象环村，除了耕地，到处都是密密麻麻的高楼大厦。因为新建住宅高而密集，村民几乎没有充裕的活动空间。长此以往，不仅绿化空间被挤压，还严重影响了村民的居住环境和生活质量。

3. 空气欠佳

虽然与城市相比，农村的空气质量整体较优，但一方面由于上述所说的农村绿化面积减少、村内住宅密度增加，另一方面由于农村生产生活中所排放的废气、废水和废渣未得到及时处理，部分农村空气欠佳，农村的空气污染问题也不容小觑。目前，我国绝大多数农村的生活垃圾、生活污水以及固体废弃物并不能得到及时有效的处理，许多垃圾只是就地挖坑填埋或者随便找个空地堆放，而这些随处填埋或堆放的垃圾散发出来的恶臭对周边空气造成了严重的污染。农业种植过程中农药化肥的施用及挥发也是农村空气的主要污染源。随着农村畜禽养殖业的集中化和规模化发展，养殖废弃物（如粪便和污水）所产生的异味日益增多。此外，由农村污染型企业排放的废气、废渣对空气质量的影响也不容小觑。总之，与城市类似，许多农村的空气质量其实也面临着巨大的威胁。又因经济水平的长期滞后，农村往往把经济建设摆在第一位，这便导致农村对空气改善的投入严重不足。为此，我国在改善农村空气质量方面仍需做出巨大的努力。

① 肖争鸣. 农村宅基地存在的问题及对策 [J]. 江西农业学报，2009（9）.

二、新村建设的生态问题

新村建设即社会主义新农村建设。2005 年 10 月，党的十六届五中全会明确提出新农村建设的任务。社会主义新农村建设，是我国现代化进程中的重大历史任务，它将贯穿于全面小康社会建设和现代化建设的始终。新农村建设涉及农村的经济、政治、文化、社会和生态文明五个方面，而生态问题是新村建设中要面临的一个关键问题，对生态问题处理的好坏直接关系到新村建设的成败。党的十九大报告再次强调实施乡村振兴战略，构建现代农业产业体系，加快推进农业农村现代化。下面我们将重点选择以下三个问题对新村建设中的生态问题加以论述：居住地绿化问题、村排水系统建设问题、村道与绿化问题。

（一）居住地绿化问题

按照人口稠密程度的不同，村民居住的方式可以分为聚居和散居两种模式。聚居即集中在一个地方居住，散居就是分散在各个地方居住。目前，我国农村居住的方式以聚居为主，以散居为辅，但不管是聚居还是散居，都会对农村的绿化产生不同程度的影响。

1. 聚居对绿化的影响

聚居就是集中居住在一个地方。为了彻底改变小村庄中恶劣的自然环境，缓解人地资源矛盾，共享公共基础设施资源，我国目前在新村建设中“拆小村、并大村”的现象日益普遍。但在自然村合并、新村建设的过程中，也会出现许多问题。如在新村合并中，因缺乏整体规划，村中建筑整体混乱，违规建筑偏多。又因为村中建房大多追求越大越好，户与户之间又各自为政，村里的建筑占地普遍偏高，这便严重挤压了村里的绿化用地，从而使村内绿化率偏低，村环境质量无法提高。资料显示，某省林业局颁发的农村中心村绿化率标准是 35% 以上。但现实情况是：至少有 1/2 的新建农村居住区绿化率达不到而且远低于这个标准。再以 F 市狮子头村为例。狮子头村是一个城镇化和工业化程度较高的村庄，村中公共基础设施和文化娱乐设施一应俱全，村民生活水平普遍较高。狮子头村也是一个以聚居为主的村庄，但在村内，我们只看到密密麻麻的楼房，而绿化带却很少甚至几乎没有，这便使其空气质量严重受损。

2. 散居对绿化的影响

散居就是分散居住在各个地方。虽然聚居是农村的主要居住方式，但由于种种条件的限制，许多地方仍然以散居为主。虽然散居给农村的管理和农村的整体发展都带来诸多不便，如各家各户分散居住使得治安变得难以管理，同时也使得公共基础设施和文化娱乐设施难以配套，但与聚居相比，散居则更有利于提高村庄内部的绿化率，从而对改善村庄环境、促进村民身心健康都有较大的好处。由于人口密集度低，相应的配套设施高，发达国家，特别是美国农村主要以散居为主。散居使其村内几乎家家户户的房前屋后都能够拥有独立的绿地空间，村庄整体风貌也真正呈现出人与自然和谐交融的生动画面。由于条件限制，我们无法完全像美国一样使每家每户都可以拥有一块独立的大草坪，但我们仍然可以通过优化村庄整体规划、降低村内建筑的密集程度等方式，增加村内的绿化面积，为村民创造绿意盎然、生机勃勃的生活环境。以 F 市以则乡为例，以则乡是一个以散居为主的乡村，其居民在山上山下分散居住，因而其村内整体绿化面积非常大。若能够对其进行合理规划，并建立健全相关配套设施，则十分适合居住。

3. 村庄绿化带建设

无论是散居还是聚居，各有优劣，要充分发挥两者的优势，并把两者的劣势转化为优势，为绿化带留足空间，因地制宜地建好绿化带。资料显示，绿化带具有减小风速、提高空气湿度、增加土壤水分等功能，如林冠可截留降水 20% 左右，从而大大削弱雨滴对土壤的冲击力，而地表只要有 1 厘米厚的枯枝落叶，就可以把地表径流量减少到裸地的 25% 以下，泥沙减少到裸地的 7% 以下。因此，绿化带的建设对提高农村整体环境十分有利。

在绿化地的建设中，需要注意以下几个问题：一是注重科学规划。如狮子头村在新村建设中就从设计院中请专业人员对村庄的房屋建设、基础设施建设和绿化带建设进行了整体规划。二是高效执行。在房屋和基础设施的建设过程中，必须以原有规划为准，坚决杜绝建筑用地或其他用地挤占绿化空间。对于那些违规乱建者要给予相应的处罚。三是定期养护。村委一方面应请专职的养护人员定期进行维护与管理，另一方面也应对村民加强宣传引导，使村民自觉参与到绿化带的建设与保护中来。四是大力推广庭院绿化。庭院绿化是较适合我国农村现实状况的一种绿化模式，当然在庭院绿化的过程中，村委应注重提高庭院绿化的科学性与合理性。

（二）村排水系统建设问题

除了居住地的绿化问题，村排水系统的建设也是新村建设面临的主要生态问题之一。下面我们从防洪排水系统、污水排放系统和排水系统的设计与安排三个方面进行讨论。

1. 防洪排水系统

受特有的地理环境和气候条件的影响，我国农村特别是南方的农村多年来饱受洪水灾害之苦。几乎每年夏季我国南方的暴雨、特大暴雨都接连不断，每次洪水肆虐过后，农村地区的受灾人口之多和受灾面积之广都令人震惊。农村对洪涝灾害的抵抗能力弱与其自身不完善的防洪排水系统直接相关。与大多数城市都具有科学合理的洪水排放系统相比，农村的洪水排放体系还十分不完善，而修建完善的洪水排泄系统，既能够解决雨季洪水的问题，又能够解决旱季缺水的问题，对区域中的水量进行合理调节，从而使水资源得到最有效的利用。因此，科学合理规划，因地制宜，建立适合农村自身的防洪排水系统十分必要。

与城市不同，农村应该建立适合自身状况的防洪排水系统。在农村，人们通常利用其特有的地理优势，通过在河流上修建沟渠、大坝和蓄水池等，在雨季把水引到蓄水池，从而防止洪涝灾害的发生，在旱季则把这些水通过沟渠引出来用于灌溉，这既有利于区域间和季节间水量的调节，使村庄免遭洪涝灾害的威胁，又有利于水资源的充分利用。

2. 污水排放系统

虽然目前农村对污水处理的问题日益重视，其污水处理也取得了一定的成效，如我们走访的狮子头村通过推广无害化厕所使其粪便无害化处理率达到 90%，但就总体而言，我国农村中半数以上的污水并未经过处理就直接排放到河流中去，从而严重影响农村环境。

"农村生活污水包括居民生活过程中厕所排放污水，洗浴、洗涤和厨余污水等。"① 近年来，随着农村快速发展，农村用水量和污水量呈不断增加的趋势，加之大部分农村地区还处在生活污水随意排放的状态，因此农村污水的排放、收集和处理普遍存在以下问题：（1）大部分没有排水管渠或管渠不健全；（2）大部分没有污水处理系统；（3）污水收集管网建设滞后，雨污不分；（4）脱离实际，照搬城市污水处理工艺；（5）排水工程设计标准、规范不配套。② 同时，农村污水的随意排放还严重影响了农村饮用水的安全。农村污水的直接排放既与农民生态保护意识薄弱有关，更与农村公共卫生基础设施薄弱、长期没有规范的污水处理系统有关。在走访的 11 个村庄中，我们几乎没有发现一个村庄建有较完整的污水处理系统。因此，从各村实际情况出发，建立和完善农村公共卫生基础设施，加快建立符合各村状况的污水排放和处理系统十分必要。

3. 排水系统的设计与安排

农村排水系统关系到农村的可持续发展和生态环境的保护，所以不管是防洪排水系统还是污水排放系统都应该尽快对其科学规划。为改善农村的生活环境，实现"村容整洁"，提高农民的生活水平，在设计农村排水系统时，应注意以下几个方面的问题：一是因地制宜设计排水系统。设计排水系统必须根据各村的实际情况进行设计，平原地区和丘陵地区之间、发达地区和不发达地区之间、工业发达地区与工业不发达地区之间的排水系统都应有所区别，而不应"一刀切"，在所有类型的村庄中都设计统一的排水系统。对于一个村庄而言，好的排水系统可以促进农村的发展，不好的排水系统可能会阻碍农村的发展。而好的排水系统对村庄的作用主要表现在以下几点上：第一，可排出雨水，防止产生洪涝灾害；第二，可收集并充分利用雨水，节约自来水的同时维持了水的水路平衡；第三，可收集污水并加以处理利用，保护自然环境。③ 二是要把雨水和污水进行分开排放。在污水排放时，雨水和污水应使用不同的排放管渠，其中雨水可通过排水沟和排水明渠直接排入附近的受纳水体，而污水则应经过污水设施处理，在达标后方可排入附近的受纳水体。而在缺水的地方还可以修建蓄水池，对雨水进行收集利用。在经济条件比较好却又缺水的地方，污水进行深度处理之后也可以重复再利用。三是在设计时应兼顾眼前问题的解决和农村长远的发展。排水系统的设计与安排既要能保证农村未来的发展，符合生态环境保护的要求，又需考虑农村基础设施较薄弱、资金缺乏的实情，所设计的排水系统要具有可操作性，要能够确保在当地落实到位。这也可多借鉴国外农村排水系统设计的先进经验，从而使我国农村的排水系统设计水平能有质的提升。

（三）村道与绿化问题

除了居住地的绿化问题和村排水系统建设的问题，村道绿化的问题在新村建设中也是重中之重。

① 汪诚文，赵雪锋，付宏祥，等 . 农村污水收集系统的探讨 [J]. 农业环境与发展，2010（3）.

② 张哲，付婉霞 . 新农村建设中排水工程的规划方法 [J]. 节能与环保，2008（7）.

③ 王秋平，解锟 . 陕西地区新农村排水系统设计探讨 [J]. 给水排水，2011（11）.

1. 地面硬化过多不利生态

所谓"硬化地面"，是指用水泥、大理石、釉面砖、柏油等不透水的材质铺农家小院的地面。随着农村经济发展水平的提高，大规模地面硬化在近郊乡镇逐步流行起来。以往疏松的泥土与被植物覆盖的土地都逐渐被水泥地代替，灰色正代替绿色成为农村的主色调。

诚然，为了改善交通，方便出行，促进经济发展，对农村的泥土地进行硬化无可厚非，但地面硬化要有度。目前越来越多的农家小院和民俗院的地面都铺上了一层厚厚的水泥，泥土的芬芳已不再。地面硬化过多带来的弊端也逐渐显现，为此有些学者提出，大规模无节制的地面硬化就是我国生态建设中的一种反生态行为。

大规模的地面硬化既违背了自然规律，堵塞了大地的呼吸，也隔断了人与大自然之间的直接联系，从而会造成一系列的生态危害。首先，硬化地面会阻断雨水对地下水的有效补给，雨水不能渗入地下，地下水位难以回升，这便会加剧农村的干旱和缺水问题；其次，硬化地面会加剧热岛效应，使地表温度上升过快，地表热量增加；再次，硬化后的地面会失去土壤本来具有的吸附尘土、病菌和分解污染物的作用，使得环境污染更加严重，综合治理难度更加巨大。

2. 村道宽窄应适宜

因农村地形复杂，情况各异，农村道路宽度的确定和道路周边绿化面积的选择在实际操作中实属难题。目前，国家对乡村道路路基和路面的宽度具有以下规定：第一，乡道采用双车道，路基宽度不小于 6.5 米，路面宽度不小于 5.5 米，路间宽度不小于 0.5 米。第二，村道路基宽度不小于5.5米，路面宽度不小于4.5米，硬（土）路间宽度不小于0.5米。第三，对于特殊地区，如地形地质复杂及交通流量小的路段，乡道和村道可按单车道设计，路基宽度不小于4.5米，路面宽度不小于3.5米，错车道数量每千米不少于3处。根据这一标准，农村公路并不像城市公路那样有足够的宽度，双车道的路间宽度也往往较窄，一般不适宜设置绿化带，因而农村公路的绿化主要是要考虑路宽与路边绿地宽度之间的关系。根据国家对乡村道路路面宽不小于 5.5 米的规定，若在道路足够宽的情况下，即在道路具有 5.5 米的宽度以后，应适当考虑设置相应的绿化地带。当然，若路面宽度不足，则可减小道路的绿化面积。总之，道路宽度和绿化面积的选择必须因地制宜，具体问题具体分析，这样既可保证道路发挥应有的功能，又能够使乡村道路得到最充分的绿化。

3. 村道两旁如何绿化

村道绿化是改善农村面貌、建设美丽乡村中的重点工程。为满足国家对新农村建设"生产发展、生活宽裕、乡风文明、村容整洁、管理民主"的要求，必须对农村道路特别是村道两旁的环境进行一系列建设和改造。但由于缺乏规划，村民的绿化意识淡薄等，目前农村道路的绿化效果并不明显。

首先，农村的道路绿化大多需依赖政府财政，而在财政相对紧缺的地方就往往难以筹措到足够的资金，这便导致农村道路绿化整体滞后。其次，道路绿化工作涉及面积较大，占用耕地及住宅地较多，如果不进行统一规划，就容易造成绿化树种繁杂、绿化建设不规范等问题。因此在树种选择方面，我们应该听从相关人士的意见，因地制宜，根据气候和土壤进行选择。同时，在道路绿化工作完成以后，定期的管理和养护十分必要。在一些村庄，虽然道路旁边都栽种树木，非常美观，但过不了多久就出现林木大面积死亡的现象，重栽种而轻管理，村民自身管理意识差，村镇又不进行统一管理，自然难以保持林木的存活率。这是现今农村村道绿化方面存在的问题。伴随生态文明的建设，村道的绿化工作也在一步步地开展，然而目前的普遍现象是只见树苗不见大树。

三、村庄生态建设

对村庄生态基本状况与新村建设的生态问题有了大致的了解后，我们发现目前我国农村自然生态和人工自然环境都得到了较好的维持，但总体而言仍存在着许多问题，包括村庄建筑布局不够合理，绿化空间受挤占，污水排放系统等基础设施建设不够完善等，因而必须对村庄环境进一步改造，以促进村庄向生态、宜居的方向发展。下面我们着重从村庄的平面布局、立体布局和村貌优化等方面对村庄生态建设的问题加以讨论。

（一）平面布局

平面布局是村庄布局的重要方面之一，既要协调好绿化区与生产区和生活区之间的关系，尽量做到三区并举，同时还要使生产区（特别是禽畜养殖区）远离生活区，也要尽量增加村庄的绿化面积。

1. 绿化与生产、生活三区并举

“乡村景观主要是由经济生产、聚落生活、自然生态三大子系统组成的具有一定结构和功能的整体”[①]，这里的经济生产、聚落生活和自然生态的空间载体就是乡村的生产区、生活区和绿化区。这三个区域既相互区别，又相互影响、相互制约和相互联系，共同构成了农村环境系统这一特殊的整体。农村的生产区、生活区和绿化区在农村生活中各自发挥着自身独特的功能，如生产区主要是乡村农业生产和工业生产的主要区域，更是农村经济活动的主要场所，因而是农村日常生活的重要一环；生活区主要是农村居民居住的场所，目前我国农村主要以聚居为主，因而农村的生活区主要以成片的形态存在。一个村庄聚居地的形成与其特有的地理环境和人文环境有很大的关系。土壤肥沃、水资源充沛、地势平坦和沿河沿路等交通干道常常会成为村庄的聚居地。在中国传统观念中，安居是一辈子的大事，只有安居才能乐业，也只有安得广厦千万间，天下寒士才能俱欢颜，因而农村生活区质量的高低直接关系到村民生活质量的高低。而村庄的绿化区域既有涵养水源、调节气候、净化空气等功能，又有美化环境、调节身心的作用，在村庄环境优化的过程中必不可少。

为此，在新时期生态文明建设的背景下，在美丽乡村建设的推进下，村庄生态建设必须将村庄的生产、生活和自然生态纳入一个整体中来，在村庄整体布局中充分考虑这三者的关系，协调好生活区、生产区和绿化区之间的分布，既做到村庄内生产、生活和绿化区三区并举，又做到空间的最大化利用，最终使村庄布局更加合理，村庄环境得到优化。

2. 生产区尽量远离生活区

生产区是村民进行物质生产的区域，具有很重要的经济功能。与其他两个区域相比，

① 卢伟娜，李华，许红寨. 农业生态环境与美丽乡村建设 [M]. 北京：中国农业科学技术出版社，2015: 75.

生产区向环境排放的废弃物相对较多，对环境的影响也较大。如当前在乡镇企业中很多都是污染型企业，这些企业每天向大气排放的粉尘量惊人。工厂粉尘主要由一些小颗粒组成，其中不仅含有碳、铅等，有时还含有病原菌，一旦进入人体，很容易引发疾病，因而是环境中主要的有害物质。同时，工厂区二氧化碳的浓度也相当高，虽然它不是有毒气体，但若浓度过高，对人体的伤害也相当巨大。而工业生产区往往车来车往，各种机器的声音混杂，这种高分贝的声音轻则会扰乱人的睡眠，重则会扰乱人的心绪和神经，使人长期处于焦躁不安的状态中。在禽畜养殖方面，禽畜散发在空气中的气味往往会对空气质量产生严重的影响，大量的排泄物对附近的水源和土壤也会造成很大的影响。因此，为了确保居民的生活环境免受污染，在对村庄进行空间布局时必须将生产区从生活区分离开来，使生产区尽量远离生活区。在我们走访的 11 个村庄中，大多数村庄都做到了生产区与生活区的分离，并使生产区与生活区保持一定的距离。如狮子头村的禽畜养殖场就与村民的生活区相隔 2 千米以上，这便避免了禽畜养殖对村民生活造成的不利影响。

3. 进一步增加绿化面积

总体而言，我国农村的绿化面积远远高于城市，但若从局部来看，农村部分地区（特别是生活区、生产区和道路附近）的绿化面积还有待增加，因而农村整体的绿化率还需进一步提高。

通过增加生活区、生产区和道路附近的绿化面积，农村的土壤、水质和空气质量都可得到进一步的改善，从而对提升农村整体环境、提高全体人民的身体素质都具有巨大的作用。当然，除了生态效益，它还具有潜在的经济效益。一方面，绿地的生态功能可直接提升当地自然生产力，如通过改善土壤、调节气候提高单位面积土地的产量，从而间接增加生产的效益；另一方面，绿地面积的增加又可改善居住和生产空间，从而提升地产价值，使投资者从中直接受益。总之，绿地对于农村而言也是一项重要的环境资本，更是其实现可持续发展的重要保障。为此，我们必须有针对性地拓展乡村的绿地空间。

（二）立体布局

除了平面布局，乡村布局还应重视立体布局。这主要涉及村庄房屋建设、树木种植与地面蔬菜、青草和灌木等的种植这三方面。

1. 村庄房屋建设

"农村建筑可分为五类，即保存类、保护类、改善类、整治更新类以及暂留类。"① 通过对我国村庄建筑现状的分析，我们认为村庄房屋建设应以整治更新为主、梳理整合资源为辅。

一是房屋的整治更新。经济条件较好的村庄，可对村庄住宅建设进行整体规划，统一配套相关基础设施，建设美丽乡村住宅小区。在规划过程中，应根据当地特有的地理风貌和人文风情突出显示自身特色，而不能照搬城市模式，或只注重拆旧建新，把所有建筑一律建成钢筋混凝土房。同时，乡村房屋的高度不宜过低也不宜过高，一般而言其高度不宜超过四层，且左邻右舍之间、前后屋之间应注重整体配套，而不是高矮各一，参差不齐。二是房屋外貌的改善。政府应该引导、鼓励村民对自家的房屋进行修缮，如对房屋的外墙，

① 卢伟娜，李华，许红寨. 农业生态环境与美丽乡村建设 [M]. 北京：中国农业科学技术出版社，2015: 153.

特别是裸房和破败房屋的外墙进行统一粉饰，使所有建筑形成和谐统一的整体。当然，在古建筑和古民居的修缮方面，要尽量修旧如旧，力图保持其原貌，而不是对其随意粉刷和破坏。三是历史遗留建筑的保存。对于那些有特色的早期建筑，原则上是保留。在保留的过程中，我们应对其进行一定的整治和修葺，而在修葺和整治的过程中，应十分慎重；对于较复杂的情况，应请专业的人员对其进行科学的设计，使其在改造过程中尽量保有自身原有风貌。而对一些有特色的古建筑，应尽量做到保护和利用并举，为其找到合适的功能，从而使其发挥应有的价值。如一些古建筑通过修理、划分与合并，仍可作为普通住宅供人使用，这既发挥了其原有的居住功能，又有利于其自身的维护。

2. 树木种植

树木能大量减少空气中的粉尘。树木的吸附和过滤灰尘的作用表现在两个方面：一方面，茂密的树林枝冠具有减低风速、防风护林的作用，而风速的降低也对风沙起到了一定的抑制作用；另一方面，有些树木叶子表面粗糙不平，多绒毛，分泌黏性油脂或汁液，因而可吸附大量灰尘及飘尘。蒙尘的树经过雨水冲刷后，又能恢复其滞尘作用。在冬季，林地不但能降低风速达 20%，且静风持续时间较没有林地防护的地区长。而树木适当密植，则可增强防风的效果。因此，根据村庄自身情况，有计划地引导村民进行植树造林，对村庄整体的空间布局和生态环境的改善十分有效。

3. 蔬菜、草坪和灌木种植

树木的种植可有效阻挡风沙、粉尘等环境危险因子对村庄环境的破坏，而地面蔬菜、青草和灌木的种植则可在地面对村庄生态进行优化。蔬菜种植既能满足村民实际的生活需求，使村民吃上自家生产的天然无公害食品，又能提高农村土地利用率，使农村土地得到更加环保有效的利用。农村地面的绿化不应盲目追求城市绿化的景观效果，而应根据自身实际情况，合理利用房前屋后的空地种植蔬菜，让菜地似绿地，把田间资源变公园，把田间步道变绿道。当然与菜地相比，草坪也具有很好的防尘吸尘的功能。据测试，铺草坪的足球场上空的含尘量往往会比不铺草坪的足球场上空减少 2/3~5/6。而若从空间美观的角度来看，地面种植低矮的蔬菜、草坪和灌木又与高大的树木相对应。高低错落的植被既增加了村庄整体空间的层次感，又因植物不同的形状、颜色和风格，为村庄配出一幅四季如画的美景。

（三）村貌优化

在村庄的生态建设过程中，对村庄进行合理布局的同时，还应在此基础上对其村貌进行整体优化。

1. 农村典型的植物群落

受地理位置、气候、土壤等条件的影响，每个区域都有自己典型的植物群落。植物群落既有利于调节村庄整体生态，又能够彰显村民特有的文化偏好和精神寄托，极大地促进村貌优化。许多植物，如银杏、垂柳、竹子、梅花、栀子等已成为居住文化中不可或缺的部分。而柿树、核桃、枇杷、棕榈、芭蕉等也经常融入乡村的庭院文化中，既具有净化空气、美化环境的实用功能，又能彰显居住者的心境。而在路边、田边、渠边和库塘边的植物又与家庭院落中的植物不同，这些公共生产空间的植物多以分叉高、树干直的高大乔木为主，这类植物既不影响农作物的光照，又能够有效抵御风沙。我国北方的杨树、南方的水杉都是此类植物的代表。另外，在我国一些地区也会形成诸如以榕树、皂荚、合欢等为中心的植物群落，这些植物群落兼具服务生产和生活的功能。[①]

2. 因地制宜栽种植物

植物既具有净化空气、涵养水源、调节气候等实用功能，又具有美化环境的功效。为了美化乡村，我们在栽种植物时应结合农村自己的特点，因地制宜地选择要栽种的植物种类。在植物栽种方面，需注意以下几点：一是在选择植物时，应尽量选择适应本村落气候和其他自然条件的本土植物，使这些新栽种的植物能够尽快融入村庄生态系统；二是在植物搭配上，既要考虑当下的植物造景，又要考虑四季的变化，通过合理搭配，尽量使各季景观都有不同的看点；三是加强水体周边的植物景观建设；四是提高庭院绿化率。政府应提倡村民对各自的庭院、宅前屋后进行绿化，鼓励沿墙种植植物，形成墙面绿化，亦可鼓励种植攀缘植物，形成垂直绿化。

3. 绿化之地傍以水

"上善若水"，在传统文化中，水不仅具有滋养生命、维护自然生态平衡等实用功能，还代表坚毅、智慧、容忍、刚柔并济等优良品质。智者乐水，仁者乐山，山清水秀，才能人杰地灵。自古以来，人们在水中寄予了丰富的情感。"竹外桃花三两枝，春江水暖鸭先知"，"泉眼无声惜细流，树阴照水爱晴柔"，"千江有水千江月，万里无云万里天"，都是文人骚客在面对水时由内而外的感情抒发，而绿水与青山相配，更是一种沁人心脾的自然景观。

我国大多数村庄特别是南方村庄都是依水而建，溪水、河流等既在人们日常的生活中起着不可替代的作用，同时也支配并引导着一个村庄景观的形成和演变。因此，在村貌优化的过程中，政府应充分依托农村独特的水资源，因地制宜，合理规划，全力打造以水为中心、以村庄生产生活和绿化区域协调发展为特征的乡村景观。如著名的江南水乡就是这方面的典型。再以 F 市溪塔村为例。闻名全国的 F 市溪塔村葡萄沟，被誉为全国三大葡萄沟之一，溪塔村民们为了节约耕地，充分利用当地特有的自然条件，顺着环绕村庄的溪流，在溪面上用铁丝拉线搭建，让野生葡萄藤蔓交叉穿插，茂密旺盛，绿荫蔽日，即使夏日炎炎，藤下也十分凉快。伴之以流水潺潺，实在令人惬意。此景依流水而下，绵延 6 千米，不愧为溪塔村最独特的自然景观。正因为其独特性，许多影视人士、摄影爱好者和山水画家一度慕名前来。溪塔村葡萄沟是村庄以山配水、绿化之地傍以水的典范，值得其他村庄学习。

第二节　农村人居环境与日常卫生

农村人居环境是指与人的居住环境直接相关的具体的生态环境。与农村人居环境直接相关的日常卫生主要包括污水排放、垃圾处理和公厕建设等。这些也是在既定的生态农庄宏观条件下农村环境整治的主要项目，属于农村生态文明建设的微观层面。

① 卢伟娜，李华，许红寨. 农业生态环境与美丽乡村建设 [M]. 北京：中国农业科学技术出版社，2015: 118.

一、农村人居环境的基本情况

随着中国现代化进程的加快，农村人居环境正逐渐恶化。从调研组此次所走访的村庄来看，农村人居环境整体向好，但局部仍存在着脏、乱、差的现象。这主要表现在污水未得到妥善处理、垃圾乱扔、杂物乱堆、茅厕简易且暴露等方面。

（一）脏乱不洁

农村不少地区脏而不洁的现象较为突出，有待改变。

1. 臭水沟未加盖

在实地走访中我们发现，即使大多数村庄自然条件得天独厚，环境卫生处理得当，但给臭水沟加盖的村庄还是占少数。路基旁、田地里、家门口……生活、生产及地表雨水等带来的污水被排放在水沟中。由于水中氧气含量较少，水沟中的好氧微生物丧失代谢分解有机物的功能，而厌氧微生物代谢产生二氧化碳等气体及其他有害物质，破坏好氧微生物的生存环境，从而导致水体发臭，并恶性循环。

未加盖的臭水沟有许多坏处。一是不美观。未加盖的臭水沟使得恶化的水体暴露，严重影响村容村貌，与周边绿化景观格格不入，与美丽乡村相悖。二是气味难闻。发臭的水体暴露在空气中，其散发的臭气借助风等媒介迅速扩散，严重影响周边居民的生活。三是污染周边环境。发臭水体中的有害物质可经渗透而影响周边植被的生活环境，特别是对土壤的污染，且并可能造成不可逆的危害。四是有潜在危险。如行人在视线不良的情况下容易跌落臭水沟。臭水沟加盖，不仅可有效杜绝以上问题，还可提高渗水效率，节约日常管理成本。当然，给臭水沟加盖只是治标，妥善处理污水，减少污水排放，才是解决臭水沟问题的根本出路。

2. 垃圾久放发臭

可喜的是，目前在美丽乡村建设中，为解决垃圾问题，许多村庄都有聘请专人，定时做好村内卫生工作。但因资金短缺、人手不够等现实问题，垃圾久放以至发臭的问题依旧存在。在垃圾分类意识尚未深入人心的农村，食物与种类繁多的废弃物混杂在一起，在水、阳光及空气等条件下氧化发热，变质腐烂，从而散发令人作呕的气味。垃圾倘若久放发臭后再去处理，就像亡羊补牢，虽为时未晚，但“亡羊”本是可以避免的。

如何解决垃圾久放发臭问题？从村干部角度出发，村庄在做到已具有垃圾处理条件后，就要想方设法，从技术、人力、物力等方面入手，提升垃圾处理的效率；另外，应合理利用上级给予美丽乡村的拨款，积极发动生产大户、乡贤、外出人才及愿意为村庄发展献力的广大人士为美丽乡村建设筹集资金，极力弥补资金缺漏。还需发挥模范带头作用，并通过广播、宣传栏、入户宣传等方式，让村民意识到垃圾分类的好处，提升村民的垃圾分类意识。从村民角度出发，首先要提升主人翁意识，一个村如一个家，把小家之爱扩大，自觉做到分类整理垃圾。

3. 简易茅厕暴露

在走访的过程中，我们发现随着生活水平的提高、人均收入的增加及对生态环境保护意识的增强，大多数的农村家庭已配备了现代化的卫生厕所，但在个别猪场及少数困难家庭仍有简易茅厕存在。

简易茅厕是美丽乡村建设中需解决的生态环境问题，其对生态环境的破坏有几个方面：一是潜在病菌的危害。粪便中往往含有寄生虫卵和传播疾病的致病微生物，而简易茅厕内并无将其灭活的装置，在适宜环境下，寄生虫卵、致病微生物大量繁殖，其携带的病菌通过苍蝇等媒介对人及牲畜的健康造成严重危害。二是简易茅厕中的排泄物未能及时清理，常常腐烂发臭，污染周边空气，与美丽乡村的宗旨背道而驰。反观健康卫生的厕所，它是美丽乡村不可或缺的卫生设施，更是文明程度的标志。卫生厕所配备灭活寄生虫卵、致病微生物等有害生物的设施，使得粪便得以处理，能做到基本无臭。在当下寄生虫病、传染病形势严峻的当下，卫生厕所是保护村民健康的一道重要屏障。此外，卫生厕所与沼气池连通，能增加肥源，提高肥效，促进农业生产的发展。在走访中，我们发现狮子头村在改厕方面成绩突出，这与村委会积极宣传改厕的好处，制订相应的方案，与村民共同协定规章制度，并派专人跟进改厕进程的努力分不开。

（二）乱而无序

农村居住环境杂乱无序是一个普遍现象，十分不符合农村生态宜居的要求，有待改进。

1. 物件到处堆放

几乎每个村对村容村貌的修缮、改进都投入了很大力气。其中不乏村庄聘请设计院对整个村庄的实际情况做详细勘探，并为其量身定制规划方案。在大的规划形成规模之后，我们发现绝大多数村庄在细节上做得还不够到位。如许多村庄的道路、广场、运动场等公共场所物件堆放凌乱，没有条理，严重影响了村容；而且堆放在公共场所的物件严重挤占了公共空间，使得公共场所失去了它原来的价值。

物件到处堆放会对村容村貌产生极坏的影响，如使村庄失去整洁，影响村民的心情，也会阻碍美丽乡村建设的步伐。另外，物件是否堆放整齐，也是村庄文明程度的风向标。此外，物件堆放是否合理有序也能从侧面反映出村委会对村容村貌的管理是否得当。

2. 村道旁杂物多

村道是村庄的一张名片。对于第一次来到村庄的人，村道无疑是他对该村最直接的印象，而村道的干净与否、整洁与否使人自然地联系到村庄总体的生态环境情况。在走访的过程中我们发现，各个村庄都存在杂物在村道旁随意堆放的现象。尤其当村道旁就是居民自家房屋时，村道旁堆积杂物的现象就更为普遍。一户人在村道堆放杂物，其他人就会效仿，长此以往不仅会损坏村容村貌，使村道变窄、交通不畅，而且还会给村民带来安全隐患。另外，在村道旁堆放废弃建筑材料（如沙、石等）的现象更为普遍。村民建房子常把沙、石随意堆放在自家附近的村道上，完工后剩余的沙、石就滞留原地，放任不管。这不仅在很大程度上阻碍了交通，同时也从侧面映射出村民的文明程度。

美丽乡村建设不仅在于生态环境保护得当、基础设施建设完备，村委会的管理、村民的维护、全村为美丽乡村而达成的共识也是不可或缺的。村道贯穿村庄，是村庄基础设施的重要一部分，是美丽乡村建设中需投入大量资金的重点、难点项目。此外，村道的整洁也是美丽乡村建设中重要的方面。

3. 人畜共处一屋

我们走访的十几个村庄中，绝大多数是以特色生态农业、乡村企业为产业支柱，畜牧业占比不高（如廉村、芹洋村、下逢村、棠溪村、狮子头村等），个别村庄甚至做到零畜牧。但也正是因为畜牧业规模普遍较小，人畜共处一屋的现象仍然存在。

人畜共处一屋存在诸多坏处。一是污染严重。畜牧业带来的污染主要是畜类的排泄物，如未及时处理，极易转化为污染物，对空气、水源、土壤等造成污染。其中，对水体的污染最为普遍，倘若排泄物未经处理，直接排到自然水体中，如河流、湖泊等水域，极易造成水体富营养化，打破生态平衡，破坏原有和谐的生态环境。另外，通过食物链或水、空气等媒介，对人体有害的物质极易进入人体，对人的健康造成危害。二是传染病威胁。寄生虫病、禽流感等由动物传给人的人畜共患传染病可大规模暴发，此类疾病难控制，危害性大。在人畜共处一屋的情况下，人畜接触的机会增多，传染病传染的概率大大增加。三是药物、重金属残留危害。饲养中为预防疾病而大量使用的抗生素等药物易残留在畜禽产品中，当人类摄入此类畜禽产品时，残留的药物便转移到体内，对人体造成危害。另外，畜类体内不可降解的重金属可通过食物链富集于人体，带来不可估量的危害。四是噪声扰民。畜类、禽类作息与人不同步，饲养过程出现的噪声污染影响村民正常生活。

（三）差而不优

1. 环境缺少修整

在走访中，多个村干部在座谈会上就如何保护环境、维持生态环境分享了他们的做法，即把村庄的环境原原本本保护起来，保持原生态。不可否认这种做法有效抑制了对生态环境的破坏及过度开发，但此法并未对已破坏（如焚烧后的土地）或较为脆弱的生态环境进行修整。此外，条件较好的生态环境也大多需要改善。对环境的修整可减少不利的自然特点，增加有利的“人造”特点，取其精华，去其糟粕，从而有利于生态环境的可持续发展。停止对生态环境的破坏及过度开发是保护生态环境的一小部分，修整环境是给生态环境一个良性的发展平台，为更好地保护生态环境铺一条平整的大道。

另外，对环境的修整不是一蹴而就的工作，需要因地制宜、因势利导并持之以恒地进行下去。有的村庄起初在环境修整方面做得到位，过后可能因为资金短缺、人员缺少、热情减退、管理不当等而忽视对环境的进一步修整。如此，之前为生态环境保护打下的良好基础就可能因此前功尽弃，岂不十分可惜。总之，对生态环境的保护不可能“一步登天”，这是世世代代的人所要做的功课；对环境的修整也不是一劳永逸的，而是一项需要长久进行的工作。

2. 绿化缺少管理

在美丽乡村建设中，许多村庄在初始阶段兴致勃勃，全村怀揣满满热情投入建设。而随着建设进程的推进，村民和村干部热情减退，对建设工作不上心，进而很多工作，尤其是细节的工作，就难以到位。村庄中的绿化工作从侧面反映出了村庄对环境的管理。走访的十几个村庄中，有不少村庄村道旁、居民家门前、公共场所周边等地都做了绿化。然而，我们看见不少绿化带被车辆或杂物占用而受到破坏、绿化植物恣意生长失去美感等绿化缺少管理的现象。缺乏管理使绿化降低甚至丧失它本来的价值。

绿化对保护生态环境有多种益处。一是防尘。绿化植被能拦截、过滤、吸附或粘着悬浮于大气中的各种颗粒物，是天然的“空气净化器”。二是防风。尤其是位于村庄周围的高大乔木，能阻挡气流前进，进而达到防风目的。三是净化水体。植被能吸收水中溶解的杂质，净化水体。四是改善小范围气候。植被的树冠能阻挡太阳辐射，降低炎热程度。因此，绿化植被能调节温度，进而改善小范围气候。

从村委会角度，村委会应有管理整个村庄的规章制度，对各类事项有明晰的规范条例，对绿化的管理也不例外。村委会应先从思想上重视每个细节开始，才能真正造福百姓、造福村庄。从村民角度，村民应有主人翁意识，不破坏并自觉保护绿化植被。

3. 屋前屋后凌乱

走访中我们看到，许多居民的屋前屋后凌乱地堆放了各类杂物，尤其是屋前堆放在过道上的杂物，影响了来往行人、车辆的正常通行。这不仅有损村容村貌，还存在交通安全隐患。另外，屋前屋后的凌乱与否可反映村民文明素质的高低，以及村委会、村干部的管理是否到位。

解决屋前屋后凌乱的问题，需要村委会和村民的共同参与和努力。村委会应先派专人挨家挨户上门检查屋前屋后是否存在随意堆放杂物的现象，对有此种问题存在的家庭进行劝导并督促改进。村委会还应加强宣传力度，拓宽宣传渠道，提倡村庄整洁的理念，并发动村干部起带头示范作用，给全村营造追求整洁的氛围。村民作为村的主体，应从维护自家屋前屋后的整洁做起，进而从追求“小家”的整洁拓展到“大家”的整洁。

二、农村生态环境的卫生问题

农村生态环境的卫生问题主要涉及生产生活中的污水处理及排放、生活垃圾的处理以及公共厕所的改造等方面。这三个方面的处理是否得当直接关系到农村生态环境的整体优化。

（一）污水排放

从农村生态环境的卫生要求来看，要使污水排放得法，主要是应做好合理设置沟渠、先净化后排放、定期疏浚维护等三件事。

1. 合理设置沟渠

在走访的村庄中，大多数村庄以生态农业为主要产业支柱和创收来源，如溪塔村的刺葡萄种植、虎头村的水蜜桃种植、象环村的巨峰葡萄种植。成规模的种植基地大多有统筹的设计，合理规划的灌溉、排污沟渠；小范围的农业种植大多依据耕地的实际地势地貌，因地制宜，因势利导，自行挖取沟渠。农业排水沟渠具有物质传送、过滤净化、排涝等生态功能，为维持农田生态系统的平衡“保驾护航”，是农田生态系统基础设施的基本组成部分。在排污方面，沟渠能过滤杂质，阻隔部分无法降解的物质，在一定程度上净化水体。另外，设置合理的沟渠能保证畅通，使污水及时排放出农田，将有害物质对农田的危害尽量降到最低。

除了农业，沟渠也用于工业中的排污，如狮子头村的食品加工厂。设置合理的沟渠如同人体的泌尿系统，肾脏聚集体内不需要的液体，再经过输尿管、膀胱、尿道排出体外。人体新陈代谢所产生的废物，倘若未能及时排出体内，势必会对人体的泌尿功能乃至机体正常运作产生负面影响；同样，若没有合理设置的沟渠，污水滞留于正常生产的仪器中，影响仪器的正常运作，工厂的生产进程会因此受到影响。

另外，农村地区生活污水的排放也需要设置合理的沟渠。

2. 先净化后排放

农村污水的来源主要包括生活污水和生产污水两大类，其中生产污水主要来自农业生产和工业生产。污水已经使水体原本的价值降低甚至丧失，倘若不加以净化便直接排入江河湖海，就会导致污染范围进一步扩大。在水资源紧缺、水污染形势严峻的今天，污水先净化后排放应成为共识。

当下最常见的净化污水的措施是建设污水处理厂。将工农业生产过程中产生的污水引入特定管道，输送至污水处理厂；污水处理厂通过物理方法、化学方法、生物方法等一系列净化处理工艺，使本不符合排放标准的污水达到排放标准，然后排入自然水系中。此外，农业生产中应推行有机肥，尽量降低化肥使用率；避免滥用抗生素、农药等，应在技术人员的指导下合理使用化肥农药；推行滴灌、喷灌等高效的灌溉方式，取代灌溉效率低下的漫灌、浇灌。另种植绿色植物对污水也有一定的净化作用。例如芦苇能吸附淤泥中的氮、磷，抑制水体富营养化。此外，村民要提高环保意识，节约用水，在日常生活中尽量使用绿色环保产品。

村委会可与村民共同制定规章制度，对违反规定擅自排放未经处理的污水的相关责任人进行处罚。同时，要加强对污水“先净化后排放”理念的宣传，努力使之成为全村的共识。

3. 定期疏浚维护

在沟渠运输污水过程中，以有机物为主的有害物质将残留于沟渠内的淤泥中，随时间的推移，便会形成污水淤泥。污水淤泥有许多坏处。一是其内含有大量有害有毒物质。污水淤泥里存在的农业污水中残留的农药、化肥，工业污水中难以降解的重金属物质，寄生虫卵、病菌等有毒有害物质，会对水体造成二次污染，也对周边土壤产生污染。二是影响污水处理厂的正常运行。大量的污水淤泥使污水处理效果大大降低，造成不必要的人力、物力、财力浪费。污水淤泥中含有一些有机物等有价值的物质，可提取利用。若能定期疏浚，既可妥善处理有毒有害物质，又可变废为宝。

沟渠需要定期维护，一方面要对损坏或无法正常使用的沟渠及时进行修复或整改。另一方面对堵塞或运输不畅的沟渠及时进行清扫疏通，同时还应严惩蓄意破坏沟渠的行为。村委会应组织专人负责沟渠维护、清理工作，并监督该项工作的完成进度、完成情况。村民应自觉维护、清理沟渠，在看到沟渠损坏或需要清理时，及时上报村委会，并先自主进行临时维护、清理工作。

(二)垃圾处理

从农村生态环境的卫生要求来看，要做好垃圾处理这件事，应采取的措施主要有固定放置地点、按时收集处理、持之以恒做好等。

1. 固定放置地点

在走访的十几个村庄中，大部分都固定设置了数个垃圾集中点，聘请专人定时定点清理垃圾，将垃圾运往垃圾处理厂统一处理。

设置固定的垃圾处理站，一是有利于垃圾的集中处理。垃圾定点收集改变原来每家每户均设置垃圾桶、垃圾收集繁杂的情况，提高了收集垃圾的效率，减少不必要的人力、物力、财力浪费。二是改善了村容村貌。与原先每家每户家门前均摆放着垃圾桶的情况相比，垃圾定点收集后，村民家门前少了不美观的垃圾桶，多了一分整洁。三是改善了村民居住环境。垃圾置于靠近家门的垃圾桶，多少会产生令人不适的气味，影响村民的心情。

为进一步加强村民自觉到固定位置投放垃圾的意识，村委会可派宣传小组入户做工作，通过广播、宣传画、告示等途径宣传垃圾定点投放的好处，将几个垃圾固定投放点建设好、维护好。村民要有集体荣誉感、责任感，自觉遵守有益于村庄建设的规章制度。

2. 按时收集处理

在走访十几个乡村的过程中，我们发现有的垃圾统一投放点垃圾堆积如山，路过附近能闻得到刺鼻气味。垃圾倘若久置于固定垃圾投放点而未及时运输至垃圾处理厂，其中的杂质，尤其是食物残渣，容易在水、光照、氧气等条件下腐烂发臭，污染环境。因此垃圾按时收集处理很重要。

垃圾按时收集处理有许多好处。一是提高垃圾收集的效率。定时到固定垃圾投放点收集垃圾，与传统的挨家挨户收集垃圾相比，环卫工人的工作时间更为明确，工作时间压缩，工作量减轻，工作效率大大提高，这样也可以减轻村委会在环卫上的资金投入压力。二是起着示范作用。假如垃圾未能按时收集，散发的恶臭、堆积如山的垃圾都能告诉村民：原本该按时清理的垃圾并未清理，原本制定的规章制度并不具有实效，原本达成共识、全村要共同执行的垃圾处理方法也不是一定要遵守的。这样一来，规则在无形中被打破，村民无法养成良好的习惯，村委会失去公信力而后续再难发动村民，村庄的进一步发展将受阻滞。

3. 持之以恒做好

《礼记 · 中庸》中谈道："君子遵道而行，半途而废，吾弗能已矣。"做事也如为人，贵在恒，贵在坚持。一件原本起了好头的事半途而废，先前积累的成果便会消失殆尽，实在可惜。当然贵在恒、贵在坚持的同时，也难在恒、难在坚持。类比垃圾处理，当垃圾固定放置地点、按时收集处理的规章制度刚实施时，村民对此牢记于心，环卫工人按时做好本职工作，垃圾处理有条不紊，卓有成效。但倘若是三分钟热度，随着时间的推移，各项工作开始不到位，村民没能形成良好习惯。打下一半的基础不继续夯实只会土崩瓦解。

持之以恒是一种态度。它是村民为建立更美村庄共同献力的体现，是村民养成良好生活习惯的标志，是村委会管理能力的反映，是村庄未来发展潜力的映射。

（三）公厕建设

作为一项重要的关乎村民直接利益的“民生工程”，抓好农村厕所改造工程，建设环境优美、清洁卫生、舒适宜居的美丽乡村，不仅能推动新农村建设，更有助于城镇一体化的建设和推进现代化的进程。以F市为例，市、乡镇相关部门都将提升村庄环境质量作为建设美丽乡村的重要一环。在美丽乡村试点村庄中，村中领导班子积极致力于提升基础设施方面的建设，来营造干净卫生的村庄。

1. 村村建公厕

作为美丽乡村建设中的重要一环，“农村厕所改造升级是关系农民群众生活品质与美丽乡村建设大局的关键行动”①。本调研组此次主要是围绕F市辖内的十几个村庄进行实地考察。根据我们的深入走访和了解，这些村庄在公共厕所建设方面切实取得了一些实质性的成效。其中尤以廉村和狮子头村最为突出。廉村是一个文化积淀深厚的千年古村，保存完整的古城堡、古官道、古码头、古祠堂、古民居、古石雕、古字画等是廉村开发具有自身特色旅游产业的一大优势。当地政府因地制宜，结合本村特色资源，试图将其打造为一个旅游型村庄，以旅游带动居民生活水平的提高。旅游产业的开发，刺激了外来人员的流动，尤其是游客的增多加大了对公共厕所的需求。如此一来，旧式的茅厕显然不能满足发展的需要。公厕关乎廉村旅游示范村的形象，其重要性不言而喻。因此，廉村在新农村建设过程中加大对公共厕所建设的投入，先后总共投资100万元，建设有三个3A公厕。三个公厕分别位于游客服务中心旁、大南门桂香园旁和村委楼旁，目前均已建设完成并投入使用。而位于赛岐镇的狮子头村在积极鼓励村民整改厕所之前，村干部就积极向村民们宣传农村改水改厕项目及其重要意义，增强了村民对公厕改造的认识，调动了大家的积极性。

但仍然有少部分村庄没有建公厕。一是因为经济发展落后，跟不上时代发展潮流。二是政府政策支持力度不大，缺乏资金。这是无法建公厕的根本原因。三是村民没有形成改造公厕的共识。因此，这些地方首先要做的是加大对公厕改造的宣传，使老百姓在思想上对改造公厕有所认识，进而产生心理上的认同。其次，政府在资金上对这些村庄应有较多投入。当然打铁还需自身硬，这些村庄本身也要努力发展经济，增强自身实力。

2. 加盖化粪池

人要吃喝，也要排泄，厕所是生活必备的场所。农村公厕改造看似小事，实则事关重大。建造、使用卫生厕所是全面建成小康社会、追求现代文明生活的基本要求，也是美丽乡村建设过程中的一个重要环节。卫生厕所是小康生活不可缺少的卫生设施，是文明程度的标志。何为卫生厕所？卫生厕所是指有墙、有顶，厕坑及贮粪池无渗漏，厕房洁净，无蝇蛆，无臭味。这就要求贮粪池加盖密闭，使粪便能够及时清除并进行无害化处理。化粪池厕所属于卫生厕所的一种类型，它主要是针对旧式的厕所粪便暴露在空气中或土地上以及村民乱倾倒粪便的现象和行为所进行的一项农村公厕卫生整治项目。在建公厕过程中，加盖化粪池、科学有效地处理和使用粪便是十分重要的。这是因为：（1）加盖化粪池有利于

① 杨薇，吴佳丽. 浙江桐乡梧桐街道实施农村公共厕所改造提升 [EB/OL]. [2017-05-15]. http://g2g.tx.gov.cn/art/2015/5/15/art_93_46938.html.

预防肠道传染病和寄生虫病；（2）化粪池具有清洁环境、减少苍蝇的作用；（3）经过化粪池处理的粪便能增强土壤肥力，生长出的作物具有高产、质优、安全等特点。由此，加盖化粪池是一件百益而无害的事情。比如狮子头村，在建卫生厕所时先就厕所类型进行了划分，三格化粪池厕所就是其中的一种，并提出了厕坑及贮粪池不渗漏——地不漏粪，粪便定期清除并进行无害化处理等改厕的基本要求。据当地村民反映，公厕加盖化粪池之后，大大改善了环境，为村民带来了实惠，有效改善了本村公共厕所卫生和环境卫生。这为其他建有公厕但未加盖化粪池的村庄提供了可资借鉴的经验。

3. 保持公厕洁净

维护公厕的卫生洁净也是我们每个人应尽的义务。由于地方不同，修建的公厕类型也存在一定差异，并且每个村保洁人员素质不一样，对公厕卫生的维持也不尽相同。如何清洁公厕、清洁的质量如何监督等问题，一直是制约公厕文明发展的重要原因。因此，为了保持各村公厕的清洁，确保公厕洁净无异味，各个地方有必要制定公厕清洁规范。从我们调研走访的十几个村庄来看，只有极少数的村庄明确规定公厕清洁卫生维护的管理要求。其中狮子头村提出了公厕的使用管理要求。首先，必须建立卫生管理制度，由专门的人员进行管理和保洁，经常冲洗便器，保持便器和地面的卫生；其次，配备必要的辅助设施，如盛水器皿、水瓢、保洁工具、放手纸的容器等；再次，若有损坏及时维修，防止堵塞或满溢；最后，提倡正确使用厕所。但其中仍然存在许多不足。对此，调研组认为可从以下几个方面进行完善：（1）为保洁人员提供工作服装和派发工作证，在做到保洁工作文明健康、清洁的同时做到安全、有序，最大限度地减少对环境的污染和对公众生活的影响；（2）环卫工作单位应定期进行监督检查，并做好详细的记录；（3）严格要求作业人员按照作业时间准时上下班，并做好交接工作，工作时间内不得无故离开和做与保洁工作无关的事情；（4）公厕保洁应包括门窗、洗漱台以及墙面污渍等的擦洗，公厕内垃圾的处理、化粪池的检查、蹲位槽沟污垢的清除以及检查厕所是否堵塞等。

总的来说，各个村庄在公厕改造方面取得了一定的进步。首先，厕所硬件设施得到了极大的改善。过去农村的厕所通常是一条长长的便池，没有独立的器具，也较为破旧，使用起来既不方便又不利于打扫，常常是又脏又乱。随着美丽乡村建设的推进，这样的厕所早已跟不上时代的发展而被淘汰了。在这次F市的走访中，我们发现不少村庄建有硬件设施十分健全的公共厕所。如廉村新建的三个厕所，在硬件设施方面得到了很大的改善。据该村负责人介绍，新改造的公共厕所在硬件设施方面基本上接近城镇公共厕所的标准，室内的配置也更加的人性化；除了对厕所的外围进行改造，厕所内所有洁具都更换成知名品牌，同时还设计无障碍通道，配置残疾人专用厕位、洗手池等。这彻底改变了过去厕所又脏又乱的景象，让厕所不再是“脏乱差”的代名词。改造后的厕所不仅让人们使用起来更加方便，同时厕所环境也得到了有效的改善。其次，加强了对厕所的管理。加强对改造后的公厕的管理，是厕所良好环境得以长久的有效措施。在对公厕进行改造后，相关负责人第一时间部署了农村卫生公厕的保洁和日常管理工作，将保洁质量要求公示于墙上，甚至有部分村镇将公厕管理这一工作纳入常规考核内容。

三、对策建议

建设美丽乡村不仅是当地村委的工作，更需要每一位村民的支持和积极参与。十九大报告指出，要“形成绿色发展方式和生活方式，坚定走生产发展、生活富裕、生态良好的文明发展道路，建设美丽中国”①。因此要积极宣传保护环境、营造美丽村庄的重要性，培养村民的环保意识，想方设法让他们彻底改掉之前乱倒、乱扔、乱排的习惯，让他们自发地保护村内自然生态资源和环境卫生，从而让每家每户每一个人为“美丽乡村”做贡献。

（一）改掉不良习惯

过去农村老百姓不太注意居住环境卫生的维护，乱扔垃圾、乱倾倒污水、乱堆放杂物的现象随处可见。这些不良的习惯使整个村子呈现出脏、乱、差的风貌。处理污水、杂物是建设美丽乡村的先行要求。

1. 改掉乱扔垃圾的陋习

农村生产生活垃圾、生活污水成为美丽乡村建设过程中的一大难点。随着农民生活水平的不断提高，农村生活垃圾日益增多，给农村生态环境带来了压力。与过去相比，农村生活垃圾成分越来越复杂，垃圾的材质更加多样，数量更加庞大。由于农村中没有设立垃圾回收处，人们习惯于将垃圾就近扔往沟渠、河流或道路，抑或是等堆放到一定量之后再进行处理，其处理方式也多采取焚烧或者填埋。这种做法极易导致沟渠堵塞以及河流、土壤和空气污染。究其原因，一是物质生产力落后，多数人忙于生计，无暇顾及除维持生计以外的事；二是缺乏环境保护意识，认为自然界能够自我净化；三是人们没有正确地认识自然界，以至于忽视人与自然之间的依存关系。随着文明的发展和时代的进步，人们对自然的认识逐渐增强，保护环境的愿望也越来越强。在美丽乡村建设中，如何整治农村垃圾的问题是凸显美丽乡村建设成效的关键。在此次调研所走访的村庄中，我们了解到现在几乎每一个村庄都配置了 2～3 名环卫人员，定时定点对各户人家的垃圾进行收集后再集中处理。有的村庄甚至设置有垃圾桶。与过去相比，环境卫生确实得到了很大的改善，但是依然存在乱扔垃圾的现象，村民的环保意识依然很薄弱。因此，各村可把下一步工作的重点放在宣传如何保持环境卫生上。首先，组织人员定期向老百姓宣传环境生态卫生知识，提高人们的环境保护意识。其次，制作宣传手册、办宣传栏或者通过村广播的方式大力宣传垃圾处理的目的和意义，提高公众知晓率。再次，老百姓应提高环保的自觉性。众所周知，只有环保意识深入人心，村民才能真正外化于行。只有人人参与其中，才能使村内道路和公共场所清扫保洁工作稳中有序地进行，从而实现村庄保洁常态化。

2. 改掉乱放杂物的陋习

村容村貌的整洁是村庄环境综合整治的重要组成部分。农村中乱放垃圾的现象不仅影响家居环境的清洁，更不利于村容村貌的整洁。过去村民们习惯于将杂物放在自家门口或房屋的周围，甚至是道路的两旁，这既影响房屋的美观，也不利于美丽乡村的景观。因

① 习近平. 决胜全面建成小康社会　夺取新时代中国特色社会主义伟大胜利 [M]. 北京：人民出版社，2017: 24.

此，不少村庄制定了相关规定，要求每家每户将自家门口所属杂物摆放整齐，且不允许在公共场所内堆放杂物。建议村民在盖房子时可专门设置一个杂物间或者库房，自觉将门前屋后柴火、杂物堆放整齐，做到不占道堆放杂物、建筑材料，不占道晾晒谷物，不占用人行道、公共场所停放车辆，不损坏公共设施，这样不仅使房屋简洁有序，而且还增加了整个村庄的美感。例如，芹洋村就要求村民把晾晒的地瓜、稻谷、柴火等和生产工具摆放整齐。

3. 改掉乱倒污水的陋习

伴随新型城镇化和现代化进程的加快，农村经济结构、人们生活水平都发生了翻天覆地的变化，但是乱倒污水等现象依然普遍存在。人们习惯于将生产生活产生的污水直接排放到河流中，这也是农村“处理”污水最常见的一种方式。这种排污方式给土地、河流、水源等带来了很大的污染。长期以来，因为村庄布局分散，规模小，地形条件复杂，污水不易集中收集等，农村生产生活污水处理一直是个大难题。对此，调研组认为当地政府下一步的工作计划应该是：首先，有针对性地制定相关的政策，以法的形式规范村民的行为；其次，合理选择雨水排放和生活污水处理方式；再次，应将生活污水和生产、养殖业、企业污水集中处理达标后再排放，避免将其直接排入河流；最后，加快无害化卫生户厕建设或改造步伐，建设一些水冲式公厕。

（二）建立规章制度

要想彻底改变农村“脏乱差”等现象，改善村民生活环境，美化、净化家园，制定制度化、规范化、经常化的村内环境卫生管理制度是十分必要的。

1. 乡规

合理的管理制度是农村环境卫生得以有效维持的重要保障。第一，环境卫生管理应实行由村党支部和村委会统一领导，成立环境卫生领导小组，负责制定村级环境卫生管理办法，负责环境卫生的落实、检查和考核。宣传环境卫生整治的重要意义。引导村民自觉养成文明、卫生的生活习惯。第二，明确环境卫生管理范围。第三，确立环境卫生整治标准。第四，明确村卫生保洁员职责。第五，实行奖励制度。就我们走访的十几个村庄来看，目前还没有建立制度化、规范化的乡镇环境整治规章制度。

2. 村约

单纯通过规章制度这种硬约束是不可能从根本上改善农村卫生环境的，还需要靠村民的自觉性，靠他们共同认可的“村规民约”。只有约束性与自觉性相互补充，才能共同推动农村环境卫生的提升。在F市调研的十几个村庄，不仅设置了垃圾集中收集和集中处理点，还推出了相关的规定。例如穆云乡溪塔村为了建设美丽乡村，给前来游玩的游客留下美丽的印象，村领导围绕“生态美”的要求，引导村民积极参与配合本村环境卫生的管理与维护，促使他们自发地打造和保护村内自然生态资源和环境卫生。位于赛岐镇的狮子头村为切实加强村容村貌和环境卫生的管理，创造优美、整洁、卫生的生活环境，特地制定了“门前三包”制度，即包卫生、包秩序、包绿化。2016年被列入创建美丽乡村示范村名单的芹洋村就严格按照美丽乡村建设“五清楚”（扫清楚、拆清楚、摆清楚、分清楚、粉清楚）的要求，大力开展村容村貌的整治。生活垃圾就地掩埋之前将干垃圾与湿垃圾分清楚，湿垃圾（厨余）田间炕头堆肥，干垃圾中不可降解的塑料袋、泡沫等有害物品单独收集于容器中，再分阶段送到垃圾无公害化处理厂处置。可回收利用的物资收集于容器后，再由物资回收利用企业上门收集，其余垃圾就地就近处理。

3. 民俗

所谓“一方水土养一方人”。不同的地方、村域会产生不同的文化，形成不同的风俗民情。这些民风民情是传统文化的重要组成部分。“这些文化是乡村历史文化在现实中的延续，她营造了富有地方特色的生态文化。借助这些生态文化提高村民的农村生态环境保护意识是十分必要的。”[①] 良好的民风民俗有利于农村生态环境的维护，应深入挖掘这些文化，汲取其中一些具有特点的保护环境的习俗。廉村之所以能够有这么完美的青山绿水，与它自身的生态文化传统有着密切的关系。清代光绪时期遗留下来的禁约碑设置在古码头、古官道，其中明示香樟树林不准堆放垃圾，违者“罚戏两本”。时至今日，虽然不再有“罚戏两本”的惩罚，但不准乱堆放垃圾的观念早已深入人心。正是因为人们自觉遵守和继承以前留下来的维持生态环境的观念，才使得廉村保持山清水秀。

（三）严格赏罚机制

村民既是良好环境的维护者和保持者，也是优良环境的既得利益者。村民作为环境卫生管理的主体，应充分发挥自我管理、自我监督、自我服务的作用，充分展现自身的主人翁意识，积极参与到美丽乡村建设中去。

保持村容村貌的整洁，需要大家的共同参与。完善农村环境卫生管理，构建环境管理长效机制，对于促进农村环境整洁、改善人居环境、提高人民健康水平是十分必要的。而赏罚分明的管理机制则更有利于加强农村环境卫生管理。

1. 建立卫生奖励机制

村民委员会在全村设立环境卫生奖励基金，每年从上级下拨一定资金作为本村的公共服务和卫生管理包干经费。政府补助一定的金额作为环境卫生奖励基金，主要用于奖励爱护环境、讲究卫生的本村村民以及在环境保护和维持方面做出重要贡献的个人。严格推行以奖代补、群众自治的激励制度。

2. 严格实行奖惩挂钩的约束制度

首先，各村将环境卫生管理与村民各项评比紧密挂钩。村委会和村民小组组织的各类评比，应将农户的环境卫生纳入考核范围；否则，村议事会有权否决评比结果。其次，保洁公司应向村委会缴纳一定数额的保证金，年终通过对保洁公司的考核结果和村议事会讨论是否退还环卫保证金；公共场所环境卫生经费，需经村议事会讨论、村民评议后，才能按照合同支付保证金。再次，农村环境卫生责任单位和责任人的工资补贴应与环境卫生管理工作成效挂钩。每月发放环卫工人工资补贴时，每人抽取一定数额作为环卫工人绩效考核金，由村委会和村民代表进行管理和考核，并根据平时考核情况和年终考核结果确定兑现。最后，将环境卫生纳入村级考核目标，进行严格考核，坚决按考核结果执行奖惩。若光有奖励而无惩罚那是不公平的，一旦不公平的现象积累多了，就会阻碍发展。所以，适当的

① 王丽霞. 谈美丽乡村建设中传统生态文化的传承与发展[J]. 山西建筑，2016（7）.

惩罚是必要的。

3. 实行百分制工作考核机制

全村每一季度进行一次考核，年终再进行总结性的评比。考核结果可按优秀、合格和不合格三个档次来划分。按百分制进行考评，考核得分 90 分以上（含 90 分）的为优秀，80 分以上（含 80 分）的为合格，80 分以下的为不合格。制定"农村工作考核评分表"，并严格按照考核表逐项进行考核，进而实行相应的处罚措施：（1）就村委组织而言，季度考核中达不到 80 分以上的，扣罚该村委会书记、村主任岗位津贴，再次检查中仍未达标的话，继续扣罚，直至达标为止；就农户而言，若未达到合格，可进行轻度的罚款或者取消对其的扶持资格，或在一些优惠政策的享受上优先考虑那些环境卫生维持得比较好的农户。（2）全年评分低于 80 分的村，不得评为年度综合先进单位，主要领导人不得评为优秀领导干部；年度评分达不到 80 分以上的农户，不再将其列为下一年的扶持对象。对于连续四个季度都被评为优秀的村，并且在上级抽查过程中仍能得到 90 分以上的村庄，乡镇党委可授予该村"环境卫生优秀村"的荣誉称号，优先列入下一年新农村建设重点扶持范围，并适当给予资金倾斜。对于考核优秀的农户，可利用村广播对其进行通报表扬，并鼓励其他村民向其学习。

4. 加强检查督促

建立以群众自治为基础，村委会、村议事会、保洁公司和全村村民共同参与的环境卫生监督体系。首先，以村民小组为单位，组建环境卫生考评小组，小组组长和成员全部由村民推荐产生，并接受公共环境卫生管理维护站的指导，村民每天轮流进行值班、环境卫生评比和登记。环卫考评小组和流动值班人员负责对村中不良卫生现象进行整改、批评和提出相应的处罚意见。处罚由村委会决定实施。其次，建立环境卫生监督评比制度，由村委会牵头、村议事会和村民代表参加，根据本村环境卫生情况实行规范、系统的检查和考核评比。最后，确立日常环境卫生奖励具体办法。

第三节　农村生态产业与绿色生产

农村生态产业是指农村中有利于资源能源节约和环境保护的产业，直接关系到绿色生产问题，也属于农村生态文明建设的中观层面。十九大报告强调："加快建立绿色生产和消费的法律制度和政策导向，建立健全绿色低碳循环发展的经济体系。"[①] 近年来，在全面深化改革背景下、在新农村建设和美丽乡村建设实践的推进下，我国农村生态产业的发展取得了巨大成效，但也隐藏着一些问题，必须采取相应措施。

一、农村生态产业的基本情况

F 市位于福建省东北部，是闽东北最具活力的地区之一，被称为"中国茶叶之乡""中

① 习近平. 决胜全面建成小康社会　夺取新时代中国特色社会主义伟大胜利 [M]. 北京：人民出版社，2017: 50-51.

国南方葡萄之乡”“中国绿竹之乡”“中国油茶之乡”等。近年来，F 市因地制宜，深入实施现代农业和生态农业发展战略，形成了茶叶、果蔬、水产、畜牧等农业主导产业。F 市现有茶叶种植面积达 2.00 万公顷，其中生态茶园达 6 666.67 公顷；葡萄种植面积 3 333.33 公顷，其中设施栽培面积达 1 666.67 公顷，仅象环、苏阳“连片设施葡萄”就达到 666.67 公顷，形成了“万亩设施葡萄带”。① 为了促进农民增收，推动农村经济发展，F 市依托特色资源，大力发展农村生态旅游业，着力打造了“白水洋”“溪塔葡萄沟”“慕云畲乡桃花节”“廉村”等特色旅游产品。F 市是福建农村的典型代表，通过实地考察，了解 F 市农村生态产业的发展状况，再辅以其他材料，足以窥见我国农村生态产业发展与绿色生产的概况。

（一）生态农业

“生态农业是按照生态经济学原理和现代农业科技组织管理的有利于资源能源节约和环境保护的现代高效农业。”② 近年来，农村生态农业蓬勃发展，并在种植业、养殖业、林业和渔业上都取得了巨大的成效，农村生态文明建设也随之推进。

1. 种植业

种植业是农业的基础，在农业发展史上，它大致经历了原始、传统和现代三个阶段。其中，现代种植业的发展是以消耗大量化石能源和使用大量化肥农药为前提的，这种种植方式为人们带来高劳动生产率和丰富的物质产品的同时也带来了诸如土壤板结、农药污染严重、能源危机加剧和农产品质量下降等系列问题。

为了解决这些问题，近几年，生态化种植方式被大量推广，并在农村逐渐被接受。与传统的种植方式不同，生态化的种植方式是依据生态学的原理进行种植的方式。为了推广生态化的种植方式，我国在农村建立了大量具有示范功能的生态农业示范区，且示范区的数量和规模还在逐年攀升。如“在福建省，国家级生态示范区和省级别示范区已达 13 个和 44 个之多，示范区面积占全省面积高达 44%”③。在政府与民众的积极配合下，种植业正逐步向生态化的方向发展，其中一批新兴的生态型种植业如循环种植、立体种植、精品种植和观光种植也渐成规模。如农业部近年来已在全国部分省市建了 10 000 亩以上的生态农业循环种植基地。同时，通过品牌建立和多样化营销等，生态农产品在市场上的认可度不断提高，生态化的种植方式也逐渐在市场经济中实现经济效益最大化，如漳州天宝香蕉已成为厦门航空指定合作品牌。

2. 养殖业

养殖业既是农村的支柱产业，又是对环境污染较大的产业。随着现代集约化和规模化养殖方式的推广，养殖业产生的排泄物已成为农村最大的污染源。近年来，随着政府监管的加强和民众环保意识的增强，许多农村养殖业也开始往生态养殖方向转型，并在禽畜养殖、水产养殖和畜牧养殖上都取得了一定的成效。

在禽畜养殖方面，其成效主要体现在排泄物的无害化处理上。首先，禽畜排泄物无害

① 陈卫娜. 福安市农业产业化发展存在的问题及对策 [J]. 现代农业科技，2016（8）.

② 卞有生. 生态农业基础 [M]. 北京：中国环境科学出版社，1986: 3.

③ 陈彩棉. 福建生态产业发展现况与对策 [J]. 闽南师范大学学报（哲学社会科学版），2015（3）.

化处理的技术日益成熟，体系日益完善，除了人们熟知的沼气处理技术，还发展了微生态养殖技术、生化处理技术和清洁生产技术等。其次，禽畜排泄物无害化处理模式日益增多，如有禽畜粪便集中处理模式、以沼气为联结的种养结合的循环模式、与专业环保公司联合对禽畜排泄物进行资源化再利用的模式等。2015 年，福建省全省累计建设农村沼气 58.9 万口，年可产沼气约 2.65 亿立方米，产生了巨大的经济和生态效益。[①] 同时，农村还通过合理的养殖场地设计、建立生态养殖园和生态养殖基地等方式实行人畜分离，从而使村庄卫生脏、乱、差的现象得以改善。

在水产养殖方面，传统水产养殖种群混杂、水产品质量低下、养殖设备老化以及养殖水域恶化的现象也不断得到改善，水产生态养殖规模逐渐扩大。如在 2010 年，我国水产品总量已超过 5 300 万吨，水产品出口达 334 吨，至今仍在持续增长。[②] 同时，农村水产生态养殖的模式增多，如养鱼与种植业结合的经营模式、多层次水体渔业结合模式、多层次的立体农业结合模式等。水产生态养殖技术日渐成熟，体系不断完善。如现有全封闭循环水工厂养殖法、水产品与农作物共生互利养殖法和微生物制剂养殖法等。

而在畜牧养殖方面，生态化的畜牧方式也被逐渐推广。通过种养结合、利用微生物发酵生产菌体蛋白饲料等方式生产牧草和饲料，既减轻农牧区山地和草原负担，又提高了经济效益，从而实现生态和经济的双赢。

3. 其他

除了上述成果，我国农村在生态农业科技普及、生态观念提升、相关法律法规和政策制定上也取得了长足的进步。不过，就总体而言，生态农业在发展中还存在诸多问题，如产业化程度低、劳动力素质低、专业人才少和投资缺乏等。若与发达国家相比，我国的生态农业还处于起步阶段。要想获得进一步发展，必须针对这些问题，对症下药，采取有力措施。

（二）农村生态工业

"生态工业是依据生态经济学原理组织和管理的，以节约资源、清洁生产和废弃物多层次循环利用为特征的工业。"[③] 与城市工业相比，农村工业更多的是以高消耗、高污染、低附加值、高劳动密集度的传统工业为主，对资源环境的破坏巨大。随着新农村建设和美丽乡村建设的推进，发展农村生态工业被提上日程，现已初现成效。

1. 农产品加工类企业

农产品加工业是种植业和养殖业的延伸，也是农村工业中的主导产业，主要包括粮油加工、食品加工和纺织品加工等。长期以来，由于企业规模小、生产工艺落后和管理水平低，我国农产品加工类企业的资源利用率一直较低，而废弃物的排放量却相对较大，对农村环境构成了巨大的威胁。近年来，在政府的引导下，农产品加工类企业在节能降耗、保护环境方面也取得了成绩。一是通过优化生产工艺、提高管理水平，以提高资源利用率，

① 福建统计年鉴 2015 年 [EB/OL].[2017-112-22].http://tjj.fujian.gov.cn/tongjinianjian/dz2015/index-cn.htm.

② 中国养殖业可持续发展研究项目组. 中国养殖业可持续发展战略研究 [M]. 北京：中国农业出版社，2013.

③ 金涌，李有润，冯久田 . 生态工业：原理与应用 [M]. 北京：清华大学出版社，2003: 22.

减少企业对资源能源的消耗。二是大力发展清洁生产技术，减少生产过程中废弃物的排放。三是积极引进和开发废弃物无害化处理技术，安装先进环保设备，使排放的污染物对周边环境的破坏降到最低。四是发展循环经济，通过建立生态工业园区、与区域内种植业和养殖业关联等方式，将自己在生产过程中产生的副产品和废弃物变成饲料、有机肥等有用的产品，实现自身废弃物的资源化、再循环和再利用，从而达到节能减排、提高经济效益的目的。目前，农产品加工类企业在生态化转型上取得的成效十分明显。至 2015 年，我国农产品加工业的单位生产总值综合能耗比“十一五”期末下降 10% 左右，单位生产总值废弃物排放率的下降幅度也十分明显。

2. 化工类企业

“化工类企业是指用化学手段来生产人们所需的化工产品的企业。”[①] 随着经济的发展，市场对化工产品的需求量大幅度上涨，但由于化工类企业多属高污染型企业，近几年，随着城市环境监管力度的加强，大量化工类企业向环境监管力度相对薄弱的农村转移。因为环保意识薄弱、生产技术落后以及主管部门监管不力等原因，由化工类企业引发的生态事件频发，化工类企业对农村生态环境造成了巨大的威胁。

但随着农村民众环保意识和维权意识的增强，农村化工类企业的环境污染问题获得了越来越多人的关注，国家也开始加强对这类中小化工类企业的监管，这便倒逼农村化工类企业开始向生态化方向转型。农村化工类企业的转型方式主要有以下几种：一是转变经营观念，确立生态经营战略；二是淘汰落后工艺，调整产品结构，更新生产设备，引进先进的环保设备，以提高资源利用率，减少废气、废物排放；三是通过与其他关联企业形成循环共生关系，将自己的副产品和废弃物变为他人有用的原料，以达到生态效益和经济效益的双赢。这些方式已对化工类企业的生态化转型产生了巨大的影响。资料显示，我国农村化工类企业在“十二五”期间总产值平均年增长达 12%，而单位工业增加值用水量却降低了 30%，能源消耗降低了 20%，二氧化碳的排放量也降低了 17%。[②]

3. 其他

当然，除了上述两类工业企业，农村其他工业企业在生态化方面也取得了显著的成效，如生态采矿、生态印刷、生态纺织和生态冶金等。同时，农村生态工业园区建设、生态工业示范工程的数量正逐渐增多，生态工业相关技术也日益成熟。这些都表明在生态文明建设的大背景下，农村生态工业正蓬勃发展。

但从总体上看，农村生态工业仍存在着诸如集约化、生态化程度低、管理水平差、技术落后、资金人才缺乏等问题，与城市生态工业和发达国家的生态工业相比，仍处于起步阶段。

（三）农村生态服务业

除了发展传统的种植业、养殖业，改革开放以来，农村服务业也发展迅速。1997—2006

① 张纯英，陈永亨. 化工企业与环保 [J]. 广州化工，2012（5）.

② 2015 年化工行业分析年报 [EB/OL]. [2017-12-22]. http://service.made-in-china.com/market-analysis/industry-analysis-report/640464.html.

年，农村服务业占农村各业增加值的比重由 7% 上升到 15%。[①] 服务业通常以低能耗和低污染著称，但服务业对生态的破坏也不容小觑，为此生态服务业的概念应运而生。

相对于传统服务业，生态服务业是一种资源节约型和环境友好型的产业。生态服务业主要包括生态旅游业、绿色商业服务业和绿色物流业等。[②]

1. 生态旅游业

作为一种新兴的旅游方式，近年来生态旅游业在农村悄然兴起，并受到越来越多的人的欢迎。区别于都市旅游，农村生态旅游是一种依托农村独特的自然资源和人文资源进行开发的旅游产品。

农村生态旅游对改善农民生活、破解城乡二元经济困局、推动新农村建设和美丽乡村建设都十分有意义。它近几年发展迅速，主要表现在以下几个方面：一是总体规模扩大。随着经济的增长、城市居民对大自然和原生态的渴望，以及农村交通状况的改善，农村生态旅游呈井喷式的发展。如在福建省，到 2015 年为止，被列入省级旅游名镇名村的地区就已多达 112 个。[③] 二是旅游产品种类多，个性化突出。三是旅游模式丰富，推陈出新，如农家乐、农业观光园、古村落开发、乡村休闲和户外拓展等。四是发展成效大，影响深远。资料显示，仅 2015 年，国内乡村生态旅游数量就达到 12 亿人次，占全国旅游市场份额的 1/3，旅游收入更高达 3 200 亿元，并日渐成为农民的重要收入。[④] 当然，总体而言，农村生态旅游业还存在诸多问题，如不良开发、过度开发现象突出，经营项目单调，基础设施不完善，服务质量不高，监管不到位，安全问题堪忧，以及环境破坏时有发生等，与其他旅游产品相比，其发展还处于起步阶段。

2. 绿色商业服务业

农村商业服务业是为农村生产生活、农产品销售服务的产业，是服务业的分支，涉及农业生产的信息咨询、技术服务、农产品批发、零售以及住宿、餐饮等多个行业。在各种因素的作用下，农村商业服务业也开始向绿色化方向转型，这主要体现在以下几个方面：一是逐步完善绿色农产品的生产、流通和销售服务体系。通过"官产学研"结合的方式提供专业的信息咨询和技术服务；通过"公司 + 基地"、"龙头企业 + 农户"、建立专业化的合作社等方式提供完善的绿色流通和销售服务体系。如到 2015 年为止，福建省农民专业合作社就已多达 214 家。二是一批新兴的无污染的商业服务业如信息咨询、金融、保险和计算机服务等也逐渐向农村拓展，从而促进了农村商业服务业结构的绿色化。三是传统的对环境影响较大的商业服务业如农产品批发和零售、住宿与餐饮等也开始越来越注重商品的安全生态、购物环境的舒适、服务的提升和资源能源的节约等问题，并努力向绿色化的商业模式转型。

3. 绿色物流业

农村物流的核心是农产品、农村生产和生活资料的流通。近年来，虽然农村物流发展

① 朱微，等 . 我国农村服务业对农村劳动力的就业影响研究 [J]. 黑龙江八一农垦大学学报，2016（2）.

② 张二勋，李春平 . 文明乡村 · 生态家园：乡村生态文明建设通俗读本 [M]. 济南：山东人民出版社，2014: 150-160.

③ 福建统计年鉴 2015 年 [EB/OL].[2017-112-22].http://tjj.fujian.gov.cn/tongjinianjian/dz2015/index-cn.htm.

④ 福建统计年鉴 2015 年 [EB/OL].[2017-112-22].http://tjj.fujian.gov.cn/tongjinianjian/dz2015/index-cn.htm.

迅速，但由于绿色观念淡薄，交通和信息等基础设施差，以及缺乏专业技术和人才的支撑，我国绿色物流的发展水平还比较低，这主要体现在以下几个方面：一是农产品在物流过程中损耗大、物流成本高。由于缺乏冷藏、冷冻设备，再加上农村物流用车主要靠传统的敞篷卡车，一些地区道路状况较差，农产品在运输过程中损耗巨大。“据统计，我国蔬菜水果及其他农产品在采摘、储运等物流环节中损失率达 25%～30%。”① 二是公路货车超载现象日益严重，在消耗大量能源的同时也严重破坏公路设施。三是汽车尾气和噪声污染，以及在运输过程中产生的废物对环境构成巨大威胁。四是农产品包装造成巨大的资源浪费。

解决这些问题并非一朝一夕之事。农村现有的一些举措对推动绿色物流业发展有很大的帮助。如通过建立区域物流集散中心，改变农产品分散状况；通过改善农村交通、提高农村通信网络覆盖率等方式提高物流效率，降低物流成本；通过与第三方物流公司合作提升整体的物流水平。这些措施既提升了物流效率，又大大减少了物流业对环境的损害。

二、促进农村产业生态化协同发展

产业生态化是指产业不断降低自身对环境的损害，使产业发展与生态环境高度融合的过程。近年来，尽管生态产业在农村有了长足的发展，但总体而言，农村产业结构和产业布局都还不够合理，传统高污染型产业仍占主导地位。这便决定了农村产业还不够生态。资料显示，我国农村由农药化肥产生的面源污染日益加重，由工矿、化工等企业造成的工业污染日趋严峻，农村生态退化等问题也尚未得到有效遏制。至此，加快农村产业的生态化不仅是现实所迫，更是实现农村经济社会持续发展的必然选择。促进农村产业生态化必须同时促进农业、工业和服务业生态化。

（一）促进农业生态化

要想促进农业生态化，一方面必须加紧促进传统农业生态化，另一方面必须进一步大力发展生态农业。

1. 促进传统农业生态化

目前，传统农业还处于主导地位。一方面，传统农业为人们提供了丰富的物质产品，以不到世界 10% 的耕地养活了世界 22% 的人口堪称奇迹；另一方面，其粗放型的增长方式又对环境造成了巨大的破坏。2010 年全国污染源普查结果显示，农业源 COD（化学需氧量）排放量已占全国COD排放基数的一半②，并且农业发展与资源环境的矛盾也日益加剧。为此，转变农业发展模式，促进传统农业生态化已刻不容缓。

促进传统农业生态化，前提是对农业主要污染物的减排与控制。农业污染主要是指由农药化肥的不合理使用、禽畜粪便的排放、农田废弃物的不当处置，以及错误的农业耕种措施等造成的对水体、土壤和大气的污染。与城市污染不同，农业污染主要以面源污染为主，这种污染治理难度相当大，又由于当前农业从业人员素质普遍较低，对农业减排的认

① 焦瑞，余晓琼．我国农村物流发展存在的问题及对策 [J]. 安徽农业科学，2011（2）.

② 第一次全国污染源普查公报 [EB/OL]. [2017-02-09]. http://www.stats.gov.cn/tjsj/tjgb/qttjgb/qgqttjgb/ 201002/t20100211_30641.html.

识不足，减排和污染治理技术薄弱，以及相关奖惩措施尚未形成等，农业减排和污染物治理的效果并不明显。为此，要想解决农业污染，一方面，必须进一步提高农民的素质和生态意识，另一方面，必须加强相关技术的研发与推广，并建立和完善相关的奖惩机制。同时，从实际出发，因地制宜，科学规划，整体协调种植业、养殖业的发展，努力做到地尽其力，物尽其用，这是促进传统农业生态化的核心；而加大基础设施建设、加强对外交流、加强政府的服务功能及加大农业生态技术的推广等则是促进传统农业生态化的保障。

2. 大力发展生态农业

生态农业是一种环境友好型农业，它既有利于农村经济的发展，又能够提升和优化农业产业结构，因而是促进农业生态化的必然选择。

近年来，生态农业在农村蓬勃发展，并初见成效。但与发达国家相比，我国的生态农业还处于起步阶段。目前，我国生态农业的发展主要受以下因素的制约：一是受短期效益影响严重，存在急功近利的思想。生态农业具有成本高、风险大的特点，农民发展生态农业的经济效益常常难以保证，这便影响了农民发展生态农业的积极性。二是生态农业产业化程度低，规模化的生态农业户和生态农业基地有待发展。其中，农村人均耕地不足、以家庭承包为主的分散化经营模式以及农村劳动力不足等是阻碍其向规模化和产业化发展的重要因素。三是农业资金投入无法保证。农业生态化是一项系统的工程，它涉及农田水利建设、能源国土整治、环保和科技研发等多个领域，这些都需要投入大量的资金。但目前这方面的资金缺口还较大，完善的投融资机制还没形成，从而严重影响了生态农业的发展。因此，要想生态农业得到进一步发展，既要提高农民的生态农业意识，又要加快农村产权制度、市场价格制度和相应的财政税收制度改革等，多方合力保障生态农业的发展。

3. 发挥农村合作社和龙头企业的作用

促进农业生态化，还可尽量发挥农村合作社和龙头企业的作用。农村分散的经营模式既无法满足现代农业的要求，更无法抵御市场经济的风险，这便阻碍了其向产业化方向发展。而现代农业专业合作社是由农民自我组织、自我管理的组织形式，它通过将分散的农民组织起来，改变农民在市场交易中的弱小地位，从而可以保护农民的利益；通过向农民提供信息咨询和专业的生产技术服务，为农民解答种什么和怎么种的问题，从而可以使农民规避因盲目种植和养殖带来的市场风险，也可以提高农产品的质量和市场竞争力；通过农产品销售服务、培育农村品牌，解决农产品怎么卖的问题，从而可使农民在市场上获得最大的收益。而龙头企业作为市场的主体，既对市场信息较为敏感，又能够熟悉市场规律，更拥有较强大的农业技术，通过"企业＋基地""龙头企业＋农户""龙头企业＋合作社"等方式，同样可以帮助农业解决小生产和大市场的问题。因此，农村合作社和龙头企业的存在很好地弥补了农村分散化经营的缺陷，是农业规模化和产业化经营的助推剂。

在促进农业生态化的过程中，我们可以通过专业的农业合作社和农业龙头企业，向农民宣传生态农业知识，提供专业的生态技术服务，将农户组织起来，扩大绿色产品生产，打造绿色产品品牌，拓展绿色产品的市场，从而既可加速农业生态化和产业化的步伐，又能使农民在农业生态化的过程中分享到应有的利益。

福建圣农集团是南方现代化程度最高、规模最大的一家食品加工企业，位于福建省南平市光泽县。在圣农这一龙头企业的带动下，当地生态农业产业链已粗具规模，产业链内的资源也得到了有效利用。通过圣农的带动，不仅农民的人均收入得以较大幅度地提高，农业环境污染与生态破坏状况也得以有效缓解。①

（二）促进工业生态化

工业生态化是农村产业生态化的前提，而要促进农村工业生态化，既要拆除整顿污染型工业，又要鼓励发展生态型工业，同时还要优化空间布局，加强生态工业园区建设。

1. 拆除和整改污染型工业

农村工业多属劳动密集型和资源密集型的工业，因它们大多规模小，生产技术水平低，缺乏相应的环保设备，许多都是污染型企业，而这些污染型企业对周边环境构成了巨大的威胁。又因农村工业涵盖的行业广泛，分布的地域松散等，农村工业污染往往具有污染源多而散、污染类型复杂和污染源扩散迅速等特点，治理难度相当巨大。因此，要想促进农村工业生态化，必须首先对这类污染型工业进行依法整顿。在整顿过程中，我们应该建立"环保负面清单"制度，并根据"环保负面清单"对各类企业排查。应该提高环保准入标准，对那些不符合标准的企业进行责令整改，强制企业采用先进适用技术，淘汰落后工艺和装备，并安装相应的环保设备。而对那些高危险、高耗能、高污染和高职业危害的企业以及随意排污造成严重后果的企业，则应按照法律，该惩罚的惩罚，该取缔的取缔，该关停的关停。同时，在整顿这些污染型企业的过程中，我们必须具备壮士断腕的决心，把长远利益和多数人的利益摆在中心地位，决不能因少数人的利益和一些眼前利益而心慈手软。

为了配合生态立省的总体目标，近年来，福建省十分注重对农村污染型企业的整治。通过颁布《福建省农业生态环境保护条例》《福建省固体废物污染防治若干规定》等一系列与整治污染型企业相关的法律法规，使整顿污染型工业有法可依；通过持续监督、曝光、责令整改、关停一批重污染农村企业，真正做到有法必依、违法必究、执法必严。

2. 鼓励发展生态型工业

传统工业对农村资源和环境造成了巨大的损害，此时，若我们继续用末端治理的方式解决工业污染，不仅成本巨大，而且难以达到理想的效果。因此，另辟蹊径，转变工业发展方式，大力发展生态型工业十分必要。

近年来，虽然生态型工业在农村获得了长足的发展，但仍然存在着诸如集约化和生态化程度低、管理水平和技术水平低、资金和人才缺乏等问题。农村生态型工业的进一步发展受到许多因素的制约，如人们对发展生态型工业必要性的认识不足，许多人认为当前发展生态型工业为时尚早，当前的主要任务是填饱肚子，市场机制不成熟，生态工业的经济效益难以得到保障，相关的政策不够完善，收取的资源和环境税太低，无法调动企业转型的积极性，缺乏相应的技术支撑等。因此，要想农村生态工业得到进一步发展，必须加强政府、乡镇企业和普通民众的合作。一方面，须加强宣传，提高企业主对循环经济和生态工业的认识；另一方面，须完善相应的法律法规体系和政策体系，加强绿色技术的研发和推广，完善投融资渠道，抓好试点建设等，从而为农村生态工业的发展提供良好的外部

① 周良杰．福建生态农业技术创新与推广现状及对策 [D]. 福建农林大学，2013: 21-22.

保障。

3. 加强生态工业园区建设

促进工业化还应该加强生态工业园区的建设。生态工业园区是生态工业聚集的场所。传统分散的、以高消耗和高排放为特征的农村企业既无法实现生态效益，更无法实现规模效益。生态工业园区不仅有利于农村企业之间在基础设施共享、生产专业化协作、技术创新与扩散、信息交流等方面得到提升，成为农村经济发展的重要增长极，更有利促进农村整体面貌的改变。因此，在农村建设生态工业园区是农村工业生态化的必然选择。如“福建省在农村生态工业园区建设方面就做了大量的工作，成功推动了福州青口汽车城、三钢集团、厦门鼓浪屿、德化县城、南平炉下镇等生态工业园区的试点与示范项目建设”①。

在农村建设生态工业园区须注重做好以下几个方面：一是必须科学规划，将生态园区建设置于农村整体规划中，做到农村整体规划有利于园区建设，而园区建设又能带动整个区域发展；二是要不断完善园区的循环经济链，围绕支柱产业不断延伸和完善产业链，打造企业关联度高、产品链连接紧密、资源能源高效利用的生态工业园；三是必须在工业园区内实行清洁生产；四是必须杜绝高污染、高消耗的企业入园，入园企业必须符合园区生态链要求；五是要打破行政分割和社区分割，通过一系列的优惠政策，不断吸引相关产业、人才和技术向园区聚集。

（三）兴办农村生态服务业

促进农村产业生态化，还必须大力发展农村服务业，提高服务业特别是生态型服务业在农村产业结构中的比重。

1. 兴办生态旅游业

生态旅游业是新农村建设和美丽乡村建设中的重要一环，对拉动农村经济、保护农村自然环境和文化都具有重要意义。在经济方面，发展生态旅游业不仅可拉动农村就业，增加农民收入，还可促进农产品销售，带动其他相关产业的发展；在保护自然环境和文化资源方面，通过生态旅游产品的开发，既能够引起人们对农村自然环境和人文资源的重视，又能够加强对它们的保护，对农村经济结构调整和农村生态产业的发展十分有利。

当然，旅游业也给农村带来了许多负面影响，如在旅游项目开发的过程中过分追求景观的“洋”化和时尚化；在开发过程中，山体被挖、树木被砍、古屋被拆、湖塘被填等现象层出不穷，不少乡村旅游因此失去了宝贵的自然生态魅力；因过度商业化导致农村民俗、服饰、建筑等文化丧失应有的魅力；有些旅游还导致农村空气污染，地表水污染和固体垃圾污染等。因此，在发展农村生态旅游的过程中，如何科学规划、如何体现农村特有的文化内涵、如何提升管理、如何提高经济效益，以及如何减少旅游业对农村资源环境和村民生活带来的负面影响等，都是我们应该深入研究的课题。福建省F市在开发乡村旅游的过程中坚持不推山、不填塘、不砍树、守住生态底线和规划红线，充分挖掘整合自然资源、传统习俗、风土人情和古村文化，充分融合“畲、茶、古、廉、红”等元素，开发与保护并举，将生态、文化和产业高度融合，形成了具有自身特色的乡村生态旅游产业集群，是现代农村生

① 曾雨. 福建省生态工业园区建设思考[J]. 海峡科学，2015（6）.

态旅游业发展的典范。①

2. 发展绿色产品服务业

传统农业中小生产、大市场的矛盾同样严重影响了农村绿色产品的生产。规模小、分散经营的农业和乡镇企业既不能掌握先进的生态技术，也无法实时把握市场动态，更没有能力抵御市场风险，因而不能满足市场经济对现代产业的要求。而要想促进农村生态产业的发展，必须从根本上解决农村固有的小生产和大市场的矛盾。这就需要为农村构建完善的绿色产品服务体系，为农村在绿色产品的生产和销售上提供专业的服务。

在构建农村绿色产品的服务体系时，我们可以依托农村原有的专业合作社、行业协会和龙头企业等，向生产绿色产品的农户和乡镇企业提供一系列的服务。这些服务主要包括以下几类：一是生产服务，主要包括生产资料和生产技术服务；二是销售服务，主要包括提供最新的市场咨询、建立统一的销售渠道、提供专业的市场议价服务等；也包括提供绿色产品的市场营销、市场推广和品牌建设等方面的服务；三是流通服务，包括提供加工、仓储、运输和保鲜等服务，以保证绿色产品保质保量地上市。与发达国家相比，我国农村的绿色产品服务还十分薄弱，政府必须通过出台相关的配套政策，引导、鼓励有利于农村生态产业的服务业的发展。

3. 构建绿色物流体系

基于农村物流业生态化水平较低的现状，大力促进农村物流业向生态化方向发展，加紧构建绿色物流体系刻不容缓。农村物流是连接农产品供给主体和需求主体的主要渠道，发展绿色物流，不仅有利于减少物流业对农村环境的影响，还有助于提高农村产品的物流效率，降低农村产品的物流成本，因而具有经济和生态双重效益。发展绿色物流，就必须构建完整的绿色物流体系，包括绿色包装、绿色运输、绿色仓储和绿色加工等。在绿色包装上，物流企业应尽量使用环保、可回收和可重复使用的包装材料，并且还应通过改善设计提高包装材料的利用率；在绿色仓储上，应合理规划仓库布局，以节约运输成本；在绿色运输上，应通过改善农村道路状况、改进内燃机技术和使用清洁燃料等方式，减少运输过程中的燃油消耗和尾气排放。同时，还可以通过构建绿色物流系统、农产品的电子商务往来系统等，提高农村物流的综合效率。

三、产业生态化与绿色生产的有效保障

产业生态化是一项系统的工程，要想加速农村产业生态化的进程，不仅要促进农业、工业和服务业的生态化，还必须建立强有力的外部保障。

（一）制度保障

在制度保障方面，必须建立健全相关的法律法规，加强行政管理，同时还要强化社会监督。

① F市委常委和F市住建局. 关于进一步推进F市美丽乡村建设内涵式发展的调研报告 [EB/OL].[2017-08-01]. http://www.fard.gov.cn/read.asp?id=2300.

1. 建立健全法律法规

法律法规作为一种强制手段，对生态产业的发展能够起到保障和促进作用。虽然我国的环境法律体系已经初步确立，但也存在着诸多问题。如《环境保护法》不具有基础的意义，环境法规之间不协调，甚至有些法规之间还相互冲突，地方性法律法规不完善。一方面，与国家立法相同，地方环境立法也存在着立法重心向污染防治偏移的现象；另一方面，地方特色不突出，很多只是重复国家立法的一些规定。同时，部分地方环境立法与上位法相抵触，有些措施不具操作性，规定之后只是流于形式，没有得到真正的执行。针对这种状况，加紧对现有的环境法律法规的规范和整理，完善现有的法律法规，从而促进生态产业的健康发展十分必要。当前，健全环境法律体系的主要任务包括：制定一部更高阶位的基本法；制定一批新法，以填补环境法规的空白；修改或补充一批法律法规，增强其可操作性；进一步完善环境标准体系和环境规划体系；将环境资源保护和国家环境政策纳入其他立法等。

2. 加强行政管理

在促进产业生态化上，政府必须充分发挥自身的行政职能。一方面，政府要加强对生态产业发展的规划和加紧相关产业政策的出台。目前，许多地方政府对于本区域的生态产业发展缺乏科学的长远规划，更缺乏体系化的配套政策，从而严重影响了当地产业生态化的进程。另一方面，政府要提升自己环保执法的能力和效力。目前，政府在环保执法上存在职责不清、关系不顺和交叉执法的现象；部门间协调不畅，许多执法主体往往首先考虑自己部门的利益，有利的抢着管理，不利的少管或不管，甚至互相推诿，导致执法效率低下；而有些政府主要领导因思想认识不足，甚至干预环保执法。这些都严重影响了当地产业生态化的进程。

为了克服这些弊端，我们首先必须加紧建立党政领导干部环境保护责任制度、绿色GDP评价制度等，提高领导干部的环保责任意识，引导政府加强对绿色经济的服务功能。其次是对行政部门进行改革，建立以环境保护部为中心、其他行政机关为辅助的环境管理体系，并加强跨部门合作。再次要建立环保奖惩制度，对致力于进行绿色生产的农户或企业进行奖励，而对黑色生产行为则要进行严厉的惩罚。

3. 完善公众参与制度

发展生态产业，不应只停留在概念层面，更不应只是政府和少数精英的责任，它需要广大群众的积极参与和配合。这就必须建立和完善相应的公众参与制度。

要想让公众积极参与当地的环境保护事业，就必须保护群众的知情权、管理权、监督权和决策权。在环境事务决策前，要广泛了解民众的真实意愿，通过座谈等形式与民众进行广泛协商，尽量让民众参与到环境事务的决策中来。在环境管理中，要随时做到政务公开，让民众及时了解最新的信息。同时，要赋予民众更广泛的监督权，鼓励民众对环境违法行为进行举报。

而要让公众积极配合和参与当地生态产业的发展，就必须建立绿色知识的宣传教育制度，通过定期组织工人和村民学习环保知识和与生态产业相关的知识，让更多人了解生态产业发展的意义。

同时，还应该鼓励相关民间组织的发展，将分散的民间力量组织起来，充分发挥社会组织在环境保护、环境监督、环境决策等方面的功效。

（二）科技保障

科技是农村生态产业发展的主要瓶颈，要想大力促进农村生态产业的发展，就必须加强生态科技的研发与推广。

1. 科技创新

促进产业生态化，必须要加强科技创新。农村在产业生态化的过程中，仍然存在着资源利用率低、产品质量不高、废弃物排放量大、成本高等问题，因而急需一批有利于节约资源能源、废弃物的无害化处理和循环利用等方面的关键技术作为支撑。近年来，虽然国家和科研单位已面向农村做了大量的科技研发和成果的推广工作，科技在农村经济发展，特别是在农村生态产业的发展中起到了巨大的作用，但受各方面的影响，农村的科技特别是生态科技的创新能力还十分薄弱，这主要体现在以下几个方面：一是科技创新整体能力不强，如农村的专利技术拥有量很少。二是农村企业还没成为创新的主体，创新能力差，创新动力也不足，其产品的科技含量低，市场竞争力差。三是科技中介服务机构还不成熟。农村的科技服务机构主要以农技站为主，其科技推广能力较弱。四是产学研互动机制不强，农村与学校和科研机构的联合不够紧密。五是科技体制机制还不够完善。如在科技管理制度、科技人才政策等方面都有待加强。

为此，要想提升农村科技创新能力，发挥科技在农村产业生态化过程中的作用，就必须构建完善的科技创新体系，加强农村的产学研合作，提升农村企业的创新能力，加大建立农村科技服务体系。同时要加强农村科技体制建设，发挥政府的宏观调控作用，尽量出台相关政策，促进生态科技的研发、转化以及向农村推广。

2. 科研队伍建设

科研队伍是科技创新的保障。要想培养和造就一支高水平的科研队伍，首先要调整收入分配机制，建立健全激励机制，“深化科技体制改革，建立以企业为主体、市场为导向、产学研深度融合的技术创新体系，加强对中小企业创新的支持，促进科技成果转化”[①]。其次是要加强对已有科技人才的继续教育，以不断提高其科研能力。同时，还要加强人才队伍的内部管理，优化人才的内部结构，使队伍内部分工明确，团结协作，每个人都能体现应有的价值。如为了鼓励更多的优秀人才特别是科技人才扎根农村、服务农村，2014 年福建省专门制定了针对乡镇科技人员和其他有突出贡献人员的《福建省优秀农村实用人才遴选办法》，以倾听他们的意见和建议，为他们创造更好的条件，营造支持、关心和爱护农村科技人才的浓厚氛围。

3. 创新融资机制

科技创新活动离不开资金支持，拓展资金来源渠道，增加资金供给是促进科技创新的前提。因科技创新具有公共性，必须建立以政府投入为主导、民间资金积极参与的多元化

① 习近平. 决胜全面建成小康社会 夺取新时代中国特色社会主义伟大胜利 [M]. 北京：人民出版社，2017: 31.

投融资机制。同时，科技创新具有高风险性，必须建立和健全农业科技创新的风险机制和保险机制，以分散和降低农业科技创新的风险。要在财政、税收、信贷等政策上加大对农村企业技术创新活动的扶持力度，以鼓励农村企业增加科技创新投入；并且要加强对农村创新资金的监管，防止资金被截留或挪用，使资金真正落到科技创新实处。同时要建立健全国家科技投入的统筹与管理机制，解决重复投入、多头管理等问题，以提高农村科技创新资金的综合利用效率。

（三）机构保障

农村产业生态化还需要有相关机构加以保障。

1. 科技协会提供信息

科技协会不仅拥有大量的科技精英，更掌握大量第一手的科技信息，因而科技协会有能力更有责任向普通大众普及科学知识和科学方法，引导广大民众进行绿色生产。科技协会应当经常举办科技交流活动，既为科技人员提供推广新技术的机会，又让生产者学习到新的知识和技术，为生产者和科技人员搭建一个相互交流的平台。另外，科协之间还应该有相应的分工，如对于全国性的科协，要立足于培养和举荐优秀技术人才，开展学术交流，推动自主创新方面的工作，而对于地方性的科协，科技知识的普及和教育则是第一任务。

2. 农技培训机构培训技术

生态产业对于大多数人来说都还较为陌生，且需要一定的技能。因此，接受培训和掌握相关的技能对从业者来说尤为重要。然而现在许多农业培训机构尚不成熟，许多农技培训机构只是一些地方性技术人员自己成立起来的，甚至有些培训机构打着培训新技术的幌子骗取培训费用。因此，相关部门有必要对农技培训机构进行整顿，提高机构设立的门槛，让农技培训机构真正成为农民获取新技术的渠道。

农技培训机构也应当制订科学的培训计划以及相关的配套措施，因地制宜，因材施教。如今农民从事的种植、养殖业门类繁多，农民的文化素养参差不齐，技能需求和领会能力也不一样，因而在培训的内容选定、授课方法、时间安排等方面要做到从实际出发，灵活教学。培训内容应该包括：现代农业现状、发展趋势及当前最新的农业技术等，并重点推广新品种、新技术、新机具和种养新模式。同时，培训机构还应该做好"训后服务"，做好培训后的跟踪访问，切实帮助农民解决实践中出现的疑难问题，提高培训成效。

3. 评价鉴定机构肯定与纠错

在产业生态化的过程中，不可避免会遇到许多新技术，培育出许多新产品，但新的并不一定就是好的，这就需要专业评鉴机构的认定。如今与农村生态产业相关的权威检测机构很多，如农产品质量安全检测中心就具有农产品的质量检验、优质产品的认定等功能。在实践中，质检中心必须严格履职，淘汰高耗能、高污染的产品及原料，并对绿色生态、环保的新工艺、新产品大加支持，使其在市场上具有优于常规产品的优势。而农业生产环境及农产品质量安全司法鉴定中心作为最后的保障底线则是从法律的高度上约束、纠正不合法的生产行为。

参考文献

[1] 习近平 . 决胜全面建成小康社会 夺取新时代中国特色社会主义伟大胜利 [M]. 北京：人民出版社，2017.

[2] 张二勋，李春平 . 文明乡村 · 生态家园：乡村生态文明建设通俗读本 [M]. 济南：山东人民出版社，2014.

[3] 周文宗 . 生态产业与产业生态学 [M]. 北京：化学工业出版社，2005.

[4] 严力蛟 . 中国生态农业 [M]. 北京：气象出版社，2003.

[5] 谭庆刚 . 双重转型中的乡镇企业 [M]. 北京：社会科学文献出版社，2007.

[6] 任大鹏 . 新农村：管理民主 [M]. 北京：中国农业大学出版社，2007.

[7] 贾佳佳 . 美国家庭农场发展的经济学分析 [D]. 吉林大学，2009.

[8] 钟造雄 . 社会主义新农村建设中农民聚居问题研究 [D]. 国防科学技术大学，2008.

[9] 韩蕊 . 新农村绿化开放空间原则及案例研究 [D]. 清华大学，2013.

[10] 习近平 . 健全城乡发展一体化体制机制 让广大农民共享改革发展成果 [N]. 光明日报，2015-05-02（1）.

[11] 习近平同志谈共享 [N]. 人民日报，2016-03-03（14）.

[12] 李琳 . 健全农地流转 服务现代农业——对福安市农村土地流转情况的调研与思考 [J]. 北方经济，2009（19）.

[13] 雷原 . 进一步完善和创新农业家庭经营组织形式 [J]. 求是，2000（12）.

[14] 朱博文 . 美法日家庭农场发展的经验与启示 [J]. 农场经济管理，2004（6）.

[15] 李尚红 . 从美国的家庭农场制度看我国农业生产组织形式的创新 [J]. 全国商情，2006（7）.

[16] 王贻术，林子华 . 土地集体所有制下的家庭农场生产经营方式研究 [J]. 福建论坛（人文社会科学版），2013（7）.

[17] 纪书琴 . 切忌新农村绿化“六大问题” [J]. 河北农业科学，2009（13）.

[18] 王卫星 . 美丽乡村建设：现状与对策 [J]. 华中师范大学学报，2014（1）.

[19] 于法稳，李萍 . 美丽乡村建设中存在的问题及建议 [J]. 江西社会科学，2014（9）.

[20] 王丽霞 . 谈美丽乡村建设中传统生态文化的传承和发展 [J]. 山西建筑，2016（9）.

[21] 许经勇，黄爱东 . 寓生态文明建设于美丽乡村建设之中 [J]. 福建论坛（人文社会科学版），2014（8）.

[22] 黄翠恒．畜牧业生产污染与畜牧业可持续发展 [J]. 上海畜牧兽医通讯，2007（6）.

[23] 刘青，唐锡彤．创新社会主义新农村管理机制的积极探索：关于蓬莱市村级规范化建设的调查与思考 [J]. 理论学刊，2009（2）.

[24] 张梦仙，孙丽萍．新农村建设中生活垃圾处理的问题及对策 [J]. 湖北三峡职业技术学院学报，2011（6）.

[25] 于春山，李传哲．新农村建设背景下的农村水生态环境问题的思考 [J]. 水利发展研究，2011（11）.

[26] 廖进球，吴昌南．关于生态产业发展的几点思考 [J]. 当代财经，2010（12）.

[27] 陈彩棉．福建生态产业发展现况与对策 [J]. 闽南师范大学学报，2015（3）.

[28] 朱微，张平．我国农村服务业对农村劳动力就业的影响研究 [J]. 黑龙江八一农垦大学学报，2016（2）.

[29] 焦瑞，余晓琼．我国农村物流发展存在的问题及对策 [J]. 安徽农业科学，2011（2）.

[30] 彭宇文，吴林海．我国农业科技创新问题的研究 [J]. 上海经济研究，2006（11）.

[31] 国家统计局．国家数据 [EB/OL].[2017-12-22].http://data.stats.gov.cn/easyquery.htm?cn=B01&zb=A0501&sj=2014D.

[32] 福建统计年鉴 2015[EB/OL]. [2017-12-22].http://tjj.fujian.gov.cn/tongjinianjian/dz2015/index-cn.htm.